新安文化丛书

XIN'AN WENHUA CONGSHU

新安商人

徐彬 著

文物出版社

中共淳安县委宣传部
中共淳安县委党史研究室
淳安县人民政府地方志办公室
淳安县政协文史和教文卫体委员会
编

图书在版编目（CIP）数据

新安商人 / 徐彬著. -- 北京 ：文物出版社，
2024.7
(新安文化丛书. 一)
ISBN 978-7-5010-8399-2

Ⅰ. ①新… Ⅱ. ①徐… Ⅲ. ①商业史－淳安县 Ⅳ.
①F729

中国国家版本馆CIP数据核字(2024)第067603号

新安商人

新安文化丛书一

编　　者：中共淳安县委宣传部
中共淳安县委党史研究室
淳安县人民政府地方志办公室
淳安县政协文史和教文卫体委员会
著　　者：徐　彬
责任编辑：孙　霞
封面设计：方　卓
责任印制：张道奇

出版发行：文物出版社
地　　址：北京市东城区东直门内北小街2号楼
邮　　编：100007
网　　址：http: //www.wenwu.com
邮　　箱：wenwu1957@126.com
经　　销：新华书店
印　　刷：杭州富春印务有限公司
开　　本：787mm×1092mm　1/16
印　　张：417.25
版　　次：2024年7月第一版
印　　次：2024年7月第一次印刷
书　　号：ISBN 978-7-5010-8399-2
定　　价：2880.00元(全18册)

《新安文化》丛书编撰委员会

《新安文化》丛书编撰委员会办公室

《新安文化》丛书编撰部

总　序

新安文化是指新安江流域文化。

新安江是钱塘江的正源，源头分为两大支流。南支称率水，为新安江主源，发源于安徽省休宁县五龙山脉的六股尖；北支叫横江，源于黟县五溪山主峰白顶山。两支源流在屯溪汇合，流至歙县浦口一段称渐江，歙县浦口以下至浙江省建德县与兰溪相汇处称新安江。新安江与兰溪汇合后称富春江，到萧山闻家堰称钱塘江，流至杭州湾入海。

新安江流域地处闽浙山地的北缘，黄山、天目山、白际山、五龙山、千里岗、龙门山六大山脉盘桓其间，山地及丘陵占十分之八九。新安江水呈树叶网络状，由西向东辐射，地势也是由高及低逐步下降。流域平均海拔 800 ~ 1000 米，处在山岭川谷之中。俯视江南，附近的江西、浙江、江苏、安徽，均在其下。地处新安江源头的徽州，有“吴头楚尾”之说。杜牧诗云：“溪山侵越角，风壤尽吴根。”非常准确地描写出新安江流域的地理位置。

新安江流域以黄山山脉为界，南坡有流向东南钱塘江的新安江水系，直达杭州，是前往江南的捷径；流向西南鄱阳湖的阊江水系、乐安江水系，直达饶州、九江；北坡有直接流入长江的青弋江、秋浦河水系，直达池州、安庆、芜湖长江沿线。新安江下游严州府与兰江相接，向南直达金华、衢州，是前往江西、福建的捷径。陆路虽地势高耸，山路崎岖，但由于地处皖、浙、赣三省交界，成为全国的交通网络中重要的一环。

魏晋时期，由杭州经新安江前往江西、福建的通道，是全国交通枢纽上的重点线路。宋永初三年（422）秋，谢灵运离开建康（今南京）赴任永嘉郡太守。他沿钱塘江、富春江溯流而上，经桐庐、建德、兰溪，转由婺江到永嘉，途经桐庐写下《初往新安至桐庐口》诗。唐代以前，北方通往南方的三大干线，其中两条干线经过新安江流域。一条由洛阳东行至汴州，循运河东南而下，经杭州，沿钱塘江溯流而上，经睦州、婺州、衢州、信州至江西、福建和岭南道。另一条由洛阳走陆路，经汝州、许州至陈州，过寿州、庐州，渡江至采石，经宣州、歙州到睦州，经婺州、衢州，再选择西行或南行通往福建、江西和岭南各地。宋以后，新安江流域交通线路更是呈放射状，四面通达。虽然山道崎岖，水路湍急，路途稍显艰难，但无论水路、陆路，前往江西、湖北、福建、南京、杭州都是必经的捷径。

人类逐水而居，河流是人类文明的摇篮。先秦时期，新安江流域先属吴，吴亡属越，越灭属楚。秦末，在新安江中游和上游设黟、歙二县，下游则归富春县管辖。东汉建安十三年（208），分歙地置始新、新定、黎阳、休阳四个县，加上原来的黟、歙二县，就有了六个县，以这六个县新设新都郡，郡治设在始新县治新定里（今淳安县威坪镇）。黄武四年（225），析吴郡富春县地置建德、新昌、桐庐、新城四县，建德县、新昌县（后改寿昌）地处新安江下游。其后新安江流域郡、州、府级机构，先后更名或改设为新宁郡、新安郡、东阳郡、遂安郡、婺州、睦州、歙州，最后定名为徽州和严州；县级机构先后更名或改设为新安江上游的歙县、黟县、休宁县、祁门县、绩溪县、婺源县，新安江中游的淳安县、遂安县，下游的建德县、寿昌县。

新安文化的地域范围，以新安江上游古徽州一府六县，即歙县、黟县、休宁县、祁门县、绩溪县、婺源县，以及新安江中下游古严州的淳安县、遂安县、寿昌县、建德县为核心区域。新安文化的时空概念起自史前文明，迄于 1949 年，根据研究需要适当后延。其内容涉及哲学、经济、社会、教育、学术、文学、艺术、工艺、建筑、医学等诸多学科，凡与新安江流域社会历史发展有关的内容，均是新安文化的范畴。

新安江流域是我国原始文化的一个独立发展单元，一步步走来，没有停留，没有断代。历经早期文明、晋唐兴起、五代至元崛起、明清鼎盛和近代转型五个发展阶段，形成新安文化的完整体系。

1974 年 11 月，在建德县上新桥村乌龟洞发现一枚人的犬齿化石，被命名为“建德人”，属于晚期智人类型，距今约五万年。同时，新安江流域分布着大量的旧、新石器时代遗址，承继“建德人”的文化发展。1959 ~ 1975 年，新安江上游的屯溪西郊奕棋村先后发现 8 座西周至战国早期的墓葬。出土的青铜器、原始青瓷和几何印纹硬陶，在形制、纹饰和构图风格上，具有浓厚的越文化特色。史称当地人为越族，人民性格强悍，尚武好斗，文化礼仪相对薄弱。通过地方行政治理过程中的教化，当地越人在了解和接受中原人的生产、生活方式后，道德观、价值观、文化崇尚等方面均发生变化。

晋唐时期，新安文化兴起。晋代的“永嘉之乱”和唐代的黄巢起义是中国历史上的两件大事。它不仅造成西晋和唐朝的灭亡，导致中国社会的分裂，而且对我国南方的发展产生深远的影响。“永嘉之乱”和黄巢起义期间，中原士族比较集中地迁入新安江流域，现存的徽、严二州不少姓氏族谱中，对始迁祖的追溯都上溯到这一阶段。中原士族大量迁入以后，以其自身的文化素养和生活习惯渗透民间，改变了新安江流域越族的风俗习惯，越族尚武习俗与中原儒雅之风融合，儒家思想的仁义忠孝和修身齐家理念，开始在新安江流域流行。休宁吴少微的“吴富体”在文坛崭露头角，新安江下游的“睦州诗派”更是享誉诗坛。

五代至元，新安文化崛起。这一阶段新安江流域的教育与科举得到长足发展，仅南宋时期徽州、严州二府进士就有 806 名。南宋理学大儒朱熹祖籍徽州，曾两次回徽州省墓、探亲、授课，并在严州丽泽书院、遂安瀛山书院讲学论道。新安人读朱子之书，秉朱子之教，以邹鲁之风自恃，形成新安理学学派，使得朱熹理学在新安江流域广为流传，对整个流域的文化形成和演变起到关键作用。文风郁起，留下很多脍炙人口的作品，如胡仔的《苕溪渔隐丛话》和方岳、方逢辰的诗歌，在全国诗坛都占有一席之地。徽州刻书和严州刻书，在中国刻书史上贡献卓著。制瓷技术、医学、植物学、光学、生物学等科学技术都取得一定成就，其中歙县张杲淳熙十六年（1189）写成的《医说》一书，是中国医学史上第一部医史传记。

明清时期，新安文化进入鼎盛。私学、官学和书院教育同步发展，推动新安江流域科举繁荣兴盛。淳安人商辂“三元及第”，于明宣德十年（1435）乡试、正统十年(1445)会试及殿试均为第一名。理学、心学与朴学相互融合发展，理学家们提倡“和会朱陆”，阳明心学受到欢迎。清康熙、乾隆时期，新安学者提倡实事求是的治学精神，开创朴实的学风，成为清代学术的主流，朴学领袖戴震更是中国哲学史上的唯物主义启蒙思想家。文学艺术百花齐放，新安画派是明清文人画的正统继承者，徽派版画代表了中国传统版画的最高成就，徽派篆刻成为中国文人篆刻的主流，徽剧乃京剧之母。科学技术成就斐然，新安医学所主张的“固本培元”理论，是中国传统医学中的精华；程大位是中国历史上珠算集大成者；郑复光《镜镜詅痴》集当时中西光学知识大成。

近代，新安文化开始转型。光绪二十六年（1900），歙县基督教堂在城内创办崇一学堂，迈开新安江流域兴办新式学堂的第一步。在西方近代科技和工业革命的影响下，实业救国成为潮流，培养近代农林、商业、工业人才，是教育转型过程中的重要一环。光绪三十四年（1908），戴英在休宁县隆阜珠里创办新安江流域近代第一所职业学校——休宁初等农业学堂。随后，徽州乙种商业学校、淳安县初级实业小学、建德县浙江省立甲种森林学校等相继开办。新安学术也开始向近代学术思潮转型，胡适成为近代文化转型中承上启下的关键人物。文学艺术在转型中得到提振，其中由汪渊集句成词、其夫人程淑笺注的《麝尘莲寸集》，以词集词，前无古人。黄宾虹成为近代中国绘画领域中的一座高峰；黄士陵的篆刻形成自己的艺术风格，被称为“黟山派”。“徽路徽戏”和睦剧得到全面发展。

新安江流域自古为越族领地，随着中原士族的迁入，中华儒家文化的价值观“修身齐家治国平天下”，在这里不断积淀，形成尚武自强、重教崇文、俗尚文雅、治生重商的区域特征。

新安江流域早期越人以尚武著称。明清时期，新安江流域百姓依然习武自强为常。至今民间仍留存不少延请拳师的“拳关”文书。明万历休宁程冲斗所著《耕余剩技》，是中国武术史上的名著。绩溪县张横秋更是以武术名世，在武术史上形成“豫徽武术”流派，其拳术至今仍在新安江流域流传。很多文人在习文的同时练武，明末休宁县抗清义士金声不仅文章出彩，而且武艺高强。休宁画家汪肇，喜好持矛舞剑。新安朴学后期的重要学者汪宗沂，通拳术、剑术、马术，喜谈兵。他的学生许承尧、黄宾虹，一个是著名诗人，一个是著名画家，跟着汪宗沂学习时，练剑、骑马也是必备的功课。

中原士族迁居新安江流域以后，注重文化传承。这种传承使得新安江流域重视教育，崇尚文雅。朱熹提倡读书，研究学问，从事著述，强调“穷理之要，必在于读书”。新安理学的兴起，增强了新安江流域的读书氛围。儒家思想被塾师细化在自己教学实践中，塾师编写的大量蒙学教材中，将儒家的道德观念灌输给学童。在新安理学的影响下，新安江流域读书著述之风盛行，形成“十家之村，无废诵读”的景象。宋元以来，被称为“东南邹鲁”。

随着儒家思想向民间基层渗透，礼教在老百姓中扎根。民间礼仪以朱熹《家礼》作为依据，渗透于各个家庭。休宁《茗洲吴氏家典》根据《家礼》，结合本宗族的情况，规定冠婚丧祭的礼仪，作为子孙后代遵行的法典。民国遂安《高峰朱氏宗谱》卷三《家训》对子弟的礼仪教育写得非常具体，结合家族特点，将礼教具体化，教育族人如何做人、做事，各项规范要求明确，可操作、能监督，俗向文雅，成为“礼下庶人”的典范。

新安江流域有一个异于全国其他地区的现象，就是人们以经商致富为荣，从商成为风气。新安学者提倡职业不分卑贱，引导民众经商，鼓励商人创业，提倡“廉贾”价值观。地方士绅还通过各种方式为商人代言，创造良好的经商环境。学者的倡导、士绅的鼓励，对不轻视商业、不以经商为耻社会风气的形成，起到极大的促进作用，使新安人在观念上获得解放，理直气壮去经商，造就了雄飞于中国商界三百年的新安商人集团。

新安文化不断兼收并蓄，坚持实事求是，遵循儒雅中庸的发展过程，构成以“包容、探索、和谐”为核心的人文精神。

在沉淀中原汉文化和践行儒家思想的过程中，新安江流域不断地塑造自身的人文精神，推进新安文化的发展。新安文化的形成，是中原汉文化与当地土著越文化进行融合的过程。在两种文化的融合过程中，汉文化虽然是强势文化，但具有很强的包容性，促进了越文化的自然融合，从而产生出新质的新安文化。这种包容性，在新安文化发展过程中，贯穿始终，成为新安文化特色。兼收并蓄的包容精神，体现了新安文化的博大气象，是新安文化得以发展的源泉。

在新安文化发展过程中，新安人一直遵循实事求是的原则，博学求知，努力探索规律，追求真理，勇得时代风气之先。朱熹提出“濯去旧见，以来新意”；戴震主张“不以人蔽己，不以己自蔽”；胡适要求“重新估定一切价值”，都是不懈求索、勇得时代风气的典范。实事求是的探索精神，体现了新安人的思辨能力，是新安文化得以不断创新发展的动力。

新安文化是宋以后中国儒家文化在民间社会最完整的体现和典型范例，其儒雅中庸的内质得到很好的体现。“薄利多销”成为新安商人的经营手段，自己少赚些，让消费者不吃亏，成为“中庸”思想在商业领域的一种表现，即双赢。新安宗族在“中庸”思想的指导下，和睦相处，很少发生械斗。就是宗族间有了矛盾，也是协调处理，互相谦让。在艺术上，也非常讲究中庸平和。新安篆刻中的雅逸隽秀、平和光洁；新安版画内蕴的恬静和安乐，也是儒雅中庸的一种表现。儒雅中庸的和谐精神，使得新安江流域社会平稳安定，是新安文化不断发展的基础。

新安江流域靠近越文化核心区，其文化既具有新安文化特点，又带有钱塘江流域良渚文化特色，体现出新安文化与良渚文化融合的趋势。对河系流域上下游文化碰撞、交融的研究，具有重要价值。

新安江流域至今保存下来的地面文物遗存 10000 多处、8000 余种文献、100 余万件文书，跨越千年历史，涵盖政治、经济、文化各个领域。尤其地面文物遗存、非物质文化遗产和文书档案，均为第一手资料，是人们了解中国封建社会后期农村社会实态不可多得的资料，为按历史本来面貌做综合实态研究创造了前所未有的有利条件。中国社会科学院历史研究所周绍泉先生指出："以徽州文书为代表的历史文书档案为主要资料，综合研究历史社会实态，将是我们这个时代的学术潮流。"

新安文化是中国封建社会后期传统文化的典范，独树一帜，在各自领域都处于领先位置。从新安文化中提炼出来，形成新安宗族、新安学术、新安商人、新安教育、新安建筑、新安书画、新安工艺、新安科技、新安文学、新安戏曲、新安饮食、新安民俗等文化现象，是新安文化中的精华，学术界在研究专业史时无法绕开这些课题。对新安文化展开研究，实际也就是对中国封建后期传统文化展开研究，窥一斑而见全豹，具有普遍的学术意义。

新安江流域四面环山，作为一个独立的自然地理单元，风景秀丽，人们的审美观受到山水环境的影响。新安四雕艺术、文房四宝艺术、盆景艺术、新安书画、新安文学等，都是新安江流域自然环境同新安人审美观相结合的产物。而新安饮食、方言的形成，同新安江流域独特的自然地理环境及资源有关；新安宗族社会构成和村落结构，同新安地理环境也是密切相关，具有地理文化单元的人类文化学研究价值。

新安文化是移民文化，中原士族的内迁，决定了其社会与文化的诸多现象和特点，受到中原文化的影响。同时，新安文化的昌盛与发展，还存在着一个由新安江流域再向外移民的过程，并对侨寓地的文化产生影响。如新安学术、徽剧、新安艺术、新安刻书、新安篆刻等对扬州学派、京剧、江南园林、江南版画、浙派篆刻都有渗透和影响。研究新安文化，可以获得中华大文化融合各民族文化、各地方文化的一般与个别规律，为繁荣中华大文化作出贡献。

新安江流域是宗族社会。明清时期，农村基层依靠宗族自治管理，有不少好的做法。现存不少宗族公约中有值得学习和借鉴的条文，如禁止乱砍滥伐和禁止赌博等。从内容上看，它们符合当今所提倡的环境保护和社会文明的主旨。从实施机制上看，它不是依赖于行政系统，而是靠"公约"的形式自我约束，这给建设社会主义新农村带来启示，村民自治要以农民为主体，增强农民的自觉意识，而不是靠行政手段。新安文书中的商业合同，反映了新安人市场观念的成熟；分家契约反映了新安人既遵从中国传统的伦理观，又理性地处理家庭财产等经济问题；诉讼文书，反映了古代新安江流域民间已经有较强的法治观念。新安江流域古村落人与自然和谐，以人为本的思想贯穿村落建设，村落中的防火措施、水系设计都十分讲究，科学性很强，给当代环境规划设计带来启示。

新安文化博大精深，对新安江流域上游的徽州文化研究，已经成为一门专门的学问——徽学。但对整个流域的整体研究还是一个空白，编撰《新安文化》丛书，可以填补全面涵盖新安江全流域文化的研究空白，力求科学、全面、准确、系统地展示新安文化的各个方面，对于新安文化学术研究及开发利用，是一件十分有意义的事情。

《新安文化》丛书编撰委员会

2023 年 4 月

目　录

引 言

“新安江在府南，其源有四：一出黄山；一出绩溪县大鄣山，合扬之水会流于府城，西达府东南十五里而为歙浦；一出休宁县率山；一出婺源县浙岭山，亦合流而道于歙浦。自此而东南流皆谓之浙安江。”① 新安江流域包括休宁、黟县、旌德、绩溪、淳安、建德等县。“新安不幸土瘠地狭，能以生业著于土者，什不获一。其势必不能坐而家食，故其足迹常遍天下。天下有不幸遭受虔刘之处，则新安人必与俱。”② 由于新安江流域多山地、少平原、土地贫瘠，不利于农作物种植，故作为古代民生之本的农业生产在此并不发达。为谋求生存之道，新安江流域的民众积极发展商业，而新安江这条母亲河，也成为新安商人与外部进行商业贸易的纽带。

讲到新安商人，还得从徽州商人说起。处万山丛中，位皖、浙、赣三省交界处，世外桃源之处的徽州，却以文风昌盛、人才辈出而蜚声中外，特别是在明清时期，商界翘楚的徽商更是产生了深远的影响。而这种局面的形成，与新安江紧密相联，新安商人即是从这里走上了历史舞台。本书使用新安商人这一说法，主要基于两方面的原因：一是从新安江视角出发，考察以徽商为代表的新安商人是怎样在新安江影响下成长起来的；二是因《新安文化丛书》编写体例的需要，统一使用新安商人这一称号，而徽商则是新安商人中的中坚力量。

一、走出大山深处的商帮

徽商无疑是新安江流域具有典型性的商帮，他们素有“徽骆驼”之称。在数百年的时间里，无数徽商奔走在崇山峻岭中的徽州古道之上，从徽饶古道、徽杭古道、徽宁古道，走出“四塞之地”的徽州，投身于经商大军中。其实，在“徽骆驼”背影之后，还有更多的徽州商人顺着四通八达的水道，走出了徽州，走向了江南，走

① [清]顾祖禹：《读史方舆纪要》卷28，《南直十·徽州府》，《续修四库全书》第601册，上海古籍出版社，2002年，第603页。

② [明]金声：《燕诒阁集》卷7《建阳令黄侯生祠碑记》，《四库禁毁书丛刊》第85册，北京出版社，2000年，第114页。

歙县三阳镇昱岭关（徽州到浙江关隘）

浦口

向了全国，走向了世界。

这其中最具影响力的河流是新安江。新安江发源于黄山南麓休宁县的率山，在崇山峻岭中川流不息，汇万涧碧溪而成率水、横江，渐江和练江，于屯溪合而为新安江，再下而为浙江，连钱塘江，东流入海。

新安商人从新安江起步经商时间比较早。早期的新安商人主要是将该流域的茶带到了流域之外。按《茶疏》所言，“天下名山，必产灵草；江南地煖，故独宜茶”，新安江流域正符合这一要求。因此，在唐代陆羽《茶经》就指出新安江所在的歙州为茶叶产地之一，不过茶品在陆羽看来一般，即“宣州、杭州、睦州、歙州下”。但也表明，新安江流域的歙州茶已得到了认可。特别是到晚唐时，《敦煌变文集》“茶酒论”中更是强调“茶为酒曰，阿你不闻道，浮梁歙州，万国来求”，就是说浮梁歙州所产茶叶，为“万国来求”，表明该地区的茶叶深受欢迎。“茶酒论”作为民间俗文学，其观点更能反映当时民间社会对歙州茶叶的态度，据此说唐代新安江流域茶叶已然作为大众商品被普遍接受当是可以成立的。作为唐代商业型城市扬州的崛起，尽管缺少新安商人到达的直接证据，但考虑到明清时期新安江流域商人与之密切的关系，在唐代时已有密切商业交往传统当是可能的。

明清时期，新安江流域的茶叶成为畅销商品，诸如松萝茶、大方茶、屯绿、祁红等成为行销全国的茶中珍品。这些茶叶被销往全国各地，其中新安江是一条主要的输出水路。比如，光绪二十二年（1896）公济局征信录记载屯绿茶号136户，这些茶号多设在屯溪，以借新安江运输之便。屯溪也成为新安江上游茶叶集散地，有“茶务都会”之称。屯溪码头水运也异常繁忙，出现“无船三百只”的盛况，多时则达到数千只船。许多著名的徽州茶商即是顺新安江而下的。胡铁花在《钝夫年谱》中记录了一次在新安江上的运茶经历，在清咸丰六年（1856）八月，其随父由绩溪登源河“运茶至歙之竦口，登筏至郡城南之渔梁，换小船，泛练江，出浦口，入新安江，上大船，顺流而东，过严州，至杭州登岸，运茶过南坝，步入城，出武林门，至黑桥，换船出关，过石门、嘉兴而出黄浦，九月至上海”，十分直观地反映了徽州茶商在新安江上穿行的情景。正是无数的商人通过新安江将流域内的茶叶源源不断地运往杭州，进而转运到长三角，成就了长盛不衰的新安茶商。

新安江造就的另一类商人群体是木商。新安江流域盛产木材，特别是其上游的徽州更是如此，诚如陈去病在《五石脂》中所言，“徽郡商业，盐、茶、木、质四者为大宗”，木商就是利用新安江流域的资源和水利优势发展起来的。新安江流域的木材贸易是随着江南市镇的崛起而发展起来的，特别是唐宋以来，江南的扬州、南京、杭州、苏州作为大城市，其规模不断扩大，对木材的需求不断提升。特别是南宋将杭州作为都城，进一步刺激了木材贸易的发展。新安江作为通往杭州的便利水运，其自然承担了将新安江流域丰富的木材运达的任务。正如《寄园寄所寄》中所言，“徽处万山中，每年木商于冬时砍倒，候至五六月梅水泛涨……顺流而下，为力甚易”，新安江水系上的木材运输也是如此。新安江上游有两大支流率水和横江，还有丰乐水、布射水、扬之水等分支，将祁门、黟县、休宁、绩溪和歙县组成天然水运网络，而该流域内的木材一般会集中到屯溪，再顺着新安江，经淳安，直达杭州。

在新安商人将域内特产不断输送到外地的同时，又能将其他物质输送进来，特别是粮食为大宗，“转他郡粟给老幼，自桐江、自饶河、自宣池者，舰相接，肩相摩也”，其中自桐江者，就是由新安江进入上游的徽州境内。

可以说，是新安江水路的便利造就了新安江商人群体的出现，使他们走出大山深处，沿着新安江、富春江、钱塘江走向了长三角，走向海外贸易，从而极大地开阔了他们的视野。

二、百折不挠的商帮

川流不息的新安江为区域内带来了财富，开阔了商人的眼界，滋养了区域人民。但美丽的新安江从来不是风平浪静，她始终是机遇与风险并存。

提到新安江，世人首先想到的是“放舟新安江，揽尽好山水”，是沈约的“洞澈随深浅，皎镜无冬春”，是李白的“人行明镜中，鸟度屏风里”，真是静谧妩媚，极尽鬼斧神工之美。然而静美的新安江只是一种形态，她还是“三百六十滩，滩滩历险巇”的艰险，是“一滩高一滩，一滩高一丈，三百六十滩，新安在天上”的险途。那些沿着新安江奔向希望的商人，是“寄一线于波涛巨浪中”的拼搏之人。

如果说平静、宽广的新安江给予新安江商人是希望，是美好的未来，那么激流险滩给予新安江商人的则是勇往直前的毅力和百折不挠的拼搏精神。

新安江上行船，其艰险非同一般，从程瑞祊的《上滩谣》可知：

> 三百六十滩，一滩高一丈。高高不可极，新安在天上。
> 滩高维挽难，释篙用人背。溪水日滔滔，飞轮自舂碓。
> 滩头是挽舟，俯仰凡几辈。怒煞是篙师，欲进还复还。
> 日出说上滩，上滩日已晦。但见滩水流，片片月光碎。

这些文字形象地说明了舟船在新安江险滩上行驶之艰险状，可以想见在新安江上穿梭往来商人们的心情必然随着波涛汹涌的江水而起伏不定。这种自然的考验，也锤炼着商人的心境，培养着他们的意志，正是这走出家乡的第一步，为他们之后在商海中沉浮打下了基础。

詹鸣铎在《我之小史》中描写的一段亲身经历，便是在新安江上茶商们经常的遭遇：

> 此番坐蔚璠茶箱船，至薛坑口（今坑口），被石壁将船撞破，水入舱中，以致茶箱都湿。后拖船到岸修整，那个茶箱打开，至薛坑口人家，借锅熯过，搁了三天。这个茶叶到上海，天然蚀本，不消说了。

由此可见，在新安江上进行货物运输，危险是常伴左右的。茶叶运输如此，就是木材商同样也面临此类情况，洪水暴发时，许多木材会被洪水冲走，有时甚至会危及生命。詹鸣铎也记载了他家祖上经营木材时的遭遇，“先曾祖喜禄公，字维春，清国学生。父逢荣公，营木业于亳，值水灾，负金而逃。至半途，值蛟水至，乃抱大树，不意水力甚大，连树带根拔起滔去，以是溺毙”。虽然不是在新安江上，但其危险程度是相同的。

新安江上商人们所面临的危险不仅来自河道本身，还有来自河霸与河盗的威胁。嘉庆五年（1800），歙县正堂所立的“尾滩碑”就记录了河霸强索商人的情形：

> 徽河水流江浙，舟楫络绎，通商大川，沿途从无阻挡。惟舟行宪治水南米滩，即尾滩地河，近有无籍之徒，势籍地利，纠众盘踞，用强邀截客船，不容邦牵上滩，霸纤把持，专取其利，任意勒诈，不令商民酌量给力，硬索钱文，稍不遂欲，持刀断纤，并掷石击舟，且百般凌虐。若不用彼纤，即阻舟不许放行。往来行人，既虑长途日暮，难以羁程，受此荼毒，苦莫言状，至今嗟叹载道，视为畏途。

表明在新安江上存在河霸欺压来往客商的情况已经产生了严重的影响，不得不由政府出面进行管理以平息民愤。

除了横行在新安江上的河霸外，还有时不时出现的河盗危及来往人员的生命及财产安全。这种情况在詹鸣铎《我之小史》中也有记载：

> 二弟船至宗潭安宿，至夜半忽听得“蓬、蓬、蓬”，一班粗汉打上船来。时余镜清睡后舱马路，连忙爬起。劈头打一洋枪来，子弹由眉心边穿过，幸未受伤，急由后舱跳水去。另有歙县二客人也跳下水去，其余客人将头钻在被窝里，皆不作声。我二弟真危险，眼巴巴望着他们刀劈皮箱，取去各客衣服物件，甚为匆促。另有一人见二弟脚旁放一考蓝，实提之颇重，遂携之行。一霎时间，呼啸而去。大家都有损失，二弟考篮内有三百余洋，所亏尤巨。

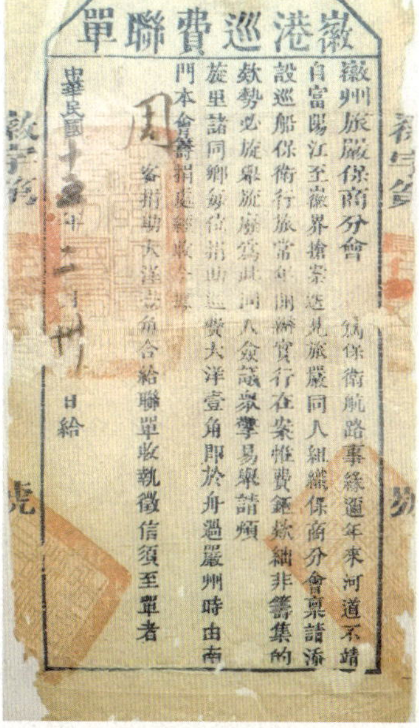
徽港巡費聯單
徽州旅嚴保商分會　爲保衛航路事緣邇年來河道不靖
自富陽江至徽界搶案迭見旅嚴同人組織保商分會稟請添
設巡船保衛行旅常年開辦費行在案惟費鉅款絀非籌集的
款勢必旋舉旋廢爲此同人僉議衆擎易舉請頻
旋里諸同鄉每位捐助巡費大洋壹角即於舟過嚴州時由南
門本會[illegible]捐處繳收[illegible]
客捐助大洋壹角合給聯單收執徵信須至單者
中華民國十五年十二月廿[illegible]日給

徽港巡费联单

这种遭遇河盗的情形真是异常危险，不仅财产损失巨大，而且还有生命之忧。新安江的河盗之患显然不是偶然情况，这一点从民国时期旅浙徽属保商公会创办浙严徽商水师巡船一事可知。

总之，新安江上的商人群体面临的不仅有河水险滩带来的危险，也有人为的威胁，但这些困难没有阻挡他们前行的步伐，而是激发了他们敢于面对困难，面对挑战的勇气，这同样是新安江所赋予他们的巨大财富。

三、文化浸润的商帮

新安江自古以来就是一条诗情画意的山水圣境。新安江为外界所了解的，往往与历史上留下了许多关于新安江诗歌名篇相关，其中脍炙人口的有：

新安江水至清浅深见底贻京邑游好

南北朝·沈约

眷言访舟客，兹川信可珍。
洞澈随深浅，皎镜无冬春。
千仞写乔木，百丈见游鳞。
沧浪有时浊，清济固无津。
岂若乘兹去，俯映石磷磷。
纷吾隔嚣滓，宁假濯衣巾。
愿以潺湲水，沾君缨上尘。

经七里滩

唐·孟浩然

予奉垂堂诫，千金非所轻。
为多山水乐，频作泛舟行。
五岳追向子，三湘吊屈平。
湖经洞庭阔，江入新安清。
复闻严陵濑，乃在兹川路。
选嶂数百里，沿洄非一趣。
彩翠相氛氲，别流乱奔注。
钓矶平可坐，苔磴滑难步。

猿饮石下潭，鸟还日边树。
观奇恨来晚，倚棹惜将暮。
挥手弄潺漫，从兹洗尘虑。

睦州

唐 · 杜牧

州在钓台边，溪山实可怜。
有家皆掩映，无处不潺缓。
好树鸣幽鸟，晴楼入野烟。
残春杜陵客，中酒落花前。

守严述怀

宋 · 陆游

桐君故隐两经秋，小院孤灯夜夜愁。
名酒过于求赵璧，异书浑似借荆州。
溪山胜处身难到，风月佳时事不休。
安得连云车载酿，金鞭重作浣花游。

官居

宋 · 陆游

万里飘然百折蓬，桐庐江上又秋风。
判余牍尾栖鸦湿，衙退庭中立雁空。
灯火市楼知酒贱，歌呼村落觉年丰。
谁知病守无欢意，也与邦人一笑同。

这些著名诗人对新安江的吟咏，表明其地具有浓郁的人文底蕴，航行其上的新安江商人也耳濡目染地受到文化的熏陶，加之新安理学的影响，这对上游的徽商成为“贾而好儒”商帮的形成有着重要的影响。

第一章　新安商人兴起背景

第一节　流域内丰富的天然物产

新安江流域主体属北亚热带湿润季风气候区。气候暖湿，光照充足，雨量分配不匀，春季多阴雨低温，夏季梅雨量集中易洪涝，伏秋易旱降水变率大，冬雪年年有。风速小，静风多，大风季节较集中。无霜期长，初、终霜日早迟变化大。四季分明，夏、冬稍长。得天独厚的自然条件，形成了丰富的自然资源，为新安江流域提供了丰富的物产。

杉木是新安江流域最大宗物产。早在南宋时，徽州的杉木就远销浙西。范成大《骖鸾录》："休宁山中宜杉，土人稀作田，多以种杉为业。杉又易生之物，故取之难穷。"虽说的是休宁，其他地区大抵也都是如此。新安江早期的商人以木商起家，也正是借此独特的天然之力。

茶叶是新安江流域另一重要物产。适宜的气候，加上独特的地质条件，新安江流域早就有种茶习俗，唐代时祁门即出现"高下无遗土，千里之内，业于茶者七八矣"。以种植茶叶弥补耕田不足的困境，使茶叶在新安江流域成为另一大宗物产。而且新安江流域名茶众多，有松萝、雀舌、金芽，其中松萝茶更是"名噪一时，茶因踊贵"。

陶土是新安江流域另一天然的交换物产。新安江流域所产的白土是景德镇瓷器重要的原料，特别是一些精良的瓷器非以性硬的婺源高梁山粳米土和性软的祁门开化山糯米土融合烧制不可。随着景德镇瓷器的畅销，对陶土需求的增加，新安江流域的陶土也自然成为大宗物产了。

在传统书写时代，产于新安江流域的文房四宝也是重要的地方物产，其中最为精绝的是徽墨。新安江流域的古松是徽墨生产的基本原材料，也是其品质的保障。徽墨的影响力源于其作为贡品的特质。唐末，易水人奚超、奚廷珪父子迁居新安，二人皆为制墨名家。加之新安江流域松烟材质绝佳，其墨深得李后主赏识。父子二人因而赐以李姓，李廷珪之墨名扬天下。徽墨为天下之佳品，人争而求之。此后，徽墨名家层出不穷，徽墨成为新安江流域重要的物产之一。

与徽墨一起闻名的还有“歙砚”。新安江流域自古生产制砚的优质石材，“徽州婺源石产水中者，皆为砚才”，特别是婺源与歙县交界的龙尾山材质最佳，因新安江流域古有歙州之设，故其所产砚也被称为“歙砚”。歙砚以砚石纹理奇特、变化无穷而赋予其极高的艺术价值，同时其质地又粒度极细，具有发墨益毫、滑不拒笔、涩不滞笔的优点，具有极佳的书写效果。因李后主对歙砚赞誉有加，使其同样成为人争而求之的佳品。

新安江流域的另两种文房用品，纸和笔同样受到世人推崇，而成为具有地方特色的物产。

此外，新安江流域还有众多的物产，诸如竹笋、木耳、香菇等山珍皆为上品，是对外进行交换的重要物产。

说新安江流域是物华天宝之地，绝不为过。但作为生产粮食作物的耕地却了严重不足，“七山半水半分田，两分道路和庄园”，直接导致的结果是用于满足基本生活的粮食无法获得。加之，新安江流域，特别是古徽州地区又是历史上三次人口南迁的主要地区，人口规模不断扩大，进一步加剧了这种压力。明末清初，顾炎武就指出徽州是“大都计一岁所入，不能支十之一。小民多执技艺，或贩负就食他郡者，常十九”。可以说迫于生存的需要，新安江流域的人们选择进行物资交换是其内在的需求，而丰富而独特的物产是使商品交换得以开展的物质基础。

开展商品交换的另一个重要条件是便利的交通，但徽州地区却是一个“山限壤隔”之区，貌似又进入一个“山穷”的境地。但徽州境内丰富的水路，又使徽州出现了“水不尽”的大好局面。

第二节　新安江流域丰富的水利资源

就陆路而言，新安江流域确实不利于商业活动的开展，特别是大宗商品的运输。该区域存在数条出入杭州的古道，都以崎岖难行而闻名。但在万山回旋之中，一条条水路又为人们注入了新的希望。

徽州境内，水系发达。祁门、婺源通过阊江、婺江经饶州，连通鄱阳湖，达于长江，

新安江南源口段

形成徽饶水道。源于黟县的清溪河、绩溪的徽水河，皆流入青弋江，之后在芜湖注入长江，形成徽宣水道。而影响更大的是徽杭水道，其主要是以新安江为主。新安江支流及于祁门、黟县、休宁、歙县，通过水系将徽州联系起来。其中仅在休宁境内的支流水系数量就达 200 余条，汇聚成率水、横江两条大河，汇流于屯溪后成为干流渐江，下流至歙县浦口与练水合流后称为新安江，经街口进入浙江境内，过淳安、建德直至富春江、钱塘江入海。

由于发达的水系，新安江流域丰富的自然特产，诸如木材、茶叶、桐油等大宗物产就可以源源不断地输往周边诸如杭州、扬州、南京、芜湖、武汉等地和其他经济发达的城市。同时，徽州所需要的生活物质，诸如稻米、食盐等也通过上述主要水道源源不断地输送进万山丛中的徽州，直至每一个村落。

这其中以新安江所起的作用最为明显，不仅是其流域涉及的面积更广，也因其能够将其他水系联系在一起。道光年间，歙县茶商江文缵 3 万斤茶叶运往广州，就从坑口先经 80 里水路运到屯溪，然后从屯溪逆新安江而上 100 余里，达于黟县渔亭，再陆行到祁门，再经阊江达于饶州，再经赣江，最后到达广州。这一水路转运的实景，可直观反映新安江在商业运输中的重要地位。

第三节 流域内悠久的商业传统

丰富的山区物产，与粮食作物的不足所形成商品交换的内在需求，加之便捷的水运，将新安江流域与东面的苏杭、西面的饶州，北面的芜湖、池州联系起来，形成了与周边经济发达区域的商业网络，也使新安江流域形成悠久的商业传统。

作为优质茶叶产地，新安江流域的商业行为也较早地在该领域中得以体现。早在唐人张途《祁门县新修阊门溪记》中就有，“业于茶者七、八”“给衣食，供赋悉恃此”，该记载表明当时祁门从事茶叶生产、经营的人已占有相当大的比例。

五代时，因李后主的推崇，徽州的墨、砚成为上品，不仅是王公贵族争相收藏的珍品，也作为流通的商品而行销四方。

对新安江流域商业行为产生巨大推动作用的是木材作为大宗交易商品而实现的。南宋因定都临安（杭州），从而形成了巨大的消费市场，特别是在营都城时，对木材需求量激增。因新安江可直接沟通杭州，新安江流域的木材便顺新安江进入杭州，从而诞生了以经营木业的大量新安江商人。宋时徽州任司户参军的范成大在《骖鸾集》记休宁人“多以种杉为业”，杉木“出山时价极贱，抵郡城已抽解不赀”，这些杉木就是因杭州土木建设需要而沿着新安江源源不断地流入杭州，直至长三角各区域。

因为杭州与新安江流域有着天然的地理优势，新安江流域的各类物产都自然成为商品进入杭州，以满足都城中庞大的消费群体需求，助推了新安江流域商业行为的盛行，也培育了新安江流域从事商业的传统。这一时期也形成了许多著名的商人，比如朱熹的外祖父祝确，就因为拥有大量的店铺，几达徽州府城之半，人称“祝半州”。此外，还有祁门程津、程海两兄弟，“广置产业而致富”，分别被称为“十万大公”“十万二公”，“言其家赀以十万计”，[①] 也可见其经商之成功。

悠久的经商传统无疑为新安江商业的发展积累了丰富的经验，为明清时期新安商人，特别是徽州商帮的兴起提供了基础。

① [明]程昌：《祁门善和程氏谱》卷3《书四府君派后》，明嘉靖二十年刻本。

第四节　流域内长足的人文进步

自唐宋以来，新安江流域就逐步形成了崇尚读书，文风昌盛的局面。比如绩溪，南宋文学家汪藻就说："新安之属，以县名者六，而邑小士多，绩溪为最。"明弘治《徽州府志》载，绩溪"读圣人之书，明圣人之学，知所向方，善善相劝……亦骎骎乎齐鲁矣！"清《江南通志》载"三五之家，不废诵读"。歙县也是教育发达之地，唐宋以降，府学、县学、书院、塾学、社学遍布城乡，以致"十户之村，不废诵读""自井邑田野，以至远山深谷，居民之处，莫不有学、有师、有书史之藏"，科举捷报频传。

新安江流域的下游，浙江境内的淳安县，在教育领域也有建树。淳安自古以来，书院繁多，其中著名者有蜀阜书院、石峡书院、瀛山书院、五狮书院、台鼎书院、梅峰书院。

特别是新安江上游的徽州作为程颢、程颐以及朱熹的桑梓之地，一直被视为"程朱阙里""东南邹鲁"。在新安理学影响下，人文蔚起，人才辈出，出现"儒风独茂"的盛况。作为长期浸润在此风之下的新安商人，也就具有了"儒风"性质，被称为"贾而好儒""儒而好贾"。因此，许多徽商都是幼而读书。如，休宁汪起凤"少好读书，从父四峰公命以儒服贾"，歙县江义龄"少读书，以父老弃儒服贾"，还有明代程德鲁"虽服贾，其操行出入诸儒"。由此可见，新安江流域内的人文环境对其商人有着深刻的影响。

以明代万历年间墨工方于鲁为例，他的《赠张山人归越》诗"雉子班班麦正齐，黄梅四月雨凄凄。新安江上携尊酒，送汝看山到浙西"，表现出较高的文学水准，许承尧说他"其人善诗，非可以墨工论也"。① 也从侧面说明新安商人是在良好文化环境下成长起来的，不可以简单以工匠或商人论。

---

① 许承尧：《歙事闲谭》卷1《方于鲁逸事》，黄山书社，2001年，第15页。

第二章　新安商人的盛世

第一节　新安商人的兴起

新安江流域商人在自然及多因素的影响下日益壮大，也不断为社会所接受，直至成为一个群体为公共所认同，这虽然是一个漫长的过程，但约在明代中期已经完成。这一认知的形成，可以从三个方面得以体现。

一是悠久的商业传统得以传承，且被社会认同。从唐代以来的茶商，到宋代的木商，再到元代及明代早期的多种经营的商人出现，进一步加深了人们对新安江流域商人传承有自的商业风气的认可。许承尧在《歙人出贾时期》中就说"《今事庐笔乘》云：淳熙《歙县志》，山限壤隔，民不染他俗，勤于山伐，能寒暑，恶衣食。而明万历志《风土》论则云：至正德末、嘉靖初，则稍异矣。出贾既多，土田不重。承尧按：吾许族家谱，载吾祖于正统时已出居庸关运茶行贾，似出贾风习已久，志殆举其概略耳。"[①] 也说明世人已认可在明中期以前，这种经商"风习"由来已久。而明代中期许多具体的事例可以进一步表明，历史上的商业习俗，终至汇成众人共同参与的商业洪流。如，歙商江才的妻子就鼓励他说，"乡人贾者什九，君宁以家薄废贾邪"？[②] 一位普通的妇女通过对身边人的观察，已然得出当时经商是一种社会潮流，也从侧面反映了社会对经商行为的普遍认可。而万历《歙志》作为官方文献，对这一现象的记录可以看作是一种具有权威的认定，"长老称说，成弘以前，民间椎朴少文，甘恬退，重土著，勤穑事，敦愿让，崇节俭。而今则家弦户诵，夤缘进取，流寓五方，轻本重末，舞文珥笔，乘坚策肥。世变江河莫测底止"。[③] 虽然做此描述的洪文衡多少对这种变化有些失落，但说明了一个不争的事实，就是商业行为的普遍性，以及商业兴起后对整个社会风气的影响与改变。

当然，在这种经商传统也不是自发而成，其实也是受到新安江流域自然环境的

---

① 许承尧撰，李明回、彭超等点校：《歙事闲谭》卷1《歙人出贾时期》，黄山书社，2001年，第14页。

② [明]汪道昆撰，胡益民、余国庆点校：《太函集》卷41《赠安人江母郑氏行状》，黄山书社，2004年，第886页。

③ [明]谢陛纂，张涛修：万历《歙志·洪文衡序》，明万历三十七年刻本。

影响的。比如，婺源洪氏家谱中就说，“吾邑（婺源）习俗每喜远商异地，岂果轻弃其乡哉！亦以山多田寡，而苦志读书者又不可多得。是以挟谋生之策，成远游之风，南北东西，本难悉数”，① 也是说明这种风习形成的无奈。此外，还可以看到这种经商之风与安于乡井的思想交锋，嘉庆黟县志就将这种心态写得十分到位，“丈夫志四方，不辞万里游。新安多游子，尽是逐蝇头。风气渐成习，持筹遍九州。黟多古四塞，人情乐古丘。既不事机巧，安能执鞭求？往往出则踬，桑榆几人收。念寝扬州鹤，任彼笑吾鸠。仍复从所好，闲坐看川流”。② 此诗十分准确地把握了徽人对从商之风的态度，也真实反映了黟县商人是徽州商帮中最后加入的历史史实，即“(黟县）往者户口少，地足食，读书力田，无出商贾者。《徽郡六邑评》所谓黟县‘男耕田，女绩麻’，盖纪实也。国朝生齿日盛，始学远游，权低昂，时取予。为商为贾，所在有之”。③ 经商之风最终在徽州全境形成。

二是新安江流域商业贸易的通道被确定下来。区域贸易的兴起，重要的标志就是贸易通道的建立。经过长期的经营与摸索，新安江区域的贸易通道在明中期已清晰明确。特别是几条水路已经固定下来，一是通过阊江可以到达鄱阳湖，既北通长江，也可南下赣江及广州；二是向北通过青弋江到芜湖进入长江；三是向东通过新安江到杭州，进而通过运河及于各地。而这几条水路又可以由新安江将其串联起来，最终将新安江流域与长江、运河沟通起来，实现了在全国区域内进行贸易的便利。对于这些水路的认识，新安江流域的商人更是将其编成路程图，如明代憺漪子的《天下路程图引》就将徽杭水道十分简洁地描绘出来，“一自渔梁坝，百里至街口。八十淳安县，茶园六十有。九十严州府，钓台桐庐守。富阳，三浙垅江口。徽郡至杭州，水路六百走”。

三是新安江流域经商人数规模不断扩大。万历《歙志》将新安江上游徽州商人兴起时间界定在成化、弘治年间，虽然没有集中的史料以佐证，但从大量的明清徽州家谱记载中却是可以直观地反映出来。如歙商方禅师“天性孝慈，施与有则，商游荆襄，人咸德之，有义士之称”，他生于洪武戊申，卒正统戊辰，则其经商在正统之前。其孙方念宁“质干才雅，善言语，从父（按：方志远）商游荆楚，为名家

① [清]洪朝祥、洪庥衡纂：婺源《 煌郡洪氏通宗谱》卷56《南园记》，清嘉庆二十三年木活字本。
② [清]吴甸华修，程汝翼、俞正燮纂：嘉庆《黟县志》卷16《艺文·纪邑中风土商》，清同治九年刻本。
③ [清]吴甸华修，程汝翼、俞正燮纂：嘉庆《黟县志》卷7《地理风俗》，清同治九年刻本。

世族相推敬”，[①] 他生于永乐乙未，卒于正统己巳，则其父经商时间当在永乐、宣德年间。由此可见，方禅师、方志远、方念宁祖孙三人皆以经商为业。同宗的方原生，“直谅方刚，处事果断。商游汴梁，王公世卿交相器重，而能敬以持身，恕以接物，誉播郡邑，惠遍乡闾”，其卒于成化丁亥年，表明他主要经商时间是在成化以前。其实他的父亲也已经有了“商业”行为，家谱称其父方赵童，“洪武间诏济边储时，甫弱冠，挟资装赴甘肃易粟输公”。[②] 表明方氏家族在明代中期以前已经有多人参与经商活动了。同为歙县商人的还有生于永乐年间的汪明德，“事商贾每倍得利，归父兄娱其心”，[③] 生于洪武年间的王福奴，“善生殖，商游吴浙，士大夫深加敬爱”。[④] 以此说明明代中期歙县商人已然兴起，当是可以成立的。

同一时期歙县之外的休宁从商之风也蔚然兴起。如生于元至顺壬申，卒于明永乐癸巳的程宗一，“从事商贾，货利之获，多出望外，以一获十者常有之，若有神助，不知所以然者，由是家业大兴”。而他的父亲程保一也是一名商人，“既冠，商游江湖”。[⑤] 表明，其父子经商时间在元末明初。同为休宁商人黄川的黄有庆，生于洪武丁卯，“禀赋敦厚，刚柔相济，和同商旅历练”。[⑥] 宣德弘治年间的黄义刚“少商木筏于杭、浙、姑苏，壮经营于正阳、固始，得生财之大道”。[⑦] 可见，休宁在明中期以前也有大量人从事商业了。

第二节　新安商人的繁盛

新安商人于成化、弘治年间兴起，无论在人数规模、贸易通道还是社会风习已经显现出来。此后，特别是从明嘉靖到清嘉庆之间的 200 余年（1522 ~ 1820）间，

---

① [清]方善祖等：乾隆《歙淳方氏会宗统谱》卷10，清乾隆十八年刻本。

② [清]方善祖等：乾隆《歙淳方氏会宗统谱》卷14，清乾隆十八年刻本。

③ [明]汪湘纂：徽州《汪氏统宗谱》卷42《七十六代世昭墓志铭》，明万历三年刻本。

④ [明]王道茂等纂修：《新安泽富王氏家谱》卷1，明成化六年刻本。

⑤ [明]程良锡纂：休宁《率东程氏家谱》卷2，明万历元年刻本。

⑥ [明]黄以辉纂修：休宁《黄川黄氏家谱》，清抄本。

⑦《黄氏世谱》卷2《黄义刚传》，明嘉靖刻本。

徽商进入繁盛时期。这种盛况被谢肇淛说得十分明白，“新安大贾，鱼盐为业，藏镪有至百万者，其二三十万，则中贾耳”。这种繁盛的局面主要体现于五个方面：

第一，新安商人的经营主业明确且获得社会的普遍认同。

正如万历《歙志》所称：“其货无所不居，其地无所不至，其时无所不鹜，其算无所不精，其利无所不专，其权无所不握。”新安江流域的商人正如同歙商一样，经营范围十分广泛，诸如盐、茶、木、粮、棉布、丝绸、果品、笔墨纸砚、书画、药材、算盘等各类商品都有涉及。但在长期的经营中，他们的经营范围又相对固定而突出。特别是新安江上游的徽州商人，在盐、木、茶、典各个领域十分突出，是其他商帮无可匹敌的。近人陈去病在《五石脂》中指出：“徽郡商业，盐、茶、木、质铺四者为大宗。茶叶六县皆产，木则婺源为盛，质铺几遍郡国，而盐商咸萃于淮浙。”

首先，最能反映新安商人繁盛的是他们在盐业上的成功，出现“在昔盐业尤兴盛焉。两淮八总商，邑人恒占其四”，其在盐业经营中的主导地位可见一斑。新安盐商的兴起，与明清盐法的推行紧密相关。弘治五年（1492），明政府实行了开中折色制度，商人向盐运司交纳现银即可办引行盐。这些变化使行盐的商人可免赴边纳粮之苦，给新安商人经营盐业带来方便。其中两淮盐场产盐最多，盐利最大，新安江流域商人借地利之便广泛地参与其中。明嘉靖、万历时，新安江流域的商人以黄、汪、吴诸族在扬州业盐是最为出名，资产达数十万以至百万之多，加之作为盐业领袖，“盐策祭酒甲天下”而名闻海内。同一时期，原来以从事边商为主导的山、陕商人也奔赴两淮盐场，参与盐业竞争，但与占据地利之便的新安商人比，他们显然失去了边商时的优势，其影响也逊于新安商人。这无疑也是新安商人繁盛的体现。

万历四十五年（1617），明政府为疏销积引，推行纲法，规定将淮南各盐场商人所持旧引分为十纲，编成纲册。每年以一纲行旧引，九纲行新引，听商人据纲册为窝本。每年派行新引时，都以纲册所载各商持引原数为依据，册上无名者不得参加。其他盐场的做法大体与此类似。当时新安商人在纲册上已占优势，于是随着纲法的推行，他们把持两淮盐利的特权便固定下来。从这时起，直到道光十年（1830）改行票法之前的200余年中，可以说是新安盐商的极盛时代。这时在扬州的新安盐商中、继黄、汪、吴数姓而兴者有江、程、徐、郑、曹、宋、鲍、叶诸族。特别是上游的徽商凭恃其雄厚财力，把该地行盐的权利控制在自己手里，使之成为他们取之不尽的财源。当时运商之中，又有总商与散商之别。总商是由官府指定，朝廷有关盐政大计也每与总商协商。总商的这种半官半商身份，给他们带来了更多的获利机会。如，江春为两淮总商前后达40余年，出现“以布衣上交天子”的现象，充分反映了徽州盐商的财雄势大。①

其次，是新安商人在茶业贸易中的成功。新安江流域山区盛产各类名茶，尤以休、歙所产的松萝茶、大方茶等在市场上广受欢迎。宋元以来，新安商人的茶叶贸易就是主导行业，也是充分发挥了地方资源的优势。明清时期，随着盐业的巨大成功，加之对外贸易通道的不断扩大。新安江流域的茶叶销量也随之大幅增长，茶叶贸易成为仅次于盐业影响力的行业。新安江流域的茶商家族也不断涌现，出现世代传承、家族经营的茶商世家。新安茶商在汉口、九江、杭州、苏州、扬州、上海等长江流域的城市，以及北方的北京，南方的广州都有大量的茶叶店，可以说当时几乎所有的大中城市都有新安茶商的活动。

再次，新安商人在典业中大显身手。明代正统年间，“南畿、浙江、江西、湖广、福建、广东、广西米麦共四百万石，折银百万余两，入内承运库，谓之金花银。其后概行天下”。② 这一赋役结构性的转变，推动了商品经济的发展，也推高了广大小生产者对白银的需求。于是拥有雄厚财力的新安商人投资典业的现象便愈来愈多了。新安江流域商人多精于典业，特别徽商更是如此，这从万历三十五年（1607）河南巡抚沈季文奏折中可知，“今徽商开当遍于江北，赀数千金，课无十两。见在河南者，计汪克等二百十三家，量派银二千六百余两，极其全数，足免贫民”。③ 仅在河南就有如此多的典铺，可见其规模之大。而且引起巡抚关注要对其征收税银，可见其影响之大。商山吴氏便以经营典业而发财致富，成了大财主。歙县的岩镇，号称“子钱家之薮”，致使该镇富甲一方。当时徽人开设的典铺遍布全国，江浙地区尤多。南京、扬州、泰兴、常熟、镇江、金坛、上海、嘉兴、秀水、平湖等处的典业，几乎全都操于徽人之手。徽州典商在北方各地也十分活跃。明崇祯时，徽人汪箕在北京开设的典铺竟有数十处。徽州典商不仅人数多、规模大，而且在经商地还常形成垄断行业，如江苏泰兴县“质库多新安贾人为之，邑内五城门及各镇皆有”；江苏镇阳县“行盐、质库皆徽人”；扬州“质库土著人为之，多新安并四方之人”。因徽商经营典业的手

① 张海鹏、张海瀛：《中国十大商帮》，黄山书社，1993年，第454页。

② [清]张廷玉等：《明史》卷78《食货志二·赋役》，中华书局，1974年，第1895页。

③《明神宗实录》卷434“万历三十五年六月丁酉”条，“中央研究院”历史语言研究所影印本，1961年。

徽州荣顺茶庄

段极为高明，往往以种种优惠条件吸引顾客,使其他商帮难以与之竞争。[1]

第二，是新安江商人的贸易网络成熟遍及全国，形成“无徽不成镇”的局面。

明朝万历年间,社会上流行着“钻天洞庭，遍地徽”的谚语。意思是说，苏州的洞庭山人和徽州人都是经商的能手，为了牟取厚利，他们无孔不入，无处不在。事实也的确如此。以新安江流域的休宁为例，“邑中土不给食，大都以货殖为恒产，因地有无以通贸易，视时丰歉以计屈伸。居贾则息微，于是走吴、越、楚、蜀、闽、粤、燕、齐之郊，甚则逖而边陲，险而海岛，足迹几遍禹内”。[2] 休宁商人的行为，可以说是当时整个新安江流域商人的写照，他们真是无远不至，上至南京和北京两大都会，下至各省省会以及其他大小城镇，都可以看到新安商人的身影响。

特别是在长三角的新兴的市镇中，新安商人更是异常活跃。因为新安江与长江水系的连通，长江作为横贯东西的水运大动脉，是新安商人最为依赖的商业运输线，同时新安商人再利用运河的便利，又将南北贸易线路打通了，因此沿长江、大运河的大小城镇自然成为新安商人集聚之地，也是他们称雄之所。特别是徽州商人的影响更为明显，以至于出现徽州商人能够决定一个市镇的繁荣的局面。如，淮安的河下镇，由于明代中期淮北盐运司迁移到该镇，随之徽州盐商蜂拥而来，仅歙县程量越支迁来后就有数十家成为大盐商。而程氏更是积极投入该市镇建设，“以满浦一铺街为商贾辅辏之地，地崎岖，不便往来，捐白金八百两购石板铺砌，由是继成善举者指不胜屈。郡城之外，悉成坦途”。河下镇一跃成为商业繁盛、人文蔚起的江南重镇了。当然，徽商的离开也会对市镇的产生直接的影响，如万历《嘉定志》记

① 张海鹏、张海瀛:《中国十大商帮》,黄山书社,1993年,第460页。
② [清]廖腾煃修,汪晋徵等纂:康熙《休宁县志》卷1《风俗》,《中国方志丛书》,成文出版社有限公司,1975年。

载，“（南翔镇）在县治南二十四里……往多徽商侨寓，百货填集，甲子诸镇。比为无赖蚕食，稍稍徙避，而镇遂衰落”。就是说由于该镇的徽商受到地方无赖的侵扰，不胜其烦，遂移出该镇，从而直接导致了南翔镇的衰落。正是基于这一点，才有了“无徽不成镇”的谚语，但其确实也从侧面反映了徽商繁盛的事实。

在新安江商人的贸易网络中，还有通达国外的商路。如，在《天下水陆路程》中就有一条是“广东至安南水陆”，说明此间已经有成熟的贸易通道了，明嘉靖年间新安江上游歙县人汪直就与日本人有着各类商品交易往来。

第三，新安江流域的徽商作为商帮群体产生重大影响。

徽商的兴起，始终与徽州地区宗族发展密切相连，也使其打上了强烈的宗族色彩，形成了具有宗族性质的商人群体。比如在盐业经营中的竦塘黄氏就是这样的一个盐业商帮。《竦塘黄氏宗谱》称，“黄氏世货盐两淮，甲于曹耦”，表明黄氏经营盐有长期的历史，而且是同辈中的佼佼者。从该族家谱中可以看到，约在弘治年间，黄五保率先弃儒经商，他在两淮开始参与盐业经营并取得了一定的成功。与其大致同时期的黄氏族人黄崇德也同样弃儒从商，他先是从事布帛服装贸易，有了一定的资金积累后转而到淮南经营盐业，取得了巨大成功。谱称他“津津行德，泽及乡党”，他致富后带领宗族子弟到淮南经商，成为两淮盐业中重要盐商。其后，黄五保的侄子辈黄豹也加入经商队伍，他先是在两湖地区从商，但效果不佳；他便转战到两淮地区经营盐业，三年便成为富商大贾。黄豹的儿子黄锜也子承父业，成为一名成功的盐商。这一时期在两淮经营盐业取得成功的竦塘黄氏族人，还有黄崇敬、黄存芳、黄莹、黄鉴等。

歙县稠墅汪氏也是这样的一个盐商家族，汪氏第一代到两淮从事盐业的是汪镳，到他儿子汪景星以盐业致富，“甲第为淮南之冠”。汪景星长子汪允信继续业盐，成为两淮盐业二十四总商之一。汪允信的长子汪廷璋继承父业，同样充任总商，而且是乾隆皇帝南巡时接驾的带头人，并且兴建了“熙春台”。汪廷璋的儿子汪焘依然任盐业总商，遗憾的是他英年早逝。接替汪焘的是他的堂弟汪坦，依然担任八总商之一。汪坦同样年寿不永，但他的妻子张氏却继续担任总商，成为总商中的唯一女性，她被称为“汪石公太太”。该家族也被称为“稠墅汪氏三世五总商”。

总之，黄氏、汪氏的群体性成功，表明在明代中后期开始，以家族为纽带的徽州商帮在行业经营中已经成形。

如果说上述黄、汪二氏还是父子相承，下面这些商人则是带领宗人、乡党结成了更为庞大的集团。如，休宁西门汪福光生于明弘治辛亥(1491)，约在正德、嘉靖年间，“贾盐于江淮间，艘至千支，率子弟贸易往来如履平地。择人任时，恒得上算，用是赀至巨万。及与人约剂，然诺不苟，张弛有方，识者谓得致富之道。里人争用其术，率能起家”。[①] 他带领子弟组织上千艘的船只进行贸易，其族人参与的规模可想而知，而且他的“里人”们也学习他的经商之术，想来和他一起经商该不在少数，可以说这是一个典型的宗族乡党结合的商帮了。在明代学者王世贞笔下也有一个徽商家族，新安程君“年甫髫而从其舅江淮间为下贾，已进为中贾，属有外难脱身归，则转赀湘楚，稍稍徙业二广，珠玑犀象药果布之凑，盖不数年成大贾。门下受计出子者，恒数十人，君为相度土宜趣物候，人人授计不爽也……而自程君成大贾，其族之人无不沾濡者”。[②] 这名程姓商人成功后同样带领族人组成数十人的家族商帮。这一现象，明末人已经十分清楚地注意到了，金声就说：“歙休两邑民皆无田，而业贾遍于天下……夫两邑人以业贾故，挈其亲戚知交而与共事，以故一家得业，不独一家得食焉而已。其大者能活千家百家，下亦至数十家数家。”[③] 可见徽商经商形成商帮还有宗族发展的内在需求。

同时，新安江商人为了在外地经商时可以互相扶持，建立起来大量的会馆。徽商会馆的雏形大约在明代嘉靖时期开始出现，初期虽然徽商参与其中，但主要功能是作为士人参加科举考试歇息之处，以及客死他乡的徽人停柩、埋葬及祭祀之所。进入清代，会馆在保留上述功能同时，更倾向于成为商人的联谊之所了。这从“北京歙县义庄”的功能变化中可以清晰反映出来：

> 北京歙县义庄，在永定门外五里许石榴庄，旧名下马社。规制甚宏，厅室高敞，周垣缭之，丛冢殆六七千，累累相次。盖亦经始于明嘉靖四十年，与创设会馆同时……至隆庆中……议设寒食中元二祭……万历丙辛间……募建厅堂……至清初则杨监正光行，曾重加修整，其后世守之。
>
> 捐款则取于茶商为多。据黄记，则隆庆中歙人聚都下者，已以千万计。乾

---

① [清]汪澍等纂修：《休宁西门汪氏宗谱》卷6《益府典膳福光公暨配金孺人墓志铭》，清顺治十年刻本。

② [明]王世贞：《弇州山人四部稿》卷61《赠程君五十序》，《景印文渊阁四库全书》，台湾商务印书馆，2008年，第1280册，第92页。

③ [明]金声：《金正希先生文集辑略》卷四《与歙令君书》，《四库禁毁书丛刊》集部第50册，北京出版社，1998年，第522页。

隆中，则茶行七家，银行业之列名捐册者十七人，茶商各字号共一百六十六家、银楼六家、小茶店数十。其时商业之盛，约略可考。

为了更好地联系徽商同乡，他们在苏州、杭州、上海、南京、扬州、北京、广州、武汉、芜湖等大中城市纷纷建立会馆。这从许承尧的记载中可以得到印证，他说："吾徽人笃于乡谊，又重经商，商人足迹所至，会馆、义庄遍各行省。"①

会馆也在维护徽商利益方面发挥着重要作用。比如，新安江上的木商就得到杭州木业公所的维护，依据《徽商公所征信录》中的官文书来看，徽州木簰自严州交纳税款后，即可直接到达杭州，沿途关卡不得再行勒索收费；如若遇到木簰被冲散，沿江居民拾得者，不得藏匿，而是由徽商按规定的价格给予酬金。这些规定都是由会馆出面与当地官方沟通后确定的。另外，会馆还在维持徽商信誉方面有相关的规定，如《典业须知录》中就对不遵守商业信誉的成员，"诸同人齐心密访，倘遇不肖者出，会馆出场驱逐，俾贤愚勿混，一振规模"。②

第四，是新安江商人以资本雄厚位列商界翘楚。

商人的地位最终是由其资本决定的，新安商人，特别是徽商称雄商界，自然也是与其雄厚的资本相关联的。

明代学者王世贞在记录"严氏富赀"时，就借严世蕃评价指出："天下富家居首等者凡十七家，虽溧阳史恭甫最有声，亦仅得二等之首。所谓十七家者，己与蜀王、黔公、太监黄忠、黄锦及成公、魏公、陆都督炳；又京师有张二锦衣者，太监永之侄也；山西三姓、徽州二姓与土官贵州安宣慰。积赀满五十万以上方居首等。前是无锡有邹望者将百万，安国者过五十万。"③这些人都是资产达到50万以上的，才能称为天下富户，其中主要是达官贵人，山西、徽州5姓显然是商人，这也说明嘉靖时期徽州的大商人的资产在全国也是名列前茅的。到万历年间，新安盐商的财富有了进一步的扩大，谢肇淛有言："富室之称雄者，江南则推新安，江北则推山右。新安大贾鱼盐为业，藏镪有至百万，其他二三十万则中贾耳。"④表明徽商的资产已达到百万

① 许承尧撰，李明回、彭超等校点：《歙事闲谭》卷11《北京歙县义庄》，黄山书社，2001年，第357页。
② 王廷元、王世华：《徽商》，安徽人民出版社，2005年，第48页。
③ [明]王世贞：《弇州史料后集》卷36《严氏富赀》，《四库禁毁书丛刊》史部第50册，北京出版社，1997年，第2页。
④ [明]谢肇淛撰，郭熙途点校：《五杂组》卷4，辽宁教育出版社，2001年，第37页。

以上，二三十万的只能算中等富商了。

到清代中期，新安商人的资产更是达到千万以上，据《两淮鹾务考略》记载，“淮商资本之充实者，以千万计，其次亦数百万计。商于正供完纳而外，仍优然有余力，以夸侈斗靡。于是，居处饮食服饰盛甲天下”。[①] 其中，汪允信、汪廷璋父子就是“富至千万”的大盐商。据《国朝遗事纪闻》记载，“扬州之富，以淮南盐商名。商之著者凡八家，而黄氏妇居其最”，而黄氏妇更是在乾隆帝到扬州时，一夜造成三贤殿以供观览，以至于乾隆皇帝发出“富哉商乎，朕不及也”的感慨。而这个黄氏妇据称就是汪廷璋的侄妇，本为“汪太太”，误传为“黄氏妇”。

第五，是新安商人社会影响大。

新安商人因其商业的成功，加之其独有的一些特质，对其活动区域的社会也形成了重大影响。首先，新安商人的商业经营行为，直接带动了市场的消费能力提升，从多方面促进了当地社会经济的发展。其次，新安商人直接丰富了当地的文化，特别是其中的徽商素以“贾而好儒”而著称，他们不仅为商业经营地带去了丰厚的资金，同也将推崇文化教育的理念带到当地，为了获得更好的社会资源，他们大多在当地资助办学，特别是在扬州、杭州等地建立了大量书院，著名的有万历年间由徽商为主体的两浙盐商创建的崇文书院、两淮盐商创建的安定书院，其中马曰琯修建的扬州梅花书院更是广延名儒讲学其中，对当地文化事业的发展产生了深远的影响。再次，在新安商人的支持下，对新安理学、新安医学、徽剧的形成与传播起到巨大的推动作用。同时，文化的发展反过来又进一步扩大了新安商人的影响。

第三节　新安商人的衰落与转型

一、经营环境的巨变

一是盐业政策变化引起的连锁反应。

新安商人的衰落是由于其中坚行业盐业政策变化所引起的连锁反应。新安盐商

① 《两淮鹾务考略》卷7，清抄本。

的衰落是从经营盐业垄断权的丧失开始的，道光十二年（1832)，清政府在两淮行盐区实行了“改纲为票”盐法改革，将原先在两淮地区推行的“纲盐制”改为“票盐制”，这直接导致新安大盐商在两淮盐业的垄断地位的丧失。百余年来，新安盐商引以为傲占据总商而形成的经营优势荡然无存，进而波及其他行业。

陈去病在《五石脂》中指出：“自陶澍改盐纲，而盐商一败涂地。”“纲盐制”下徽州盐商的垄断优势荡然无存，再加上历年积欠课税，被政府抄没家资以抵欠亏，顿时纷纷破产。曾经“百万之费，指厥立办”的江春，在陶澍清理欠帑后，家产被籍没，“旧时翠华临幸之地，今享馆朽坏，荆棘遍地；游人限足不到”，呈现一派破落户的景象。盐商是徽商之龙头，盐商既衰，标志着徽帮已走下坡路。[①]

二是如无底深渊的沉重负担。

新安商人的兴起得益于与封建官府之间的良好关系，可以说官府的庇护是新安商人巨额财富得以积累的重要原因。但在封建政权之下，新安商人在获得许多优惠经营条件和特权的同时，必然受到享有特权的封建官府无休止的勒索榨取，各类负担如无底深渊般落在新安商人身上。

首先，新安商人要缴纳繁重的课税。清政府实行“恤离裕课”的政策，目的在于增加朝廷的税收。因此，随着商人的发迹，朝廷所定的“正课”也逐年增加。从新安商人重要活动场所“两淮盐场”来看，清初“淮纲正课原只九十余万两，加以织造、铜斤等款，亦只一百八十余万两”，但到乾隆年间“已及四百余万”“科则数倍于原额”。也就是说，百年之内两淮盐课猛增了四五倍。嘉庆二十年(1815)，“淮纲每年正杂内外支款，竟需八百余万之多”，比之乾隆年间的400余万，又增加了一倍，这是明文规定的税额。至于各地官员私自加征者，更不知其数。如康熙年间，芜湖榷关主事邓某“苛责诸商，多额外征”的事情，在各地经常发生。

其次，新安商人捐输任务繁重。为得到朝廷的认可，获得一定的政治地位，新安商人进行了大量的捐输。新安商人捐输起步早，在明代已较常见，如万历年间，歙商吴养春一次就向朝廷捐银30万两。清代，新安商人捐输之习依然盛行，捐输规模更为庞大。依嘉庆《两淮盐法志》统计，从康熙十年到嘉庆九年(1671 ~ 1804)的100多年中，两淮盐商前后所捐输的财物共有银39302196两，米21500石，谷

① 张海鹏、张海瀛：《中国十大商帮》，黄山书社，1993年，第504页。

329460 石。每次捐输，多则数百万两，少则十数万两，“其余寻常捐输难以枚举”。有的商人一时无法完纳认捐的款数，盐官即将该商的认捐款数转为欠官的帑银，照加利息，在每年征取课税时一并追索。两淮盐商中，新安盐商人数多，资本大，故捐输的大部分自然落在新安商人头上。新安盐商高额利润中的很大一部分就这样源源不断地流进了封建王朝的府库。一些新安商人在连续不断的大笔捐输之后，不仅捐尽了利润，甚至捐光了本钱，以至濒临破产。如曾任两淮总商之一的徽州大盐商江春，每遇捐输，“百万之费，指顾立办”。后因此而陷入“家屡空”的困境，晚年不得不借用帑银以资营运。《清盐法志》称 ：“盐商夙号殷富，而两淮尤甲天下。当乾隆盛时，凡有大工大役，靡不输将巨款……加以水旱偏灾，何岁蔑有，几无已时，而商力亦告疲矣。”可见，无限制的捐输活动对新安商人资本积累造成了灾难性的影响。

再次，新安商人的义行也耗费了大量资金。每每面对大的自然灾害时，新安商人或自愿，或是在封建政府的倡导下，会投入大量的资金用于赈济救灾。特别是徽商奉行贾儒结合，经商中讲究“儒道”，在儒商精神的指引下，一般会自发举行救灾活动。另一方面，各地一遇水、旱等自然灾害，各级政府也会把眼光放在富裕的商人身上，可谓半倡导、半强迫地指派商人捐资救济。新安商人富名在外，每遇赈灾诸项，自然首当其冲。清代的新安徽商助赈次数、款数，均远过明代。尤其是雍正以后，徽商赈济之款，不下千万。徽商的助赈，替清政府付出了一大笔财政开支。他们虽然因此而得到“加恩叙议”的荣誉，但商业资本的发展却受到了极大的影响。

在救灾助赈之外，还有一项也耗费新安商人大量资金的是“助饷”。每当朝廷有军事活动时，也会要求商人捐款以帮助其开展军事行动。通常，朝廷也是要求商人本着自愿原则进行捐款，但其实质依然是官方对商人财产的巧取。而商人也因捐款“助饷”获得“急公好义”的名声，并得到朝廷的褒奖与认可，也因此获得潜在特权的机会。反之，则会失去相应的经营特权，甚至连正常的商业活动也往往会遭到种种刁难，甚至被弄得倾家荡产。比如，乾隆三十八年（1773）平定大小金川，新安徽商就捐助 400 万两。又如，嘉庆元年 (1796) 爆发的波及五省、历时九年的白莲教起义，耗费了清政府白银 1 亿两以上。在清政府镇压这次起义过程中，新安商人又捐助了巨款。自嘉庆四年 (1799) 三月至八年 (1803) 正月的不到四年中，以新安徽商为中坚的两淮盐商连续六次捐输，共计耗银 700 万两。如此巨额的助饷，即使是挟资千万的新安徽商也难以应付。

此外，除了法定的重税重课和清廷提倡的助饷、助赈等大笔捐输外，新安徽商还受到各级官僚的无端勒索。康熙年间,业于两淮的新安盐商就有三项大笔“浮费”：一是程仪。凡是官员进京时路过两淮时,新安商人都会出面接待,并赠送一笔“程仪”以示好。二是规礼。本地各级各类官府机构，不论与盐务有无关系，新安盐商都会送上礼金，称为规礼。三是别敬。早期是盐政御史离任时，盐商们为表示感激之情，赠送“别敬”钱。后来发展成只要是各级达官显贵离任时，也不论与盐务是否相关，商人们同样要送“别敬”钱。这三项浮费，每年“盈千上万”。特别是乾嘉以后，随着清廷吏治的更加腐败，新安徽商所受封建官府各项勒索也是日甚一日。官吏的种种无端勒索,严重影响了徽商的正常经营活动,连嘉庆帝也不得不承认,浮费太多“于商力未免有亏”。①

三是太平天国战争的毁灭性打击。

19 世纪五六十年代，新安商人经营的主阵地江南地区也是清政府与太平天国决战的主战场，长年的战争导致新安商人的经营活动几乎停止。包括新安商人的老家，徽州也因双方的交战，造成了徽州历史上最严重的破坏，“全郡窖藏为之一空”，以及徽人“男子百无一二”。战乱对新安商人造成了毁灭性的打击，首先，新安商人的商业资本蒙受巨大损失。其次，战乱造成了新安商人经营市场的萎缩。再次，战乱频仍，交通阻梗，贸易流通不畅。最后，作为商业贸易流通主体的新安商人自身深受战火摧残。

四是新安商人的理念具有局限性。

新安商人在经商致富之后，就开始享受自己的生活。首先，他们建造很多的园林别墅，私家园林数不胜数，比如“承志堂”和“扬州园林”等。由此可见，新安商人的奢靡程度已经到了一个十分严重的地步。在当时，就连山西的富商大院都比不上一些新安商人的住宅。新安商人在衣食住行和文化生活中的奢侈性消费，是他们商业利润重要的分流渠道。有的学者据有关资料估计,新安商人商业利润用于“肥家润身”的部分，占利润总额的 50% 以上。新安商人重视宗族，所以新安商人也会把金钱用于宗族建设方面，诸如修建宗祠、编修族谱等也需要投入大量钱财。新安

① 《清仁宗实录》卷181“嘉庆十二年(1807年)六月丙子条”,《清实录》册30,中华书局,1986年,第390～391页。

商人骨子里天生的对“儒”的追求，也导致了新安商人把一部分钱用于修建书院上。新安商人的财富观可以用“奢靡”来形容，如今仅存的一些徽州大院和一些徽州住宅就是最好的证明。[①]

此外，新安商人未能跟上时代的步伐，生产方式和经营理念落后，没有完成角色转换，没有实现从封建商人向资本家的嬗变。虽然资本雄厚，但始终停留在流通领域内，未投资产业。首先，将大量商业利润转向购置土地。其次，与转型相对成功的浙商相比，新安商人似乎从本质上区别于浙商，他们不仅仅是异同于所处时代，更是中国商业发展历史的先后问题，新安商人是在落后的生产力环境下，通过相对先进的管理和商业运作来赚取差价，而整个生产力水平并没有很大提高，这显然是从根本上不适合解决资源稀缺性的问题。浙商所面对的是一个依托创新为动力的竞争环境，既强调商业运作又强调生产，并且偏重于生产的现代市场经济体系下。它可以从整体上不断完善资源的优化配置，缓解稀缺性，甚至短期内解决稀缺问题。

五是商潮东渐的冲击。

商潮东渐造成官商结合形成的商业垄断被打破、商业竞争的激烈化程度日益加深、商业资本向产业资本的转化，加剧了新安商人的生存危机。随着商人的大量出现和商业贸易领域与规模的扩大，要想在商业竞争领域占据有利地位，不仅需要有足够的商品，还必须在质量、信誉、品牌、服务、信息等方面有足够的保证，特别是要稳定货源、提高货源质量和规模，这就必须使商业资本向产业资本进行转移。重“商”必须重“工”，没有产业的支撑，商业很难发展。这也是西方国家商业竞争力强盛的重要原因。中国传统新安商人尽管雄居中国商界三百余年，但从整体来说仍然是以商业贸易为主，资本主要集中在商业流通领域，投资产业极其有限。这不仅限制了新安商人资本的出路，也导致了新安商人发展后劲明显不足，转型困难。

二、新安商人的转型

随着新安商人经营环境的变化，面对不可避免的衰落，新安商人也在形势的迫使之下，开始的艰难的转型。

一是经营方式的转变。首先，新安商人改变不重视生产环节的经营传统，这一

① 张孝义、任俊、詹飞飞：《徽商与浙商的差异及其现代价值——从文化心理学角度分析》，《宿州学院学报》2022年第1期，第25页。

点在新安徽州茶商和布商表现得十分明显。

随着盐业经营的凋零，新安商人经营行业从“首重盐业”转变为“以茶为大宗”，新安茶商在近代新安商人中呈崛起之势。相较于传统新安茶商，近代新安茶商的经营模式与理念发生了重要变化，以往新安茶商偏重茶叶的运销环节，大多寄希望于通过贱买贵卖谋取利润，对茶叶的生产制作环节并不关心。新安茶商较少投入资金于茶叶制作之中，加之茶农基本毫无资金可言，茶叶改良便无从进行，茶叶品质遂无法提高，茶叶产品的附加值也不能得到较大提高。故近代以前的新安茶商经营数百年，而徽茶改良却并无多大进展。近代以后，新安茶商开始重视茶叶产制，祁门红茶与黄山毛峰的创制就是新安商人资本进入徽茶产制环节的重要成果。

祁门在清同治以前只生产绿茶和半发酵的安茶。光绪元年(1875)，祁门贵溪人从江西修水请来茶师仿“宁红”改制红茶获得成功。与此同时，黟县人余干臣在至德仿“闽红”试制红茶获得成功，并在光绪二年到祁门历口开设茶庄，引导茶农制造红茶。祁门贵溪人胡元龙也于光绪八年在当地建厂生产“胡日顺”牌红茶，“运售汉口，大获成功”。此后，祁门红茶制法不断推广，生产工艺日益改进。“光绪三十一年（1905），全县茶商已逾百余家，红茶产量达到6万余箱。民国二年和四年，祁门茶商李训典被安徽实业厅委任为徽属茶商代表参加巴拿马博览会和意大利都朗博览会，推销徽属红茶和绿茶，为‘祁红’在巴拿马赛会上获得头等奖凭、奖图和商标，走上国际市场做出了贡献。”由于俄国人偏爱红茶，祁门红茶在汉口销路颇畅，“民国以前，大都运汉销售，迨后以汉市茶叶贸易衰落，遂转移于上海”。祁门红茶转销上海后声誉更隆，与婺源绿茶齐名，遂有“祁红

茶商余干臣老宅

婺绿”之称，“沪上红绿茶价，均以此二者为标准”。由于祁红“十余年来质味之转变，颇为洋商所重视，累年经营祁地茶业者，大概有赢无绌，尤以去岁危险年头沾利最巨。故今年祁地栈号之纷起，较旧更呈热闹。沪上各茶栈，以去年祁庄获利，洋商对祁茶，需要至殷，莫不群集视线于祁南一路。除由本栈在祁设立庄号专办外，驻祁分栈营业，亦扩大范围，竞争接客设栈”，从而推动了祁门红茶沪市价格的不断高涨，并赶超婺源绿茶。以 1929 ～ 1933 年为例，五年间，祁门红茶售价仅 1929 年低于婺源绿茶，其余四年均高于婺绿。

黄山毛峰创始人为歙县漕溪人谢正安。谢正安出生于徽商家庭，早年在外地经商，咸丰时“粤匪窜徽，家业为之荡尽……当孑然寡助之时，处家无立锥之地”，只得返回老家漕溪，靠种茶耕田为生。同治四年（1865）后战事渐平，新安商业渐渐复苏。他开始重操旧业，在家乡收茶制茶，并在黄山云雾茶的基础上对所收茶叶大加改良，制成“黄山毛峰”。由于漕溪地处黄山脚下，所产茶叶质好味醇，以此处茶叶制成的黄山毛峰外形略卷，形似雀舌，绿中带黄，并带有金黄色鱼叶，被誉为“黄金片”。在安徽及上海各地甫一上市便备受好评，一炮打响，一时供不应求。谢正安抓住时机，在漕溪、琳村及屯溪等地开设谢裕大茶行，扩大茶叶收购和加工范围。为拓展海外市场，谢正安又在上海及东北营口等地开设谢裕大茶行分号，“数十年经商得意，名震欧洲四五载”。

近代新安茶商在茶叶的包装器具上也开始下大工夫。如黟县人赵有贵，“幼孤贫，随母赁舂糊口，长习商，旋赴屯溪学锡罐业。锡罐者，储茶之器。徽茶为欧美所贵重，而屯溪又徽茶聚汇之地，故锡罐业颇盛，有贵铢积寸累，遂开专号，家称小康”。这看似是茶业的副业，但它不仅增加了茶叶的附加值，还巧妙地将茶业流通领域中的资本转移到了生产领域。

无论是改制祁门红茶、黄山毛峰，还是创制锡罐，都是近代徽州茶业经济中出现的“新的经济因素”，标志着徽州茶业也一步一步迈上了现代化之路，展现了近代徽州茶商的与时俱进。[①]

在布业经营领域，新安布商也介入生产环节，开发土布新产品。传统棉布市场

---

① 梁仁志：《近代徽州茶商的崛起与新变——兼论徽商的衰落问题》，《安徽大学学报》（哲学社会科学版）2018年第1期，第25页。

大体而言，属于卖方市场。产地纺织何种商品，商人即销售、贩运何种产品，不会考虑销售地及消费者的需求。近代徽州土布字号在市场竞争中逐渐转变观念，依据市场和消费者的需求，介入生产环节，开发新产品。例如，祥泰布号是土布批发大户，在经理汪宽也的主导下，选用优质棉布，购买上等染料，开发出了“祥泰”牌毛蓝棉布新品牌。祥泰毛蓝布质地细密耐用，色泽鲜艳，永不褪色。用其制作衣服，无论是长衫、短褂、背心、学生装、套裙，都能广泛适用，吸汗、凉爽、舒适，其质量超过当年信孚洋行所销190号阴丹士林布。“祥泰”牌毛蓝棉布以其质优价廉行销全国，远销东南亚和法国。此后，祥泰还开发了“祥泰”印花头巾、面巾、包袱、被单、青花蓝布帐等系列新产品，既扩大了祥泰品牌的影响，又适应了城乡用户的需求。①

其次，由长途贩运转变为坐贾为主。

明清新安商人大多从事长途贩运的经营方式。进入近代以后，新安商人放弃了以长途贩运为主的经营方式，转而以坐贾为主。他们分散在各地，已不再是以地域为中心在一起计议结合、相互帮助，而是按行业结成公会借以维护商业中的竞争，于是同行业的商人公所或公会，在一定程度上取代了原来的同地域的会馆。也就是说，近代新安商人主要是按行业结成商人群体。例如，在上海经营洋布的商号，以振华堂洋布公所为中心，形成洋布行业商人群体；经营土布的棉布字号，则以绮藻堂布公所为中心，形成土布行业商人群体。②

二是在依托或继承传统行业的基础上实现新变。

面对“三千年一大变局”，近代新安商人或进军新式行业，或投身新式职业，或实行新式制度，或采用新式机器，呈现出新时代的新变化，主要有以下四个方面：

首先，进军新式行业。主要体现在四个行业：(1) 银行金融业。民国时期，歙县人张颂贤先是开设信托公司，后又投资商业银行；王汉山于1937年开办汇业银行；程镛在上海“与邑人程霖生合资开设惠源银行，任行长”。民国初年，汉口黄陂银行经理孙受初、裕康银行经理范浙门、樊城官钱局局长孙襄其等人都是黟县人。(2) 房地产业。近代歙县人程谨轩曾是上海数一数二的大亨，拥有房地产价值达千万银

① 马勇虎：《近代徽商土布经营实态研究——以祥泰布号为中心的考察》，《黄山学院学报》2015年第1期，第8页。

② 《〈近代徽州布商研究〉评介》，《近代史学刊》2020年第1期，第301页。

两，月入房租数万元；吴炽甫曾斥资 10 万银两在汉口经营房地产，有福像里、大和里、松荫里三处房产。(3) 电业。光绪末年，吴兴周和同乡共同集资招股 12 万两，1906 年，经清政府农工商部注册批准，成立明远电灯股份有限公司，吴兴周任总经理。当时全国只有五家电厂，明远是安徽第一家民族资本的电力企业。1952 年，明远电厂公私合营后改制为芜湖供电公司，一直经营至今。(4) 西药西医业。黟县人程宏弼参与创建的上海中西大药房是上海第一家民族资本的西药经营企业，据 1888 年《申报》上预告大开张的广告记载，该药房所经营的西药已有万应瘰疬药、霍乱吐泻药、小儿热疮药等 70 多种。近代徽州茶商汪惕予为中国西医业的开创做出了突出贡献。为宣传新医学，他不仅创办了各类医校，还编辑发行医学报纸杂志并出版医学专著。1913 年，中国成立了第一个西医界的全国组织——全国医界联合会，汪惕予被推举为会长。由于为中国西医的开创和发展做出了突出贡献，他被誉为“中国西医之父”。[1]

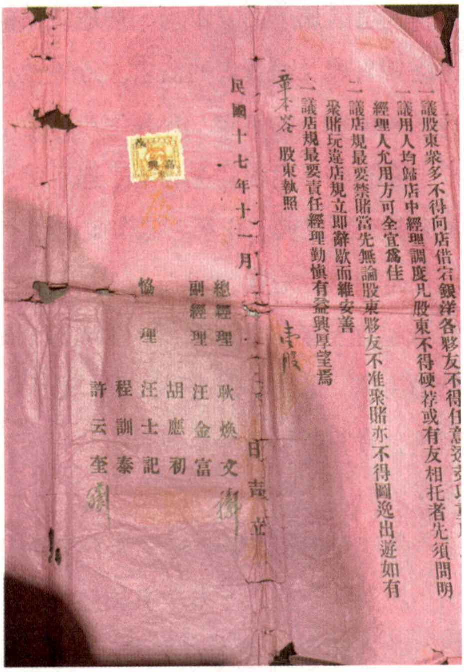
一議股東衆多不得向店借宕銀洋各夥友不得任意[illegible]
一議用人均歸店中經理調度凡股東不得硬荐或有友相托者先須問明
經理人允用方可全宜為佳
一議店規最要禁賭當先無論股東夥友不准聚賭亦不得圖逸出遊如有
聚賭玩違店規立即辭歇而維安善
一議店規最要責任經理勤慎有益與厚望焉
股東執照
民國十七年十一月 日 吉立
總經理 耿煥文
副經理 汪金富
胡應初
汪士記
協理 程訓泰
許云奎

股东协议

其次，投身新式职业。“鸦片战争后，废止公行制度，外商乃选当地中国商人代理买卖，沿称买办。”[2] 买办是近代中国商人所从事的颇具代表性的新式职业。从事买办的徽商颇多，如歙县人吴翥“业丝，商于上海，兼充英怡和公司买办，中外商人咸倚重焉”。近代上海“地产大王”歙县人程谨轩就是靠担任英商沙逊洋行买办起家。

再次，实行新式制度。股份制与明清新安商人所经常采用的合伙制虽有相似之处，但作为一种新式制度，它完全突破了血缘与地缘的束缚，所谓“股东”的权责也有较大不同。近代以后，新安商人不断采用股份制来取代传统的合伙制，并建立

---

① 梁仁志：《中国商帮史研究中“传统—近代”说之反思——以近代徽商研究为中心》，《南京社会科学》2021 年第4期，第165页。

② 夏征农、陈至立：《辞海》，上海辞书出版社，2009年第6版彩图本，第1518页。

起全新的股份公司。绩溪人吴兴周 1920 年 7 月在芜湖创办的“大昌火柴股份有限公司”就是较为典型的股份公司。公司章程明确规定了股份、股东会、董事会、监察人等。公司创办伊始，股本为国币 10 万元，股息为 8 厘，每年 4 月结算，并规定“本公司股东以本国籍为限”。在实际运作中，公司股东的身份完全突破了家族和同乡的限制。周诒春创立的“仁立实业股份有限公司”也是此类典型。

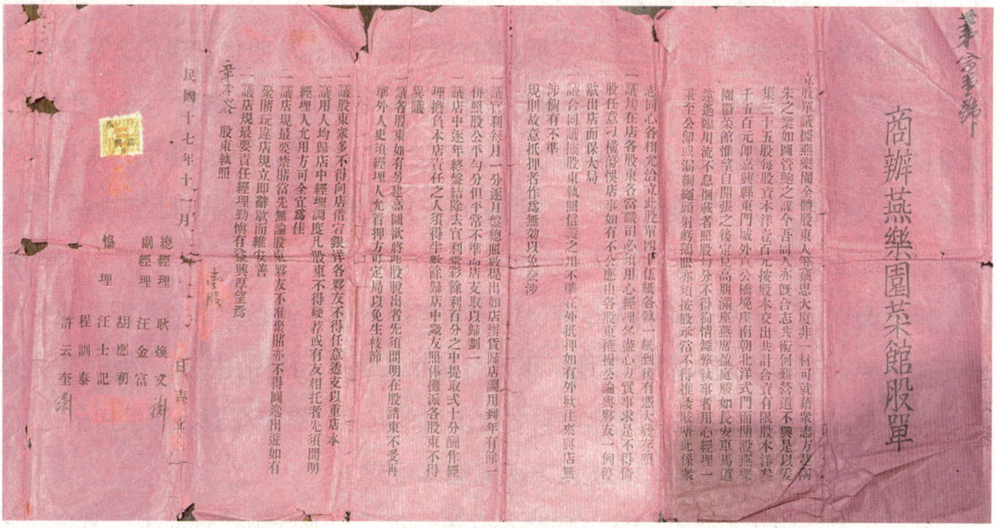
商辦燕樂園菜館股單
立股單議據燕樂園全體股東人等竊思大廈非一材可就藉衆志方克有
朱之業如陶管鮑之謀今吾同人亦既合志共衛何難營道不興是以爰
集三十五股每股資本洋壹百元按股本交出共計合資有限股本洋叁
千五百元即於興縣東門城外賣公橋堍座南朝北洋式門面開設燕樂
園徽菜館惟望自開張之後定見高朋滿座燕席盈庭盤如長安車馬道
遠邁臨川流不息個藏者照股均分不得徇情舞弊執事者用心經理一
秉至公卻或漏網纏頭射虧蝕耗亦須按股承當不得推諉長審此係衆
志同心各相允洽立此股單四十伍紙各執一紙到後有憑大發存照
一議規在店各股東各當職司必須用心經理各盡心力實事求是不得倚
股任意刁横蕩懊店事如有不公應由各股東稟操公論與夥友一例停
歀出店而保大局
一議合同議據股東執照信義之用不準在外抵押如有外歀往來與店無
涉倘有不準
規則故意抵押者作爲無効以免糾涉
一議官利每月一分逐月盤總照歀提出如店辦貨歸店調用到年有餘一
併照股公平匀分但平常不準向店支取以歸劃一
一議店中逐年終盤結除去官利紅彩餘利百分之中提取式十分酬作經
理擔負本店責任之人須得半數餘歸店中夥友照俸攤派各股東不得
異議
一議各股東如有另建高圖欲將此股脫出者先須問明在股諸東不受再
準外人吏須經理人允諾押方可定局以免生枝節
一議股東衆多不得向店借宕銀洋各夥友不得任意透支以重店本
一議用人均歸店中經理調度凡股東不得硬荐或有友相托者先須問明
經理人允用方可全宜爲佳
一議店規最要禁賭當先無論股東夥友不准聚賭亦不得闖逸出遊如有
聚賭玩違店規立即辭歀而維安善
一議店規最要責任經理勤慎有發興厚望焉
章本容 股東執照
民國十七年十一月 日 吉立
總經理 耿煥文
副經理 汪金富
胡應初
汪士記
協理 程訓泰
許云奎

商办燕乐园菜馆股单

以传统行业为依托的，这主要表现在两点：一是推动自己所经营的传统行业向新式行业转型。例如，新安商人的典当向钱庄转型，钱庄再向银行转型，就是一个典型例证。二是在“旧领域”中耕耘“新行业”。例如，西医西药业虽是新行业，但明清新安商人长期经营医药业，“新安医学”素负盛名，近代新安商人进军西医西药业，其实还是在他们所熟悉的传统优势领域经营。

最后，采用新式机器。粮食加工行业是近代新安商人在传统行业中较早推广新式机器的领域。1907 年，吴兴周在芜湖创办益新面粉机器厂，采用新式机器生产，“嗣有阜丰公司由他埠装运面粉来芜寄售，获利尤厚”。民国初年，他又在芜湖大砻坊创办日新面粉公司，该面粉厂的创立“可以说是芜湖轻工业的发端”。1937 年，歙县人王汉山创办采用新式机器的新丰面粉厂，并任总经理。民国初年，绩溪人周绥之在“孝丰城建机器碾米厂”。1941 年，徽商胡宝光在景德镇独资开设“祥记”机米厂，“购置机米机一台，雇请员工 20 余名”。近代新安商人在传统织布业中也较早采用新式机器。民国初年，婺源浙源乡沱口村出现了本地人经营的新式机器织布厂，有“新式木机五六乘，织各种花色布，私家所设，闻其销售尚佳”。徽州是产茶名区，近代以后新式制茶机器也在徽州逐步得到推广。1927 年，婺源茶商俞仰清购买了 3 台柴油机、1 台抖筛机、1 台切茶机、1 台抽水机、16 台六角形滚筒车色机，用来加工和窨制珠兰花茶，生产效率提高了数倍，产量大幅上升。官商合办的祁门茶叶改良场，“其机器均系由外洋购来”。

新安商人始终处于既守且变、守变相济的状态，那么从明代到清代、从传统到近代，新安商人的传承与发展必然都是持续不断的，也因此，“新徽商”与“老徽商”就难以割裂开来。事实上，近代新安徽商进军新式行业、实行新式制度、采用新式机器，以及其他方面的新变化，确实主要是在依托或继承传统的基础上实现的。①

三是商业集聚地的变更。

清道光以前，上海新安商人尽管已形成相当的规模，但扬州作为两淮盐业的中心，一直是新安商人最大的聚集地，也是全国新安商人网络的中心。“彼时盐业集中淮扬，全国金融几可操纵，致富较易，故多以此起家，席丰履厚，闾里相望”。全盛时期期的扬州，其地位远非其他城市所能望其项背。

道光之后，由于纲盐制的败坏和盐法改革，扬州盐业受到严重冲击，经济、金融中心的地位受到严重冲击，整个城市迅速衰落。就在扬州衰落的同时，随着社会的发展和中国门户的洞开，上海迅速崛起，成为近代中国的商业、贸易和金融中心。上海开埠以后，善于经商的新安商人进一步转向上海。

首先，在五口通商后，上海作为长江出海口显示出独特的地理优势。

> 中外通商，昔以广州为首冲，今以上海为首冲。缘长江各口岸遍开商埠，而上海居长江入海之处，商轮由海入江，必于是焉始，是为江之关系；曩者外洋贸易皆自印度洋而来，今则太平洋之贸易尤盛，而上海在太平洋西岸，南北适中之地，是为海之关系。故上海为中外通商第一口岸，亦形势使然云。

---

① 梁仁志：《中国商帮史研究中“传统—近代”说之反思——以近代徽商研究为中心》，《南京社会科学》2021 年第4期。

所以，上海是惯于远游的新安商人的一个最理想的贸易活动基地。如新安茶商在经销“洋庄”茶的过程中，舍广州而取上海，就有地利方面的因素。

其次，上海特殊的政治格局和适宜的社会环境。上海租界众多，每遇战乱都以上海租界为庇护所，大量涌入，其中受太平天国运动、鸦片战争等影响，涌入上海的徽商众多，“即在浦左计之，殆不下数万人矣”，这是相当大的数目。战乱结束后，上海发展迅速。

再次，新安商人自身的推力。新安本土生存压力大，传统的新安地区与上海交通便捷，一贯来往密切。最早到上海的徽商，他们的辛勤劳作为近代徽商到上海的发展奠定了基础，开辟了道路。①

新安江上游的徽州六县商人在上海经营的行业，包括茶业、木业、典业、漆业、墨业、百货业、布业、绸缎业、菜馆业等，已经相当多了，但从实际调查来看，近代新安商人在上海经营的行业远不止上述传统行业。上海是中国近代化起步最早、发展最快的城市，新安商人身处其间，不乏搏击于新兴行业并取得成功的，以下姑举数例：

金融业。黟县人汪联洪在上海开设公估局，成为专门鉴定银币成色的权威机构，在公估业中享有独占地位。民国年间上海地方志记公估局的地位和作用称：“上海公估局，仅北市一家，系安徽汪兰庭所创办，为银业及各商所公认。市上元宝须由公估局批过方可能用，批费每只银二分四厘，获利颇巨。”

地产业。歙县人程德成对房地产业情有独钟，民国初年，他不遗余力地大量购置西区地产，随着西区成为租界新区，市政建设日臻完备，华洋巨贾纷纷从租界中区迁往西区，“至1925年，西藏路以西地段每亩价格从原来的100两、1000两上涨至1.05万两”。程德成因此大发其财，资产总额达到2000万两以上，人称“沙（逊）哈（同）之下，一人而已”。

纺织业。休宁人汪宽也为族叔汪厚庄经营祥泰布庄，他利用长江三角洲盛产土布的优势，以略高于同行的价格大量收购土布，然后聘请徽州一流染工进行染色，织出的布质地细密耐用，色泽鲜艳，永不褪色，穿着舒适，其质量超过了当年风靡

① 蔡玲存：《徽商的近代发展与式微——以其在上海的活动为例》，华东师范大学硕士学位论文，2009年，第6页。

一时的阴丹士林布，受到消费者的喜爱，不仅行销全国，而且出口到东南亚和法国。祥泰布庄在汪宽也的手上获得了惊人的发展，其创立时的资本约为500银圆，到光绪二十二年（1896）前后，营业额达到150～160万两，一年贩卖的棉布额高达400万匹，雇佣员工120余名，在上海织布业中坐上了头把交椅，汪宽也本人曾长期担任上海布业公所总董。

近代新安商人中的富商巨贾也以在上海经营者为最多，汪惕予、程德成、汪联洪等，都是上海商界的风云人物。休宁人汪厚庄更是近代新安商人中资力最雄厚的，他除了拥有祥泰布庄外，还经营"鸿"字系列典当和聚生钱庄。无锡荣氏家族在开创面粉加工业时由于资金短缺，一度处境十分困难，几致倒闭。赖汪氏鼎力相助，曾一次"贷得纹银十万余两，期限优惠，延长达十年之久。"荣氏得此大助，终于渡过难关，发展成为中国民族资本中的旗舰。聚生钱庄在上海南市区影响极大，其他同行往往每天一早要派人向其打听行情才挂盘开市，足见汪厚庄资财雄厚，非一般巨贾可比。上海本地人对这些争雄商界的新安商人也甚为侧目，有诗云："申江好，贸易重丝茶。湖客章身争炫耀，徽商侈口逞豪华。"

可见，近代新安商人在上海经营人数众多，富商巨贾辈出，是一支重要的经济力量。有学者估计，民国年间在上海经商的徽商有十三四万人之多，上海取代了扬州，成为近代新安徽商最大的聚集地，也成为全国新安徽商网络的中心。①

① 冯剑辉：《近代徽商地缘网络研究——以上海同乡组织为例》，《淮北煤炭师范学院学报》（哲学社会科学版）2010年第1期，第2页。

第三章　新安盐商

盐业作为国计民生的重要行业，一直备受政府重视。作为日常生活的必需品，盐的制作成本相对低廉，同时由于产地的局限性，盐业生产管理相对简单，故食盐一直是中国古代政府税收的重要来源，政府通过直接掌管盐的生产运销或对商人管理而实现盐业的专卖。为了保证国家财政收入，一些王朝甚至给予盐商特权，通过官商结合的方式来实现对盐业收入的控制，因此，新安商人不遗余力跻身盐业，而其上游的徽州商人更是精于此道。明朝嘉靖时，徽人吴良儒说：“吾乡贸者，首鱼盐，次布帛。”[1] 明人谢肇淛所著《五杂俎》中写道：“富室之称雄者，江南则推新安，江北则推山右，新安大贾，鱼盐为业。”万历《歙志》在描述歙人商业活动的情形时说：“其货无所不居，其地无所不至，其时无所不登，其算无所不精，其利无所不专，其权无所不握，而特举其大，则莫如以盐策之业贾准扬之间而已。”[2] 汪道昆在《太函集》中也称：“新安多大贾，其居盐策者最豪，入则击钟，出则连骑，暇则招客高会，侍越女，拥吴姬，四座尽欢，夜以继日，世所谓芳华盛丽非不足也。”新安商人在盐业经营中大放异彩，盐业也逐渐成为他们的主营业务。

朱村德泰官盐栈

① [明]汪道昆著，胡益民、余国庆点校：《太函集》卷54《明故处士豁阳吴长公墓志铭》，黄山书社2004年，第1142页。

② [明]谢陛纂，张涛修：万历《歙县志》卷10《货殖》，明万历三十七年刊本。

中国古代的盐业生产运销方式主要有三种，即官运官销，官运商销，官方监督下的商运商销。明代初期，政府实行“开中法”，规定盐商必须赴边塞纳粮，方可获得政府的盐引，持盐引支盐行销。由于徽州地区距离边疆遥远，不便于获取盐引，此一时活跃在盐业中的是占据地理优势山西商人和陕西商人。弘治五年（1492），明政府实行了“开中折色制”，商人不用再到北部边疆用粮食换盐票，在内地就可以到盐运司用银两换取盐票，新安商人开始占据盐业的一席之地。新安商人对盐业的经营由明清，持续了两个朝代，按其发展情形，大致可以分为以下三个阶段：明初至万历的起步时期，明万历至清乾隆的兴盛时期，嘉庆年间至清末的衰落时期。

第一节　投身边商，创业维艰

洪武三年的“开中令”，是新安商人进军盐业的重要机遇。洪武三年（1370）九月，浙盐开中，“中书省臣言陕西河南军储请募商人输粮而与之盐，凡河南府一石五斗，开封府及陈桥仓二石五斗，西安府一石五斗者并给淮浙盐一引”。①

即贩卖食盐需要经过三道程序：首先由商人运送粮草至边地并在指定的仓库交纳，政府再按边地规定以及所运粮食的数量给予商人一定的盐引，称之为“报中”。“盐引”即商人行销食盐的凭证，明政府规定，贩卖食盐必须持盐引，私自贩盐是违法行为。第二道则是“守支”，生产食盐的人被称为“灶户”，拥有专门的户籍，所产食盐必须交由官府，私自留存也属于触犯法律，因此商人需要持盐引去指定的盐场通过官府才能支取食盐。最后则是贩卖环节，商人将食盐行销各地称为“市易”。明政府一方面想通过这种方式充边地粮仓，另一方面在不出现政府损耗的前提下对将商人的经商行为进行管控。整个贩盐的过程十分艰辛，商人需要耗费巨大的时间、精力和人力资源，且过程漫长、手续繁杂，也不利于商人进行资金周转。但政府为了鼓励商人贩盐的积极性，会降低“报中”标准。根据《明实录》记载“商人于大

① 《明太祖实录》卷56“洪武三年九月丙申条”，“中央研究院”历史语言研究所，1962年校印本，第1090页。

同仓入米一石，太原仓入米一石三斗者，给淮盐一引，引二百斤”。[①]永乐年间，商人往边塞纳米五斗或粟四斗，可以换得一盐引。此后至宣德年间，标准进一步降低，商人纳粮两斗即可获得一盐引。一盐引往往能支取几百斤食盐，商人在获得食盐后，转销各地时往往会以高出原本价格的几倍售出，在高额利润的驱动之下，大量商人涌入盐业经营。

新安商人早在明初就已经参与盐业经营。婺源人许达“业商于江淮，时天下草创，盐课为盈，公率诸商宣力以资国榷。厚资饶，业甲于商”。[②]许达不仅经营盐业，还率领诸商资助国课。洪武年间，棠樾鲍氏即有十二世祖鲍汪如业盐记载：“边陲有警，募民上粮易盐。公遂运米，应云南军饷，盐拨温州，于是海寇侵扰，禁不得行，诸商联名呈请，有司不为理。公独备陈商困条奏于朝，始得放行。又令盐数不敷稽，延三载，公往复不一”。[③]鲍汪如更是联名奏请朝廷解决盐业问题，并获得许可。由此可见，以上两位都是当时盐业中颇具影响力的大人物，这从侧面佐证了新安盐商在明初已经初具影响力。

有关新安商人经营盐业的记载集中在明朝的弘治、正德年间，又以《太函集》中所记载的内容最为丰富。《太函集》作者汪道昆（1526～1593）字伯玉，号太函、南滨。徽州区西溪南乡松明山人，明代戏曲家、抗倭名将。《太函集》中有较多内容涉及徽商在两浙从事盐业贸易的资料，其中之行状及墓志铭之传主大多生活于弘治、正德、嘉靖年间。汪道昆生活年代正是徽州商人兴起的时期，汪氏家族也通过商业经营获得了相当的经济利益。汪道昆大父汪玄仪因“新安少田赋，以贾代耕。曾大父务什一力田，亡资斧。公聚三月粮，客燕、代，遂起盐策，客东海诸郡中”。[④]“部使者视盐策，必召公画便宜。有司籍名，遂以公为盐策祭酒”，且“诸昆弟子十余曹皆受贾”。[⑤]但按开中盐法的初始规定，商人须从内地送粮至边仓（或在当地屯垦），以获取仓钞，然后持仓钞赴盐产地运司换取盐引；再下场支盐，赴引地销售。其整个过程须统一由一人承顶，他人不能代替。以淮盐为例，商人经营一个回合，须先

---

①《明太祖实录》卷53“洪武三年六月辛巳条”，“中央研究院”历史语言研究所，1962年校印本，第1053页。

②[明]许璞、许汉：《许氏统宗世谱·处士忠善公行状》，明嘉靖十八年刻本。

③[清]鲍琼：《棠诞宣忠堂支谱》，转引自刘森：《徽商鲍志道及其家世考述》，见《徽商研究论文集》，人民出版社，1985年，第116页。

④[明]汪道昆：《太函集》卷43《先大父状》，《续修四库全书》第1347册，第296页。

⑤[明]汪道昆：《太函集》卷43《先大父状》，《续修四库全书》第1347册，第296～297页。

燕代，后两淮，再湖广，历经约半个中国。由于徽州距边疆地带路途遥远，且人生地不熟，新安江盐商显得有些力不奔赴边地，获取从心。与此同时，陕西商人、陕西商人则借助优越的地理位置，在“报中”中大展身手。他们一方面从山、陕各地运粮至边疆；另一方面在边地招募人手，就地种粮以便于换取盐引。面对实力强劲的对手，这一时期的新安江盐商未能占据优势地位。

成化、弘治年间，盐法规则朝着商人有利的一面发展。明初对盐引的把控十分严格，商人报中必须亲自奔赴边地，获取盐引，不允许他人代为报中。至明中期，政治腐败，豪强地主非法占有盐引，使得商人无法支盐，造成盐场运行的混乱，因此，政府逐渐放宽对盐引的把控，并允许盐引买卖，“弘治元年间，各边开中长芦、山东运前盐引，连年无商报中。部议行搭派，南北兼支。以道里远近，一南不能奔走水陆运司，以故边商渐次卖引于近淮富家，照引支盐，相沿日久，而边、内商之名自兹始矣。”[①] 在允许买卖的情况下，还催生了内、外商的出现。与此同时，相较于明初，商品经济有所发展，开中制已经不适应于当时的社会发展，弘治五年（1492），户部尚书叶淇推广开中折色法，即：令商人纳银于盐运司，由盐运司给予盐引，盐运司则将商人所纳的银钱拨给边塞，命其自行购买粮草。并且，政府放宽对灶户的管理，最初其在生产过程中的所有盐包括余盐必须上交，官府支付一定的手工费。但由于买卖食盐利润巨大，灶户总会留下余盐进行买卖，私自卖盐的现象屡禁不止。成化、弘治年间，则允许商人在收支不足时购买灶户的私盐，缓解了各方的压力。

新安盐商在一系列改革之下顺利发展。这一时期徽州的黄氏、汪氏、吴氏等家族中都有许多人以业盐两淮而致富。《竦塘黄氏宗谱》称：“黄氏世盐两淮，甲于曹耦。”[②] 黄崇敬，年轻时弃儒服贾，先在山东、山西、河北一带经商，后来寓居扬州经营盐业，成为财力雄厚的大盐商。他一生济贫扶困，义举甚多，声誉大起。当他54岁病逝时，市民为之罢市，痛哭不已。后来其子黄潘继为盐商，积累起更多的资本。当时侨寓扬州的盐商，因其富有而号称“素封”的人很多，崇敬父子则是其中数一数二的人物。黄豹先在荆襄一带经商，后来奔赴扬州业盐，数年之间就发财致富，成为大贾。黄豹子黄锜继其业，与官僚士大夫交往甚密，声誉日高。[③]

---

① [明]陈仁锡撰：《皇明世法录》卷29《禁掣河盐》，明崇祯八年刻本。
② [明]方信纂修：歙县《竦塘黄氏宗谱》卷5《处士乐斋黄公行状》，明嘉靖四十一年刻本。
③ [明]方信纂修：歙县《竦塘黄氏宗谱》卷5《明处士黄公豹行状》，明嘉靖四十一年刻本。

在不断的发展中，商人实现了进一步的细化。商人经营之初，目的尚处在“糊口”阶段，故实行“粗放式”经营，虽然远赴边地，但只要肯吃苦都有钱赚，且新安商人出自徽州一带，自然条件险恶，自身意志力坚强，再加上新安商人出自徽州，宗族观念十分浓厚，同一宗族的商人进行联合逐渐出现了大型的商人经营集团，即商帮，通过商人之间的联合来降低风险。《休宁西门汪氏宗谱》载：“休宁西门，率用贩盐起家。”[①]如汪福光在江淮之间经营盐业，他知人善任，又能把握商机，所以经营规模不断扩大，运盐的船只多达千艘，积累的资金数以万计。同乡同族的人按照他的办法经营盐业，个个都发财致富。“数十年来，乡人称富者遂有西门汪氏”。[②]

随着最为棘手的盐引问题得到解决，商人又逐渐划分为具有不同功能性的两个部分：一是专门在边区开中的边商，二是在盐产地守支的内商，边商把所得仓钞卖给内商。新安商人在不断地交易往来中把握住了机会，实现了从边商到内商的转化。歙县的溪南吴氏，亦多富商之家，其中有不少人就是经营盐业的。正德、嘉靖间太学生吴光昇弃儒服贾，业盐于扬州，因其才学出众，被盐商们奉为首领。[③]同时人吴良德9岁丧父，遂立志经商，起初经营丝绸业，继而在松江开当铺。他认为“吾乡贾者，首鱼盐，次布帛”，于是携其资本经营两浙盐业，不久便积累巨大财富。进入明中叶后，朝廷一方面支付给灶户的正额盐实际报酬越来越少，同时又无力收购灶户的余盐，故令守支内商买补。内商本来是凭引到官仓支盐，现变成向灶户购买余盐，其购盐支出等于翻了一番，好处是节省守支时间。再往后，又令内商正余二盐并掣，即除了行正额盐，又行余盐，故内商行盐资本约翻了一番。在此情况下，资金运转周期问题再次被提出，盐商群体再一次进行细化，即由内商中分出水商，他们专门从守支商手中购盐后销往引地。[④]《明实录》中对水客（即水商）和场商（即守支内商）的较早记载见于弘治十四年（1501）：“（汪世耀，休宁弘治、嘉靖时人）……贾盐于江淮间，艘至千只，率子弟贸易往来，如履平地。择人任时，恒得上算，用是赀至巨万。”[⑤]

① [清]汪澍等纂修：《休宁西门汪氏宗谱》卷6《益府典膳福光公暨配金孺人墓志铭》，清顺治十年刻本。
② [清]汪澍等纂修：《休宁西门汪氏宗谱》卷6《益府典膳福光公暨配金孺人墓志铭》，清顺治十年刻本。
③ [清]汪澍等纂修：《休宁西门汪氏宗谱》卷6《益府典膳福光公暨配金孺人墓志铭》，清顺治十年刻本。
④《明代徽州盐商论述》，《盐业史研究》2001年第1期，第8页。
⑤ [清]汪澍等纂修：《休宁西门汪氏宗谱》卷6《益府典膳福光公暨配金孺人墓志铭》，清顺治十年刻本。

总结这一阶段的盐商发展，主要有三个特点：第一，新安盐商把握成化、弘治年间政策的变化，逐渐活跃起来，占据盐业市场；第二，新安盐商拥有雄厚的资本，他们把积累的资金又投资盐业，这使得他们在盐业经营中立于不败之地；第三，新安盐商具有较高的文化素养。“贾而好儒”，在商人和儒生之间的身份切换，不仅有利于他们审时度势、把握商机，更利于他们通过与政府官员打交道，掌握政府的最新风向。

第二节　运筹两淮，商海领航

明万历年间至清朝初期是新安盐商的兴盛时期，这一盛况的出现离不开万历年间商人的进一步分化和盐业改革。由于盐课攀升及各种物价上涨，盐商资本进一步扩大，故盐商群体在嘉隆万年间第三次分化。这次分化发生在水商中间。如两淮水商盐船离开扬州后，中途被人截买。其后，至引地的销售则由专人负责。隆庆初年时，还禁止这种截买。[①] 但到万历时，两淮盐商的成本核算已定在汉口为止。[②] 此时的新安江盐商已经进入专业化发展阶段，从获得盐引到最终销售食盐细化为几个部分，有运商、水商、场商之分。运商就是专司办引行盐的商人，水商就是将运商运至各口岸的引盐转销于各该口岸所属府县和村镇的商人，场商则是在公垣内向盐户收购食盐转售给运商的人。其中，运商获利最多，是盐商的主体，也是新安商人所把持的主要行当。各部分由专人进行操作，极大地简化了商人的经营流程，降低了成本。

“因商人赴边纳粮，价少而有远涉之虞，在运司纳银，价多而得易办之利，遂奏准商人引盐悉输银户部送太仓银库收贮，分送各边，盐银积至一百余万两。”[③] 早在开中法实行之初，朝廷官员就对其褒贬不一，有人则认为这一制度的实行是为盐商牟利。随着开中制实行越久，商人手中积攒的盐引越来越多，严重影响了盐场的

---

① [明]庞尚鹏：《清理盐法疏》，见[明]陈子龙编：《明经世文编》卷357《庞中丞摘稿一》，《续修四库全书》第1660册，上海古籍出版社，1995年，第392页。

② [明]袁世振：《复楚中论盐价公书》，[明]陈子龙：《明经世文编》卷477《两淮盐政编四》，《续修四库全书》第1662册，上海古籍出版社，1995年，第405页。

③ [清]李卫：《敕修两浙盐法志》卷3《沿革》，学生书局，1966年，第522页。

运转。时行盐中引者曰边商，支掣者曰内商，运卖者曰水商，而三商之外还有囤户，阻坏盐法大抵由之，三商尽困盐引大滞，于是巡盐御史龙遇奇奏立盐政纲法，“旧引附见引行之，计十余年则旧引尽行矣”。①为了疏销积引，万历四十五年（1617），推行盐法道袁世振的纲盐法。主要内容是，将持有旧引的商人分为十纲，编入纲册，每年以九纲行新引，一纲行旧引。照此办法，十年之内积引可以全部疏销完毕，而纲册编定后则“永留与众商，永永百年，据为窝本”。“此后每年派行新引时，都以纳册所载各商人原有引额为依据，册上无名者，不得参加”。②后来其他行盐区域也相继推行纲法，其做法大体相同。原来在两淮、两浙盐业中实力最强、持引最多者就是徽商，纲法的推行使他们把持两淮、两浙盐业的权利被固定下来，成为累世享有行盐专利权的特权商人。清朝建立后，把久已败坏的开中法完全废而不用，全面推行纲法。为了确保盐商的垄断利益，顺治十七年（1660），清廷又创立了公垣制度：于各盐场设置公垣，由场官专司启闭。令盐户将所产之盐悉数堆存其中。商人持引者即于垣中公买，凡在公垣之外存放、交易食盐者治罪。公垣制度的建立杜绝了盐户私卖食盐的漏洞，保证了盐商收购、运销食盐的垄断权，一系列的改革都为新安盐商牟取利润提供了极大的便利。

这一阶段新安商人兴盛的一个重要表现是商籍的设立。万历二十八年（1600），巡盐御史叶永盛上《广开商籍以弘乐育事疏》，称“愿安商也，要于安商业，而储国课尤在储国材”，故奏请：

> 伏乞圣慈广作人之化，悯旅寄之劳，敕令在浙行盐商人子弟，凡岁科，提学使者按临取士，照杭州府、仁和、钱塘三学之数另占籍贯，立额存例，庶商籍广而世无迁，业赋有常经矣。奉旨该部议奏。部议覆允劄行。提学道牌行运使编立商籍录送考取入学节该遵行。③

两浙盐商商籍首先获认可，并得以制定推行。商籍的设立对商人来说是一件大

①［清］延丰《钦定重修两浙盐法志》卷20《沿革二》，上海古籍出版社，2001年，第532页。

②［明］袁世振：《纲册凡例》，见［明］陈子龙：《明经世文编》卷477两淮盐政编四》，《续修四库全书》第1662册，上海古籍出版社，1995年，第396页。

③［清］延丰《钦定重修两浙盐法志》卷20《沿革二》，上海古籍出版社，2001年，第523～558页。

事，自古以来，士农工商，商皆为末位，社会地位极低，一直受到歧视。历朝历代以农业为立国之本，更是打压商人，禁止商人入仕。直到明朝初期，商人的社会地位仍极为低微，“若有不务耕种，专事末作者，是为游民，则逮捕之”。[①] 明中叶，随着商人经济实力不断增强，政府为稳定商人，不得不做出改变，规定：商人不可于本乡应考，但准其在其他地区落籍，再以新的户籍报考。明朝后期规定两浙盐商子弟可就近在经商地另立籍贯，参加科举考试，即商籍。两浙商籍的设立为徽商在两浙盐业经营和社会地位提高上起到了重要作用。

从嘉庆《两浙盐法志》记载可对明末清初徽商在两浙的兴盛有一个大概了解。“《商籍》记隆庆年间至嘉庆年间的全部商籍举人、进士及重要人物；举人记载从嘉靖三十七年（1558）刘维藩起共524人，其中明确记载原籍为徽州府的有122人，占总数的23%；进士记载从隆庆元年黄金色起共152人，其中明确记载原籍为徽州府的有53人，占总数的35%；人物记载共164人，其中明确记载原籍为徽州府有94人，更达到了总数的57%”。[②] 这一情况在进士人员的记载中也极为明显，明朝商籍进士12人，原籍均为徽州府，占总数100%；清顺治、康熙年间共37人，原籍徽州府15人，占总数的41%；雍正元年（1723）至嘉庆六年（1801），商籍记载共103人，原籍徽州府仅25人，占24%，远较明朝及清初要少。总之，明末清初徽州人在两浙的商籍中所占比例还是相当之大的。虽然商籍记载并不等同于商人经营记载，但总体上仍可见大体状况。如此之多的商人子弟得以在经商地获得考试参加科举考试资格，并获科考佳绩，从侧面反映了徽州籍商人在两浙行盐区所具有的地位，其盐业经营上的影响无疑也是极大的。[③]

清初期，由于社会的动乱、战争的破坏，以及统治阶级的掠夺和压榨，盐的生产运输都出现了问题，极大损害了盐商的利益，但随着康熙王朝的建立，政局走向稳定，盐商的发展又迎来了新高潮。经营两淮盐业的新安商人队伍进一步扩大了。除了黄、汪、吴等老牌盐商之外，入清以后又有江、程、徐、郑、许、曹、米、鲍、叶诸姓的大批新安江人涌入两淮盐商的队伍。他们不但人数众多，而且实力强大，

---

① 《明太祖实录》卷208“洪武二十四年兰月癸亥条”，“中央研究院”历史语言研究所，1962年校印本，第3099页。

② [清]延丰《钦定重修两浙盐法志》卷20《沿革二》，上海古籍出版社，2001年，第523～558页。

③ 唐丽丽：《明清徽商与两浙盐业及地方社会研究》，安徽师范大学博士学位论文，2014年，第27页。

两淮盐商中的领袖人物半数出自他们。民国《歙县志》称："邑中商业以盐、典、茶、木为最著，在昔盐业尤盛焉。两淮八总商，邑人恒占其四。各姓代兴，如江村之江、丰溪澄塘之吴、潭塘之黄、岭山之程、稠墅潜口之汪、傅溪之徐、郑村之郑、唐模之许、雄村之曹、上丰之宋、棠樾之鲍、蓝田之叶皆是也。彼时盐业集中淮扬，全国金融几可操纵，致富较易，故多以此起家。"[①]

自康熙到道光的百余年间，盐商购盐的价格没有大的变化。康熙时，郭起元说："臣在江南仪真、通州等处见贩盐，每斤制钱二三文，至江西、湖广省，民间买卖盐每斤制钱一二十文不等。"但道光时，陶澍说，"场盐每斤向卖制钱一二文、三四文不等"，而汉口盐价"每斤需钱四五十文，迨分运各处销售，近者六七十文，远者竟需八九十文不等"。[②]可知，自康熙至道光之间，盐的销售价格扶摇直上，盐利在不断增加，而此时的江苏、安徽、河北、河南、湖南等省份的许多州县地区都被划为两淮行盐区，基本被新安籍商人所把控。再加上这些地区经济发达，人口聚集，对食盐的需求量巨大，仅此百余年间，对盐的需求量就翻了约一倍，此间利润可想而知。因而，政府政策加上新安商人的灵活多变，可谓天时地利人和，实现了这一阶段新安盐商的"高光时刻。"

第三节　江河日下，落日余晖

清乾隆到嘉庆年间，新安盐商在两浙从事盐业经营的状况大不如前，两浙盐业经营在这一时期在很大程度上为浙商所占据。盐业官营，使得盐商对政府的依赖性极大，一旦官方政策或支持有所转变，对其产生影响无疑是巨大的，这也是新安商人积极同官府打交道的根本原因。道光年间，清政府在两淮实行"改纲为票"的盐法改革，从根本上取消了盐商的垄断特权。纲盐制下新安盐商的垄断优势荡然无存，再加上历年积欠课税，被政府抄没家资以抵欠亏，顿时纷纷破产。

① 石国柱，楼文钊修；许承光纂：民国《歙县志》卷1《舆地志·风土》，民国二十六年铅印本。

② 陶澍：《陶文毅公全集》卷11《再陈淮鹾积弊折子》，《续修四库全书》第1502册，上海古籍出版社，1995年，第636页。

随着盐商资本的发达，清王朝对盐业的正杂课税也日益加重。尤其是在赈济、助饷、捐输、报效名义下的勒索，更是层出不穷。前举封建官府对商人的榨取，其中大部分都落在财大资厚的新安盐商头上。现存于安徽省歙县棠樾村鲍氏祠堂内的三道嘉庆“上谕”碑文，记载了发生于嘉庆九年（1804）的一起盐务公案。该年徽州大盐商鲍启运（字芳陶）被佥派办理淮北盐运，受命之后，称病告退，被当时巡盐御史佶山告以“抗佥误课”之罪，请旨“革去道衔，严行审办”。嘉庆皇帝连发三道圣谕，责成两江总督陈大文办理此案。结果鲍启运被迫输银 5 万两，这一风波才算了结。像鲍氏这样的盐商世家，与官府上层人物又有盘根错节的关系，尚且受到勒索，一般的新安盐商，更是不在话下。嘉庆年间，以新安盐商居主导地位的两淮盐场，各种加丁、加斤、养廉、饮食等杂税达到 92 种之多。日益加重的苛捐杂税、无端勒索造成了新安盐商财力疲惫。而同时，新安盐商日掷千金的奢靡生活，更使其外腴中空，利润耗尽。为摆脱困境，盐商拼命压低收购价格，对灶户“勒令缺价”；极力抬高销售价格，并缺斤少两，掺和泥沙，以致“盐色掺杂不可食”。然而他们这样做，不但没有捞回利润，反而造成私盐的泛滥。原先由两淮盐商垄断的 6 省 250 余州县的销盐市场，因私盐泛滥而丧失殆尽。一些地方“无论城市村庄，食私盐者什七八”。嘉庆末道光初，新安盐商已和其他盐商一样，市场丢失、资本蚀空、财源枯竭，濒于崩溃的边缘。如，曾经“百万之费，指厥立办”的盐商江春，在陶澍清理欠帑后。家产被籍没，“旧时翠华临幸之地，今享馆朽坏，荆棘遍地；游人限足不到”，呈现一派破落户的景象。盐商是新安商人之龙头，盐商既衰，标志着新安商人已走下坡路。

第四章　新安茶商

新安商人群体自明代中叶崛起壮大，此后300多年间足迹遍布中国，在中国商界留下了不朽的成就，其经营范围之广、资本之巨、人数之多、领域之丰为人所称道。在众多行业中，茶业具有代表性及典型性，因为其涵盖了种植、采摘、制作、销售等一条完整的商业链，新安茶商的足迹不仅踏遍祖国各地，甚至远销海外，新安江茶商的贸易史也是明清商业发展史的缩影。许承尧就说，“歙之巨商，业盐而外惟茶，南极广粤，北达京师，获利颇丰”。[①] 同时，新安商人素以“儒贾”的经营理念名满天下，其经营中所秉承的诚信观念也为人所称道，这也是新安商人300年兴盛发展的关键所在。

第一节　得天独厚，名扬天下

新安江流域地处江南，气候温和多雨，降水量充沛，水热资源充足。境内多山地，“八分半山一分水，半分农田和庄园”，山地多为黄壤、黄棕壤，土层较厚，石砾含量较高，透水透气性能良好，肥力较高。有利的地形环境、土壤条件，适宜茶叶种植。

新安江流域茶叶种植类型多样，当地有俗语“茶叶卖到老，名字认不了”。新安江流域最早为人熟知的当属休宁松萝茶。休宁松萝创制于明初，时人对于休宁松萝评价颇高，明代冯时可在《茶录》中写道：“徽郡向无茶，近出松萝茶最为时尚”。清代江澄云《素壶便录》中提及：“茶以松萝为胜，亦缘松萝山秀异之故。山在休宁之北，高百六十仞，峰峦攒簇，山半石壁且百仞，茶柯皆生土石交错之间，故清而不瘠，

① 许承尧撰，李明回、彭超等点校：《歙事闲谭》卷18《歙风俗礼教考》，黄山书社，2001年，第603页。

清则气香，不瘠则味腴。而制法复精，故胜若地处产也。”[①] 对于松萝茶，袁宏道在《西湖记述》中说，“松萝茶者，味在龙井之上”。

黄山毛峰是新安江流域的另一名品。黄山毛峰自明清创制，是中国十大名茶之一，因其白毫披身，芽尖如峰，故以“毛峰”命名，黄山毛峰的制作考究，需精选优质嫩叶、悉心炒焙，黄山毛峰以其醇厚的口感，深受海外商人喜爱，传入上海后大量出口海外。

屯绿是新安江流域另一外销名茶，因利用徽州各地茶叶为原料，在屯溪精工炒作而成，又分为珍眉、秀眉、雨茶、特珍等品种。祁红是新安江区域另一公认的世界名茶。

新安茶商自明代开始四处销售茶叶，“以茶治边”政策的推行，也为新安茶商的业务经营创造了良好的条件。茶商收购价格低廉的本地茶叶，再通过长途经营贸易，销往各地。而中国人素有饮茶的习惯，新安江流域产茶品种好、质量高，适合中国人的脾胃，故有较大的销售市场，可中赚取高额利润。

新安江流域商人贩茶的历史可追溯至唐代，白居易在诗中写道：“商人重利轻别离，前月浮梁买茶去。”古代的“浮梁”与徽州的祁门县相邻，而祁门便处在新安江的上游源头处。从诗中可见，早在1100多年祁门便成为茶叶贸易的集散地。明清之际，根据《治事丛谈》记载：“山郡徽州贫瘠，恃此灌输，茶叶兴衰，实为全郡所系。”[②] 可见，对于新安商人而言，茶叶贸易为经营行业的大宗。

第二节 市场广阔，畅销内外

明清以来，随着新安商人在世界范围内的经营活动逐步开展，新安茶叶也传播到了世界各地。所以，长期以来，新安江茶叶销售市场存在国内、国外相结合的模式。

一、畅销国内市场

新安茶商在国内的经营路线大致可分为北上和南下两条。北上路线可借助的水

① [清]江澄云：《素壶便录》，转引自尹圣珍、朱世桂：《徽茶、徽州茶商与茶文化传播初探》，《安徽农业大学学报》(社会科学版)2017年第4期，第129页。

② 许承尧：《治事丛谈》，张海鹏、王廷元：《明清徽商资料选编》，黄山书社，1985年，第171～172页。

系有新安江、青弋江、水阳江，沿着这三条水系，茶叶可运往北京、扬州、淮安等枢纽城市，由此向四周辐射。南下的路线由水路、陆路组成，从新安江流域各地将茶叶陆运到祁门，在此由水路沿阊江运送到浮梁，“浮梁”茶市在茶叶市场赫赫有名，此地直通九江，九江自古便是交通枢纽地区，由此可运往各处。新安商人贩茶主要区域及城市如下：

(一)徽州府辖区及周边地区

《新安毕氏族谱》载：“公姓毕氏，讳仁，献人也。……(毕仁)迨年十六，贸迁有无，以货茶往淮之庐州东阳镇设肆而坐贾焉。每岁天祥翁运茶以引计者数百，俾寓于其所，终年而鬻，获利恒数倍于本。以故得尽交淮海之豪杰，遂知名于时。”①新安大茶商毕仁自元末便运茶至庐州设肆坐贾，获利颇丰，至明初，毕仁入新朝为官，谋求更高的政治地位，毕氏家族的声望、势力也逐步提升。

清代，新安茶商在本府内的贸易更为频繁，根据家谱资料的记载，沱川余氏货茶至休西、程氏自婺源就近业茶、荷田人汪庆澜货茶祁门，诸如此类。由于中国人饮茶的饮食习惯，茶叶在任何地区都不缺市场，凭借地缘优势，新安茶商稳定住了徽州本府及周边地区的市场。

(二)临近省份

新安江流经江西、安徽等地，有利的水运条件便利了新安商人在江西省内的贸易：“天下之民寄命于农，徽民寄命于商。而商之于徽者取道有二,一从饶州都、浮，一从浙省杭、严，皆壤地相邻，溪流一线，小舟如叶，鱼贯尾衔，昼夜不息。”②

湖北武汉与新安江地区通过水系相连，又是水陆交汇处的重要城市，九省通衢之地。明清以来，随着长江中下游地区经济的发展，武汉吸引了越来越多的商人来此贸易。鸦片战争后，随着国内市场的不断扩大，不少外国商人在此商贸，诸如俄商便把汉口作为了购茶中心。对于湖北如此重要的贸易地区，新安江商人自然不会放弃这种经商契机：“林之梾，……今汉镇得有花布、茶叶两邦，亦梾首倡之功。”③

闽浙两地具有一定的特殊性，均是我国重要的茶叶生产地，但这并不妨碍新安

① [明]毕济川：《新安毕氏族谱》卷9《仕宦志》，明正德四年刻本。

② [清]廖腾煃修，汪晋徵等纂：康熙《休宁县志》卷7《汪伟奏疏》，影印康熙三十二年刻本，成文出版社有限公司，1970年，第790页。

③ 佚名纂，民国《太平县志稿·人物类》，不分卷，民国二十五年稿本，第33号，安徽省图书馆藏。

茶商来该地的经营，经营方式大致分为两种：一种是将闽浙当地所产的武夷茶等名茶销往其他各地，一种是将家乡的名茶运到浙江温州进行销售，因为温州是当时的茶叶出口地。

（三）长三角地区

明清之际，苏浙是中国经济最发达的地区一带，该地区如同商业贸易的枢纽一般，成为商人们聚集之地，苏浙临近新安江流域，这里自然也成为新安茶商贸易往来首选之地，清道光年间《黟县续志》载："徽州人以商贾为业，宏村名望族，为贾于浙之杭绍间者尤多，履丝曳编，冠带裹然，因而遂家焉。"[①] 新安茶商在苏州进行贸易经营的史料甚多，根据绩溪《上川明经胡氏宗谱》记载："予曾祖景棠公雅重士类，有知人鉴。道光中，公尝自吴贸茶返。"可见，新安商人于苏州业茶是常有之事。

作为长江流域重要的入海口城市，上海具有先天的经济、交通等有优势，具有广阔的市场空间，新安商人往返于上海经商者络绎不绝。特别是在鸦片战争以后，随着五口通商，上海进一步对外开放，成为近代以来无可替代的贸易城市，茶叶的出口量不断扩大，新安茶商业茶于沪者甚众。

（四）北京地区

北京明清以来便是中国的都城，权贵众多，爱好雅致，这给新安茶商提供了广阔的贸易市场。"自安、太至宣、徽，其民多仰机利，舍本逐末，唱棹转毂以游帝卜之所都，而握其奇赢，休、歙尤伙，故贾人几遍天上"。据记载，乾隆年间，新安流域茶商在北京开设了7家茶行，166家茶商字号，数千家小茶馆，可见新安商人来此贸易的人数之众、市场之大。

（五）广东地区

广东自古便是我国的贸易大港，唐宋以来，广州通往内地主要有两条路线：一是越大庾岭由水路经赣江、鄱阳湖、长江至南京、扬州；二是越大庾岭由陆路经浮梁、祁门、歙县到南京、扬州。[②] 不论是哪条路线，新安江地区均是南京通往广州的要道，故不少新安商人前往广东业茶。近代以来，"茶叶一项，向于福建武夷及江南徽州等处采买，经由江西运入粤省"。[③] 随着对外贸易的扩大，新安茶商赴粤业茶者更多。

---

① [清]吕子珏：《黟县续志》卷15《艺文·汪文学传》，道光五年刻本，第136页。

② 吴仁安、唐力行：《明清徽州茶商述论》，《安徽史学》1985年第3期，第37页。

③ 许地山：《达衷集》卷下，商务印书馆，1969年，第143页。

(五)西南、西北等偏远地区

明代“茶马互市”制度的推广较前代执行得更为细化、强化了贸易规则，全面部署国家垄断性的茶叶专卖行为，以茶叶与边远民族马匹进行互市，实现蓄积国力、强化军备、稳固边防的多重效果。这些地区距离新安江流域虽远，但是有国家支持的“茶马互市”市场不可小觑,明代“景真故在荆州，将以贾茶入蜀”。[①]“翁(汪伯龄)如弱冠，辄从父兄入蜀，称贷以益资斧，榷茶雅州”“卒致不赀”。[②]清代新安茶商在西藏进行活动，由于藏民喜欢吃牛羊肉的饮食习惯，常常饭后饮茶以解腻解腹胀，故西南地区不乏茶叶销售市场。

关于新安茶商在国内的经营范围，上述地区是相对较为集中的区域，实际上吃苦耐劳的新安江商人行商的足迹远远不止以上所举地区。

二、不断开拓国外市场

光绪年间，歙县知县何润生在《茶务条陈》中指出，徽州所产茶叶“内销者不及十分之一二，外销者常及十分之八九”，[③]国外市场亦是新安江商人纵横商场的必争之地。明清以来，日本、东南亚等地均有新安江商人经商的足迹。鸦片战争以后，随着国内市场的不断开放，新安江商人对外贸易范围不断扩张：“歙与绩接壤也，而上庄在绩之西……是时初启关为五口互市，公生父景棠公，常居茶贸迁各国。”[④]可见，新安茶商的活动范围已遍于海外。

第三节　理念领先，商海成功

新安茶商之所以能够称雄商界，离不开其敏锐的经营理念和发展眼光，追求效益是商人的目标与本能，但是逐利的同时，新安茶商依旧恪守诚信的经营底线。新

---

① [明]汪道昆:《太函集》卷40《儒侠传》,《续修四库全书》第1347册,第265页。

② [明]汪道昆:《太函集》卷53《处士汪隐君配袁氏合葬墓志铭》,《续修四库全书》第1347册,第399～400页。

③ [清]何润生:《徽属茶务条陈》,见刘锦藻:《清朝续文献通考》卷42《征榷·榷茶》,商务印书馆十通本,第7968页。

④ 吴士杰:《荫林胡公传》,胡祥麟:《上川明经胡氏宗谱》上卷《列传》,清宣统刻本。

安茶商的经营理念主要体现如下。

一、效益理念

(一)集约效益

新安商人经营中，充分发挥智慧与能力，集约化的生产和销售方式贯穿于茶叶贸易的全过程，极大地提升了产业经营效益。

大部分茶商并不是单纯地贩卖茶叶，而是将收购、加工、运输、售卖、开设茶庄融为一体，实现全行业的贯通，不仅可以保证茶叶质量，在产销一体的经营模式下，对于茶叶这种季节性商品，可以准确把握其收购、销售的时间，达到预期经营效果。

新安茶商的营销各环节均设置有不同的机构门店。“茶号”负责茶叶的精加工，从茶农手中收购毛茶，炒焙后进行运输销售；“茶行”代茶号进行茶叶销售，赚取佣金，作用类似于牙行；“茶庄”即茶叶零售店，销售市场以国内市场为主；“茶栈”一般设置在广州、上海等口岸城市，与茶号联系密切，向其贷放茶银、并为其介绍茶叶买家，赚取其中的手续费。在新安茶商行商的地方，也催生出了茶馆、茶楼等消费性场所，有些茶楼还设有说书、唱戏等娱乐项目，达官贵人聚于此喝茶听戏聊天，也成为商人们人脉拓展的方式，在交流中掌握各类信息，亦能促进商业经营发展。

新安茶商的集约经营，不只体现在行业内营销，同时也体现于整个商业版图中，茶叶买卖达到较高程度后，茶商资本会向其他行业扩张，许多茶商同时涉足于其他的行业，诸如典当业等，经营多种产业，能有效实现行业“互补”，扩大经济效益。

(二)群体效益

经营团队至关重要，藤井宏先生认为新安商人的经营“立足于血族乡党的结合关系上面”。[①] 新安商人极强的宗族意识、地域观念也体现在商业经营当中，佐父业茶、辅兄经营、同族合营、同乡共营等情况在商帮内常见。金声在《与歙令君书》中有言：“夫（歙、休）两邑人以业贾故，挈其亲戚知交而与共事，以故一家得业，不独一家食焉而已。其大者能活千家百家，下亦至数十家数家。”可见新安江商人宗族意识之强。

这种观念可以理解，常年行商他乡的新安商人对于故土、血亲、乡人自然有更多的眷恋。同时，在带有浓厚道德性要求的乡约、族规的影响下，新安江流域

---

①[日]藤井宏：《新安商人的研究》，转引自《江淮论坛》编辑部：《徽商研究论文集》，安徽人民出版社，1985年，第200页。

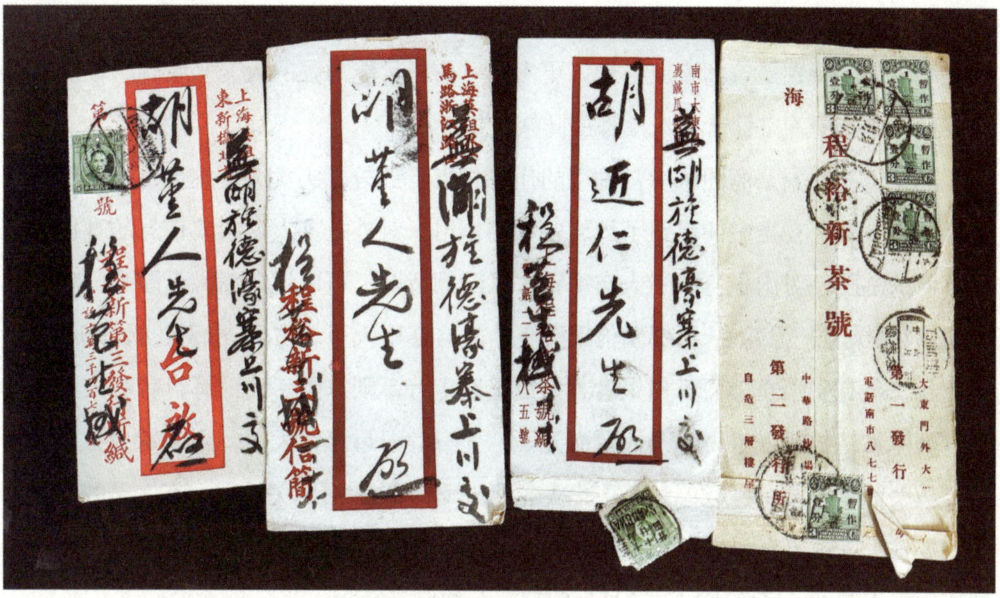

程裕新茶号信封

的人们也养成了相互扶持的传统，团队成员具有高度的默契和强烈的集体精神、共患难意识。新安茶商大姓客商异地时往往聚族而居，这样的群体经营益处有二：一是聚集资本，二是形成合力。如此可在经营过程中减少漏洞，招揽生意，提高市场竞争力。

总之，新安茶商宗族意识和乡党观念，带来了极强的群体效益，这在中国商业史上别具一格。

二、人才理念

商业竞争亦是人才的竞争，“伙计制”是新安茶商商帮的用工制度，商帮内部伙计存在掌计、副手、门客、竖子的明确分工，同时也注重伙计的培养。

掌计。即家监，在经商当中，充当主人的经理人，是替主人经营业务、运营资金、主掌经营大权的人，但遇事必向主人汇报，没有独断贷款的权利。明代《太函集》记载：“属诸掌计者，各事事第质成。”① 即在经营当中，一切生意上的事情均由掌计负责，只有出现问题时才需要和主人家商谈解决。又言：“（孙处士）取予必以道，以质及门者踵相及，趋之也如从流，慎择掌计若干曹，分部而治，良者岁受五秉，次者三之，又

①［明］汪道昆：《太函集》卷19《寿益篇》，《续修四库全书》第1347册，上海古籍出版社，2002年，第33页。

次者二之。”[①] 可说明掌计内部亦有高低之分。掌计在新安商人经营当中地位至关重要，仅次于主人，特别是茶商素旅各地，更需要可信任且能力强的人充当掌计之职。所以，新安商人集团中，掌计十有八九都由同族人担任。

副手。在新安茶商团队中，副手的作用相当于公关。买卖做得越大，接触到的人便会越多，副手在当中便起到了周旋各方的作用。对外是主人家收集信息的耳目、联通官府的跑腿，对内是协调主人与掌计关系的润滑剂。可以说，商人无副手，难以成大业。《肇域志》记载：“新都勤俭甲天下，故富亦甲天下。贾人娶妇数月，则出外或数十年，至有父子邂逅而不相识者。大贾辄数十万，则有副手而助耳目者数人。其人皆铢两不私，故能以身得幸于大贾而无疑。他日计子母息，大羡，副者始分身而自为贾。故大贾非一人一手足之力也。”[②] 从中可知,副手的作用至关重要。在人员的挑选上，不仅要求机灵且善交际之人，而且更偏向于品性诚实忠良之人。而且副手的收入不菲，很多副手积攒到一定资本后，便另立门户，开始自主经商。

门客。在新安商人的商业集团里，门客是寄食于商人门下并为主人的商业经营服务的一群人。门客虽是集团的管理层，但地位是低于掌计的，担任门客的一般是没有血缘关系的同乡中人。这类人底细明了，在茶商的生意运行当中，是可以放心委任的。在实际的商业运营当中，由于门客并不是一族之人，同乡异姓之间亦会有矛盾纷争，所以处理好门客关系对于商业十分重要。

竖子。即新安茶商团体中的奴仆，又可称为世仆、伴当，在新安江流域亦称为仓头、奴、家丁。竖子一般从事商业经营中底层的苦力活。

一支好的商业团队，需要成员的忠诚，新安茶商深谙这个道理，故在经营活动当中，不论是佣金，还是人文关怀，商人们都不会吝啬于给伙计们。而且伙计们的地位不会是一成不变的，实际工作中，伙计若勤奋好学、踏实肯干，也能得到主人的赏识，从而晋升更高的职位。这也激发了伙计的工作热情，从而推动商业高效运转。

三、品牌理念

新安茶商具有长远的商业发展眼光，注重品牌的创造与打造，而品牌效益是建立在质量保证的基础上的。中国种植茶叶的区域甚多，销售茶叶的商帮也不只是

① [明]汪道昆：《太函集》卷52《南石孙处士墓志铭》，《续修四库全书》第1347册，上海古籍出版社，2002年，第389页。

② [明]顾炎武：《肇域志·江南十一·徽州府》，《续修四库全书》第588册，上海古籍出版社，1995年，第361页。

新安茶商，如何提高市场竞争力，归根结底是质量的竞争，只有提高了茶叶的质量，才能保证在竞争中处于优势地位。

新安茶商注重商品质量，在毛茶收购、茶叶加工、产品包装各环节都下足功夫。从茶农处收购毛茶时特别注意筛选，保证茶叶的细嫩、紧致，以防遇到死茶、烂茶、折断、红蒂等问题茶叶。新安茶商们在收茶过程中总结出了一套毛茶真伪鉴别法，整理成文字交给经办伙计，大大降低了毛茶中掺入茶梗、茶子、茶朴的几率。购入毛茶后要送入茶栈精加工，茶叶制作要经过焙、筛、扇、拣等一系列繁琐的工艺，每一步的严格要求体现了新安茶商的精益求精。精加工完成后便是“内用锡罐，外装彩画板箱”的精致包装。[①] 以上步骤完成后便可投入到市场进行销售。

除了对于茶叶收购、加工、销售过程的考究，新安茶商还特别关注市场消费者的反馈，根据消费者的口味调整茶叶的口感、提高茶叶的品位；注重开发新产品以开拓新市场，近代以来甚至为迎合欧美市场的口味，不断进行改制，这种人本精神深得人心。同时，儒商的诚信作风也让新安茶商打造了良好的商业形象，利用这种无形的资本，茶商们开设了一批风靡各地的“老字号”。品牌效益激励着他们不断进取，这让新安江茶商在贸易市场有口皆碑。

第四节　近代新安茶商的新变

明清之际，茶业属于新安商人经营的四大项之一，但从来都不是大宗，盐商是当仁不让的大宗。但是清道光年间由于改纲为票的政策实行，盐业从此一蹶不振。鸦片战争以后，国门被迫打开，五口通商刺激了茶商的迅速崛起，成为新安商人中的中坚力量。

近代以来，新安茶商的崛起是以往茶商实力的延续，同时也是近代时局变迁的双重产物，新安茶商的发展与社会的变迁是处于不断的动态互动之中的。比如，近代黟县的茶商在黟县商人中占据主导地位，九江是开埠后重要的长江沿岸外贸港口，

① 何润生：《徽属茶务条陈》，转引自陈祖椝、朱自振：《中国茶叶历史资料选编》，农业出版社，1981年，第434页。

黟县人在此开设的茶店多达11家。还有一些知名茶商——韩文治，“家本寒素，授徒应举。咸丰中游沪，遇粤人相交，契以巨资，俾治茶业于徽”；林道宏，“幼习贾，贩茶粤省多次，皆称职。嗣复营业于江西、祁门等处”；孙理和，“意切振兴国货，运红茶于海参崴境，志存推广华商”。[①] 绩溪茶商影响深远，其中名声最大的莫过于汪立政，14岁当学徒，24岁创办了“汪裕泰”茶号，这是上海独占鳌头的茶号。在30年间，于全国设立9处分号，其孙更是将分店开到了美国、日本等国家。休宁茶商在民国时期开设的茶庄、茶行多达数百家，屯溪也成为全国茶叶集散中心，茶商聚集在此进行贸易。

然而，近代的新安茶商相较于明清时期，在经营地域、经营方式、经营理念都有着巨大差异，同时和资本的联系也日益紧密，这些变化都显示着近代新安茶商与时俱进的特点。

一、经营地域之变：经营中心由广州转为上海

明清时期，新安茶商的产品经营主要是内销。明代销售市场主要是北京、南京及西北、华北、东北等北方地区；清代前期仍集中于北方，但长江流域和东南沿海发展迅速。[②] 鸦片战争后，随着市场不断开放，茶叶市场转为了以外销为主，并不

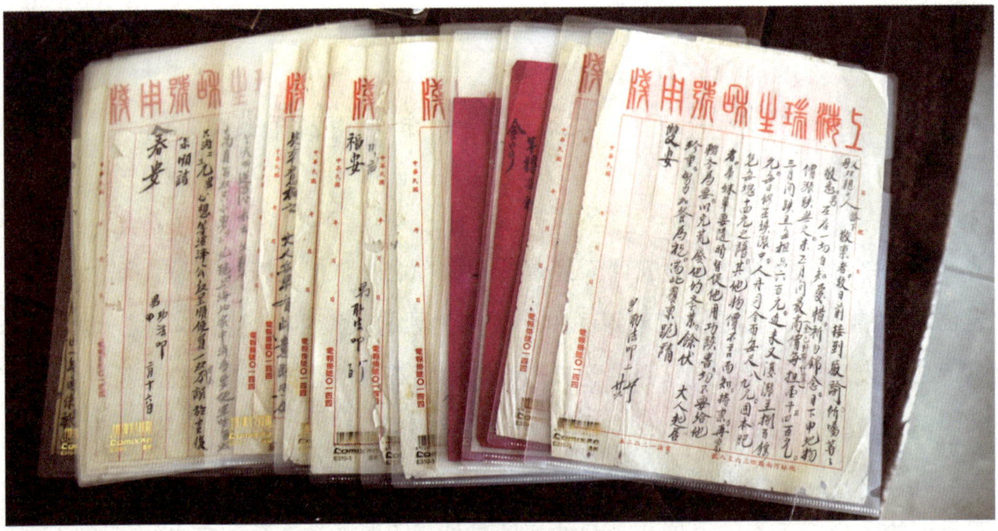

上海瑞生和茶叶火腿店

① 吴克俊等纂修：民国《黟县四志》卷14《杂志·文录·孙理和先生七旬寿序》，民国十二年刻本。

② 梁仁志：《近代徽州茶商的崛起与新变——兼论徽商的衰落问题》，《安徽大学学报》（哲学社会科学版）2018年第1期，第21页。

断迎合国外消费者的口味，这样的转折开始于道光中期。

道光中叶以前，广州是清政府唯一指定的对外贸易口岸，所有茶叶的出口均集中在广州。[①]《南京条约》签订后，五口通商打破了广州作为唯一外贸口岸的格局，新安茶商们敏锐地察觉到变化，转战汉口、九江、上海等地，同时上海也转为了新的茶叶贸易集散中心，而此前广州的核心地位进一步衰落。

近代上海成为新的茶叶贸易集散中心得益于优越的地理位置，新安江流域距离上海较近，且交通便利，沿着新安江一路东下，便可到达杭州，由嘉兴、嘉善、松江、黄浦中转即可达到上海，路费大幅减少。而同样重要的汉口地区，由于茶叶市场被俄国人控制，1917 年俄国革命后，俄方贸易停止，同时汉口在 20 世纪 20 年代深受内战影响，种种原因导致汉口市场凋敝。上海成为近代中国最重要的茶叶贸易集散中心和新安茶商经营中心。

民国十五年，绩溪宅坦旅沪商人合影

据史料记载，20 世纪 30 年代上海茶商“大半属于徽州绩溪帮。五年以前，全市共不过百七十余家，现已增至二百以上，盖上海人口日增，销茶自亦增加也。”[②]可见，上海茶叶市场之广阔。

二、经营方式之变：由重运销转为重产制

威廉·乌克斯在《茶叶全书》中说：

> 就一般而论，中国茶商极为守旧。……中国茶商在汉口有一茶业公会，但

---

① 梁仁志：《近代徽州茶商的崛起与新变——兼论徽商的衰落问题》，《安徽大学学报》(哲学社会科学版) 2018年第1期，第22页。

② 上海商业储蓄银行调查部：《上海之茶及茶叶》，1931年，第50页。

外国出口商实觉无法劝醒若辈，使其于业务改进上采取一致行动。例如，要求若辈改良装茶用之木箱之质料而迄无效果一端，即可概见。中国茶业界中有许多人一味依赖外国出口商代为用铁皮与篾席重加捆扎，而不思自己改用坚实之包装。①

传统的新安茶商只注重茶叶的运销环节，通过贱买贵卖攫取利润，不关注茶叶的产制环节，这使得茶农毫无资金，自然也无法改良茶叶，提高茶叶品质，增加产品附加值，即茶商资本难以进入产业产制环节。

近代以后，新安茶商们逐渐重视茶叶产制，打造出了一批名品茶叶，提高了经济效益。同时，茶商们注重在包装上下功夫，黟县人赵有贵，“幼孤贫，随母赁舂糊口，长习商，旋赴屯溪学锡罐业。锡罐者，储茶之器。徽茶为欧美所贵重，而屯溪又徽茶聚汇之地，故锡罐业颇盛，有贵铢积寸累，遂开专号，家称小康”。② 这是提高茶叶附加值的精妙尝试，将茶叶在流通领域的资本转向生产领域。这些都显示着新安茶业逐渐转向近代化道路，是新安茶商们与时俱进的显现。

三、经营理念之变：与金融资本的关系更为紧密

近代以出口为导向的新安茶业，对市场有着极强的依赖性，这也意味着其巨大的经营风险。茶叶出口，由生产者到消费者的手中，需要经过一系列复杂的环节：茶贩从各地收购粗茶，卖与茶行；茶行卖与茶厂或茶号；茶厂、茶号卖与上海茶栈；茶栈卖与洋行；洋行卖给外国消费者。

贷款是茶号资金很重要的一个来源，茶栈、钱庄为茶号提供贷款，这也使得茶栈一定程度上可以支配茶号。

考诸历年茶栈收茶办法，向系事先贷款与产区各茶号，由茶号向茶农收买茶叶，凡该茶号向茶农收得之茶叶，均归贷款之茶栈销售与各洋行出口。茶栈贷款方法系以茶号收茶数额为标准，先付现款若干及期票若干，茶号即赖以周转。③

---

① [美]威廉·乌克斯著，中国茶叶研究社社员集体译：《茶叶全书》下册，中国茶叶研究社，1949年，第13页。
② 吴克俊等纂修：民国《黟县四志》卷7《人物志·尚义》，民国十二年刻本。
③ 刘三珊：《近代祁门茶业经济研究》，安徽科学技术出版社，2017年，第415页。

茶栈的资金大多也是向银行、钱庄的贷款，以八厘的月息贷款，再以一分五厘的月息向茶号放贷，一转眼的工夫便能拿到七厘的收益。据相关史料记载，1933 年开在屯溪的 8 家上海茶栈，其中 6 家为新安江商人所开设，贷款金额约为 190 万元，占总数的 76%。可想而知，新安商人的资本对新安茶业控制之深。再向资本源头追溯，上海银行、钱庄的资本通过茶业贷款，控制住了茶栈的新安商人，巧妙地控制了新安茶业。由此可知，金融资本对新安茶业的渗透进一步加深。

第五节　新安茶商的精神内核

儒家文化是中国传统社会的主流文化，新安商人是儒家文化坚定的传承者，受到儒家思想的影响，在经营中形成了诚信、尚儒、仁爱的精神内核，并建立了一种自愿遵守、行业认同的商业行为规范，这种精神内化于心、外化于行、代代相传、绵延不绝，成为新安茶商驰骋商界多年的关键所在。

一、以诚为本，以义为利

“诚”是儒家思想文化的重要内涵，“德”“和”是茶道文化的基本内容，在两者碰撞与融合当中，孕育出了新安茶商诚信、仗义、谦和的处世之道与商业精神。

新安茶商具有超群的商业远见和超凡的商业格局，从不纠结于眼前的小利，对客户将心比心，他们认为商人与客户的关系应当是相互依存、互惠互利的，唯有以诚待人，在买卖交易中不缺斤少两、不以次充好，才能长期合作下去。在新安茶商中流传着“士商十要”的商业信条，要求商人“高年务宜尊敬，幼辈不可欺凌”。新安茶商流传的诚信、守义的事迹甚多：黟县茶商汪琴“十一都岭下人，监生，周济族邻，垫费为人息讼，客广东，有同邑叶甲贩茶未售暴卒，琴素不识甲，殡殓之，代售茶，归其资”。[1] 黟县茶商舒遵刚有言：

> 生财有大道，以义为利，不以利为利……钱，泉也。如流泉然，有源斯有流。

① [清]谢永泰修，程鸿诏等纂：同治《黟县三志》卷7《人物志·尚义传》，清同治十年刻本。

今之以狡诈生财者，自塞其源也。今之吝惜而不肯用财者，与夫奢侈而滥于财者，皆自竭其流也。

圣人言：“以义为利。”又言：“见义不为，无勇。”则因义而用财，岂徒不竭其流也。抑且有以裕其源。即所谓大道也。[①]

新安茶商的诚与义还表现在对于公益事业的贡献。在现存方志、文书中，均可发现新安茶商在某地投资于寺庙、堂殿、桥梁等公共设施的庞大支出，或用于赈灾、战争赈济等支出。

正是这种诚信、尚义的商业态度和格局，让新安商人获得了顾客的信任与业界的认可，为品牌树立了良好的形象，这是无比可贵的财富。

二、贾而好儒，仕而护贾

新安商人的本质是儒商，他们深受儒家文化影响，知书达理、温文尔雅，或先儒后贾，或先贾后儒。

新安茶商坚信“富而教不可缓”，始终把子弟教育放在重要位置，并代代相传，形成一种良性循环。在这种鼓励支持教育的氛围中，新安江流域培养造就了大量满腹学识的人才，这能够让他们在商界竞争中保持冷静的头脑和理性的分析能力，这也成为新安茶商在商界竞争中优于竞争对手、脱颖而出的原因。

古代商人地位低下，由“商人”向“士绅”转变是许多商人的梦想，同时若想实现商业的可持续发展，必定要连同政界，教育、科举成为商人子弟入仕的重要途径。不似其他的大商帮,致富后把大量的资金投入土地或再生产。新安江茶商在“振兴文教”的投入与建设中毫不吝啬，他们兴修书院，供给族人、同乡子弟读书科考，甚至从士子开始培养政治筹码，斥巨资修建试馆，供参加乡试的士子住宿备考。每年朝廷都会分配单独的名额给“商籍”，商人们往往通过贿赂官僚、打通关节，以获得“商籍”，这为子弟参与科举考试增加了更多的机会。在良好的教育氛围中，不少新安子弟科举及第，顺利进入仕途，这也让新安江茶商在贸易当中增添了政治筹码，赢得更有利的商业政策，提高经济效益，实现“经济－政治－经济”的循环。

---

① [清]谢永泰修，程鸿诏等纂：同治《黟县三志》卷15《舒君遵刚传》，清同治十年刻本。

三、以和为贵，仁者爱人

儒家倡导“和”与“仁”的观念，茶道文化也是崇尚平和、淡然，两者结合，便塑造了新安茶商以和为贵、仁者爱人的品质。

“天时不如地利，地利不如人和。”在儒家学说的浸润下，新安茶商团体形成了一种同舟共济的和谐精神。这种精神首先体现在一个个商业团队中，商人们注重伙计们的诚信与品德，遵循因材器使的原则，把每个伙计安排在适合的岗位上，正是这种知人善任、用人不疑的方式，加强了团队的凝聚力与默契度，实现团队的高效运转。以和为贵的精神同样展现在整个商帮中，商帮多由同族、同乡构成，行商在外，在人生地不熟的地方，商帮是商人们的后盾，遇到困难时，商帮的同胞们总是施以援手，这让在外的新安茶商们很少产生“独在异乡为异客”的悲凉情愫，给了商人们高度的安全感，也让商帮内部更加团结，合作共赢，以商帮的力量傲立商界。不同行业的商帮，亦会在各地建立起会馆、会所等组织，以联络同乡，当重大事件发生时，寻求组织的帮助，增加抗风险能力，深化了商帮互帮互助的和谐理念。

四、吃苦耐劳，自强不息

“前世不修，生在徽州，十三四岁，往外一丢。”这首古老的民谣道出了新安商人无尽的酸楚，新安商人经营中以长途贩运为主，常年行商在外，或在崇山峻岭间跋涉，或在独木小舟中漂泊，山水迢迢路遥遥，一路更是有山贼、强盗、野兽等难以预测的危险，稍有不慎，身家性命都会遭到不测，但是吃苦耐劳是新安江商人的底色。

新安茶商中不少人都是从底层学徒、伙计、佣工做起的，因糊口之需，被迫经商。他们坚信“劳其筋骨，饿其体肤”方能成功，学徒之路充满坎坷，但是他们从不因自己出身卑贱而放弃“不能习举业以扬名,亦当效陶朱以致富”的志向。逆境中，他们从不放弃，劈波斩浪方能百炼成钢，“一贾不利再贾，再贾不利犹未厌。”新安茶商们的实践证明，他们的坚持能够得到回报，不少巨富大贾就是从学徒成长起来的，每一个成功的新安茶商都有一部艰辛的创业史。

回望历史的长河，新安茶商留下了浓墨重彩的一笔，他们所铸造的儒商精神历久弥坚。“无俭不富，无仁不旺，无智不明，无勤不固”，在浮沉的商海中，他们用自己的行动践行着儒家思想的道德规范，并用智慧和汗水书写了新安茶商的辉煌，也为自己留下了诚信的永恒美名。

第五章　新安典商

第一节　典商的发展过程

典当是主要以财物作为抵押的有偿有期借贷的融资活动，它是生息资本一种活动方式。[①] 典商,即经营典当行业的商人。典商经营典当的场所称为典当行,俗称当铺,属于抵押贷款。曲彦斌提出典商“初见萌芽于两汉，肇始于南朝寺库，入俗于唐五代市井，立行于南北两宋，兴盛于明清两季”。[②] 从中可以看出典当行业的大致发展过程。

典当行业萌芽于两汉，《史记 · 货殖列传》记载，西汉吴楚七国叛乱时，“长安中列侯封君，行从军旅，赍贷子钱。子钱家以为侯邑国在关东，关东成败未决，莫肯与。惟毋盐氏出捐千金贷，其息什之。三月，吴楚平。一岁之中，则毋盐氏之息什倍，因此富埒关中”。[③] “以物质钱”的现象已相当普遍。“典当”一词的正式连用是南北朝时期。南朝时期宋朝范晔所著《后汉书 · 刘虞传》:“虞所赍赏，典当胡夷，瓒数抄夺之。”[④] 在佛寺中产生最早的借贷机构——“质库”，一般采用两种形式，一种是“典当制”，一种是“举贷制”。它的出现一方面促进了佛教的发展，一方面又间接地帮助了社会贫困者。但是它独立于国家编户之外，形成相对独立的空间，从事高利贷行业的本质并未改变。

典当行成熟于唐代,名称呈现多样化,“质库”“柜坊”“僦柜”“寄附铺”等,“民间以物质钱，异时赎出。于母钱外，复还子钱，谓之僦柜”。[⑤] 同时，典当从单一的寺庙经营逐渐发展为官、商、寺三种形式。由于唐代前期的柜坊不受政府监管，出

---

① 郑小娟:《徽州典商在明清徽商发展中的作用研究》,厦门大学博士学位论文,2008年,第23页。

② 曲彦斌:《中国典当学》,河北人民出版社,2002年,第34页。

③ [汉]司马迁撰,(刘宋)裴骃集解,(唐)司马贞索引,张守节正义:《史记》卷129《货殖列传》,清乾隆四年武英殿校刻本。

④ [刘宋]范晔撰,[晋]司马彪撰,[梁]刘昭注,[唐]李贤注:《后汉书》卷130《刘虞公孙瓒陶谦传》,清乾隆四年武英殿校刻本。

⑤ [宋]司马光撰,[元]胡三省音注:《资治通鉴》卷227《唐德宗建中三年四月》,中华书局,1956年。

现随意哄抬利息的现象，造成经济混乱。唐太宗贞观年间，房玄龄在《唐律疏议》中第一次以国家法令的形式进行规定，“凡质举之例，收予不得逾五分出息过其倍。若回利充本，官不理”。《唐律疏议 · 杂令》又载：“诸公私以财物出举者，任依私契，官不为理。每月收利，不得过六分；积日虽多，不得过一倍。……收质者，非对物主，不得辄卖；若计利过本不赎者，听告市司对卖，有剩，还之。如负债者逃，保人代偿。”唐玄宗开元二十年（732），又颁布了一条诏令，“近来公私放债，取息颇多。今后天下放债收息，私人只许四分，官本五分”，进一步限制了高利贷的暴利现象。唐代柜坊的经营范围进一步扩大，保持典当的基本业务之外，还接受低息存款、商业贷款、储存货物、收取保管费等多种业务，借贷的对象不仅仅是普通的人民群众，发展为清贫的上层人士。白居易在《杜陵叟》一诗中写道：“典桑卖地纳官租，明年衣食将何如？”[①] 是对当时农民为向政府缴纳租税、“典桑卖地”的真实写照。白居易在《自咏老身示诸家属》一诗中还写道：“走笔还诗债，抽衣当药钱！”[②] 反映了他典当衣物用来换药钱的生活现状。诗人杜甫在《曲江》一诗中写到：“朝回日日典春衣，每日江头尽醉归。”[③] 反映了他不得不常常典衣换酒的窘境。

“典当业在宋代发展较快，当时的质库（解库）作为豪商、地主、寺院财富存放的一种重要形式，引起了统治者的注意。南宋为了征发徭役、摊征、买绢布等，政府三年一次调查人口的财产状况，作为捐征依据。这些财产项目中便包括了质库、其他商铺及出租市房。”[④] 对于利率的上限，宋代多沿用唐代的制度，如《宋刑统》所引唐代敕文规定：“应有举放又将产业等上契取钱，并勒依官法，不得五分以上生利。如未辩计会，其利止于一倍。”[⑤] 又如“诸公私以财物出举者，任依私契，官不为理。每月取利不得过六分，积日虽多，不得过一倍”。[⑥] 以上是对私营典当业的规定。而对于官营典当业则更为宽松，“若官物及公廨本利停讫，每计过五十日不送尽者，余本生利如初，不得更过一倍”，[⑦]“天下私举质，宜四分收利，官本五分生

①［唐］白居易撰：《白氏长庆集》卷4《讽谕四》，宋刻本。

②［唐］白居易撰：《白氏长庆集》卷37《律诗》，宋刻本。

③［唐］杜甫撰：《杜工部集》卷10，民国商务印书馆影印续古逸丛书景宋刻本配毛氏汲古阁本。

④ 刘秋根：《中国典当制度史》，上海古籍出版社，1995年，第254页。

⑤ 窦仪：《宋刑统》，中华书局，1984年，第414页。

⑥ 窦仪：《宋刑统》，中华书局，1984年，第412页。

⑦ 窦仪：《宋刑统》，中华书局，1984年，第412页。

利”。[1]由此可以看出，政府对于官营典当业的偏向和宽松对待。南宋不再区分官营和私营，统一规定“诸以财物出举者，每月取利不得过四厘，积日虽多，不得过一倍，即元借米谷者止还本色，每岁取利不得过五分，仍不得准折价钱”。[2]

典当业经过唐宋两大时期的重要发展后。元代继续维持着官营、私营、寺庙三大模式，规模不断扩大，催生了典当行业。元世祖至元六年（1269）曾颁布敕令，“民间贷钱取息，虽逾限止偿一本息”，[3]《大元通制》规定：“诸以财物典质，……经三周年不赎，要出卖。或亡失者，收赎日于元典物钱上，别偿两倍，虽有利息，不在准折之限。”《元史·刑法志》中规定：“诸典质不设正库、不立信帖，违例取息者，禁之。”[4]

到了明清时期，典当业发展达到高峰。同时，新安典商也经历了一系列的发展过程，大致可分为兴起、兴盛、中落、复兴、衰落和衰败六个阶段。具体而言，正德以前的明中叶，为其发展的第一阶段，新安典商悄然兴起；嘉靖年间至万历中期，为其发展的第二阶段，新安典商获得长足发展，达到鼎盛。万历中期至清顺治初年，为其发展的第三阶段，新安典商第一次遭受挫折和打击。顺治初年至乾隆中期，是其发展的第四阶段，新安典商在长江中下游全面复兴；乾隆中期至咸丰年间，为其发展的第五个阶段，新安典商开始衰落，并再次遭到沉重打击；同治初年至民国年间，为其发展的第六个阶段，新安典商在其传统活动地域短暂恢复后，生意清淡，兼之频遭打击，最后退出历史舞台。[5]

在明中叶之前，新安商人只是在本土领域中活动，经营典业的商人为数较少，没有很强的竞争力，对社会的影响有限。明中叶以后，经营典业的新安商人逐渐增多，除在本土活跃外，还积极地在外地经商和开店，在经营过程中典商不断发展，逐渐形成自己的经营模式和经商特色。明代商山吴氏是出名的典商家族，“家多素封，所殖业，皆以典质权子母，不为盐商大贾，走边海，入陇署，而与朝家为市”。[6]天启年间从事典业将近十代，吴继灼“生业，自先世至乃父鸿胪君洽，以典质业居天下

① 窦仪：《宋刑统》，中华书局，1984年，第413页。

② 谢深甫：《庆元条法事类》，黑龙江人民出版社，2002年，903页。

③ [明]宋濂：《元史》卷6《世祖纪》，清乾隆四年武英殿校刻本。

④ [明]宋濂：《元史》卷105《刑法志》，清乾隆四年武英殿校刻本。

⑤ 王裕民：《明清徽州典商研究》，人民出版社，2012年，第254页。

⑥ [明]金声：《金太史集》卷7《寿吴亲母金孺人序》，转引自张海鹏、王廷元：《明清徽商资料选编》，黄山书社，1985年，第166页。

都会，知人善任，业用大起”。[①] 嘉靖元年至万历中期，新安江典商发展的原因有三：一是前代经营典商的子孙在继承家业的同时继续经营，吴与可“曾王父世腾公，故以什一起家，至王父益饶，所贷吴越子钱数千万，各有司存，独别以数千缗，封识畀先君，则皆逋不能偿也”。[②] 二是本来经营其他产业的商人拥有资本积累之后，纷纷转投于获利更高的典业。汪时雨“游云间，值倭寇至，诸贾人大亡资斧，长公知寇所出没，恒避之，不与贼遇。寇去，长公独以全訾，其乏，诸质子钱者争趋长公，所息什倍矣”。[③] 三是新安江地区的零散放贷者开始转为经营典业。休宁吴良玠“家世殷富，至君父益以节省，且善权子母钱法，岁累月增，资产之富甲于东乡……承先意而善通之，谓子母钱法多受制于人，易以典”。[④] 新安典商活动区域不断扩大，不仅活跃于府州县，也活跃于市镇乡村；不仅活跃于新安江流域，也活跃于江南，以及江南以外的地区，活动区域遍及全国。

由于万历中期至清代顺治年间社会动荡，经营环境急剧恶化，因为典铺中钱财、物品众多，成为兵匪的首要抢掠之地。休宁赵吉士先祖于黄梅经营典铺，“贼破黄梅，焚掠惨甚，余家世业，俱为流贼劫烧一空。……先一日，援剿将官邀余孙时朗及曾孙承祖出城饮，得保其命，典中死者五人，可知明季兵与贼未尝不相通也”。[⑤] 在遭兵燹之后，社会环境还并未稳定，为防止类似事情再次发生，资产受到损失，部分典商选择暂时关闭典铺，黟县环山余氏，“尚思公，显明公长子，一日召子侄于庭，谕以祖遗典铺宜于四十年内谋收、束侍童仆，务宽厚。越三日而卒，诸子侄莫名其故，惟言其平日所言多验不敢不从。殆清初改满制及宋仆作乱，盖始知公当日遗嘱指二事也。”[⑥] 黟县南屏叶万生“家故有质库，值明季山贼土寇连年不靖，因言于父世卿公曰：‘寇将至矣，无多藏，以贾祸也。’乃与乡人曰，合券者不取钱还其质，数日而尽。”[⑦] 官府财政紧张，开始对典业进行征税，加紧对商人的剥削，“典铺之分征有难易，盖冲都大邑，铺本多饶，即百千亦不为厉，僻壤下县，徽商裹足，数金尤难”。[⑧]

---

① [明]汪可进《公余草就》卷2《吴仲虚传》，万历二十四年（1596年）淑艾堂刻本。
② 杨维帧：《大泌山房集》卷88《吴太学墓志铭》，《四库全书存目丛书》集部第152册，第548页。
③ [明]方弘静：《素园存稿》卷12《汪长公行状》，《四库全书存目丛书》集部第121册，第211、212页。
④ [明]金瑶：《栗斋文集》卷7《吴畏轩君传》，《四库全书存目丛书补编》第78册，第241页。
⑤ [清]赵吉士：《寄园寄所寄》卷9《裂眦寄·流寇琐闻》，《续修四库全书》第1197册，第32页。
⑥ 余攀荣、余旭升纂修：民国《古黟环山余氏宗谱》卷18《懿行》，民国六年刻本。
⑦ [清]叶有广、叶邦光修：黟县《南屏叶氏族谱》卷1《质行》，嘉庆十七年木刻本。
⑧《明熹宗实录》卷57，天启五年三月壬申，台湾“中央研究院”历史语言研究所校刊本，1986年，第2647页。

频繁的自然灾害影响典业的经营收入，不仅利润降低，还会被要求捐银捐资，“谨告徽典各户，据折称千石赈荒。若赈则数百足矣。敢望满千，令乃和籴，未为赈也。所闻千六百石。系各典面许周、魏两相公及诸位贤达之议……幸诸典熟计，而早决之，以速慰四乡之望，此乃诸典自积阴德，自舒本心”。[①] 同时，发布《劝徽典邑里分平粜乡农谕》《劝徽典分米协济贫坊贫区平粜谕》，以催促典商捐物资和银两用来救济贫农。在上述原因的影响下，典业面临内忧外患，难以为继，典铺数量大大减少。

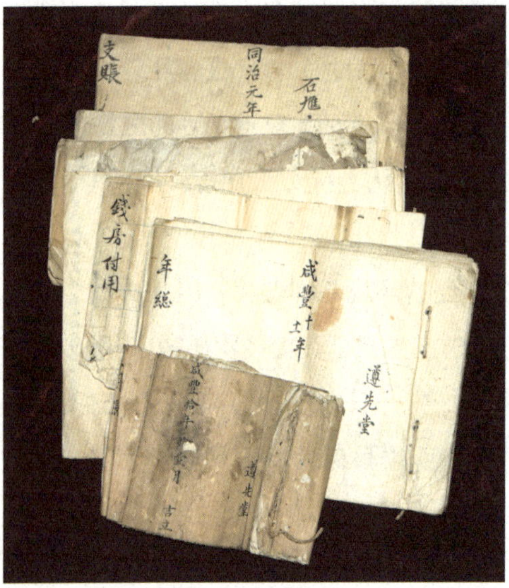

绩溪典商程序东账薄

在顺治至乾隆年间，新安典商重新活跃在商业的舞台上，从事典业的商人增多，如汪绍衣在淮安清江铺开典铺，[②] 吴胤庚在江苏泰兴开典铺，[③] 休宁板桥杨氏在南京开有典铺，[④] 汪匡汉在吴江平望镇开有典铺。[⑤] 当时典业经营较为容易，资本积累较快，汪拱乾“诸子亦能自经营，家家丰裕，传其孙曾。今大江南北开质库或木商、布商，汪姓最多，大半皆其后人，当为本朝货殖之冠”。[⑥] 在此期间，社会局势平稳，经营环境宽松，新安商人又重新发展，从无到有，从小到大，占据江南典业的主导地位。乾隆中后期，由于晋商的发展，北方地区的典业几乎由晋商所垄断，这样新安商人就只剩下一半的经营区域，后因为本土势力的发展和排挤，典商发展更加艰难。尤其是清代钱庄业的发展，其拥有的职能和功能与典商大多是重复的，分割了典当业的金融市场，典商生存空间被挤压，典铺数量随着钱庄业的发展而急剧减少。之后太平天国运动起势，其活动区域与新安江流域商人的活动区间重叠，由于再次经受兵燹的困扰，在无法保障自己资金来源的同时还被迫捐款，无数典商倾家荡产。此

① 陈龙正：《几亭全书》卷25《劝徽典分米平粜乡农论》，《四库禁毁书丛刊》集部第12册，第186、187页。
② 《清高宗实录》卷270“乾隆十一年七月乙酉”，中华书局，1985年，第526页。
③ [明]吴子玉：《茗州吴氏家记》卷5《登名策记》，明万历十二年钞本。
④ [明]吴子玉：《茗州吴氏家记》卷5《登名策记》，明万历十二年钞本。
⑤ [清]汪立正：《西门汪氏大公房挥佥公支谱》卷4《明经栋公传》，清乾隆四年刻本。
⑥ [清]钱泳：《登楼杂记》，转引自谢国桢：《明代社会经济史料选编》中册，福建人民出版社，1980年，第100页。

后，虽经历短暂的恢复期，但由于其他地域的典商的兴起而致使新安典商一蹶不振。

第二节 新安典商的兴起原因

一、环境所迫，无奈选择

新安江流域的重要区域徽州处于崇山峻岭之中，生存环境非常恶劣，土地贫瘠，可耕种土地相较于人口来说非常稀少，这使得大批人口外出务工经商，另谋出路。“新安僻居山溪中，土地小狭，民人众。世不中兵革，故其齿日益繁，地瘠薄，不给于耕，故其俗纤俭习事。大抵徽俗，人十三在邑，十七在天下，其所蓄聚则十一在内，十九在外”。① “徽郡保界山谷，土田依原麓，田瘠确，所产至薄，独宜寂麦红虾秈，不宜稻粱。壮夫健牛，日不过数亩，粪壅缉栉，视他郡农力过倍，而所入不当其半。又田皆仰高水，故丰年甚少，大都计一岁所入，不能支什之一。小民多执技艺，或贩负就食他郡者，常十九。转他郡粟给老幼，自桐江，自饶河，自宣池者，舰相接肩相摩也。田少而值昂，又生齿日益，庐舍坟墓不毛之地日多。山峭水激，滨河被冲啮者，即废为沙债，不复成田。以故中家而下，皆无田可业，徽人多商贾，盖其势然也”。② “徽州介万山之中，地狭人稠，耕获三不赡一。即丰年亦仰食江楚，十居六七，勿论岁饥也。天下之民，寄命于农，徽民寄命于商。……一日米船不至，民有饥色，三日不至有饿草，五日不至有昼夺”。③ 以上材料均是强调徽州地少人多，唯有外出谋生的一条出路。

不仅仅有恶劣的自然环境，而且由于耕地稀少，他们的衣食得不到保障，非常稀缺。物以稀为贵，衣食一旦稀缺，价格自然水涨船高，“江南米价，徽独高”，④ 每年“所出粮不足一月，十九需外给”。⑤ 难以生存的社会环境，使得他们外出经商，“徽

---

① [明]王世贞：《弇州山人四部稿》卷61《赠程君五十叙》，《景印文渊阁四库全书》，台湾商务印书馆，2008年，第1280册，第92页。

② [明]顾炎武：《天下郡国利病书》第九册《凤宁徽备录·徽州府》，上海古籍出版社，2012年，第1024页。

③ [清]廖腾煃修，汪晋徵等纂：康熙《休宁县志》卷7《汪伟奏疏》，影印康熙三十二年刊本，成文出版社有限公司，1970年，第790页。

④ 许承尧撰，李明回、彭超等点校：《歙事闲谭》卷6《明季县中运米情形》，黄山书社，2001年，第181页。

⑤ 许承尧撰，李明回、彭超等点校：《歙事闲谭》卷6《明季县中运米情形》，黄山书社，2001年，第181页。

民有资产者多商于外。其在籍之人强半贫无卓锥，往往有揭其敝衣残襦，质升合之米，以为晨炊计者，最为可怜。然巨典高门，锱铢弗屑，于是有短押小铺，专收此等穷人微物，或以银押或以酒米押，随质随赎”。① 在从商方式上，“典商大多休宁人，款则杂商五，盐商三，典仅二焉”。② 依据各县的不同地域情况，一般是“穷山恶水”之地最先开始从商，而从事典商的大多是休宁人。程澧周游各省，了解商业行情，提出““东吴饶木棉，则用布维扬在天下之中，则用盐筴；吾郡瘠薄，则用子钱”。③“用子钱”即经营借贷一行，指出地区贫瘠，唯有借贷方可有所作为。

二、区位优势，应时而生

新安江发源于休宁县与江西省交界处的五股尖山，有两大支流，南支称率水，北支称横江，于屯溪附近的老桥汇合，称新安江。大自然在造就徽州连绵不绝的崇山峻岭的同时给予了他们一张四向辐射的河网。徽州境缘东南西北，分别奔流着武强水、桐江、闾江、婺水、马金水、秋浦河、水阳江、青弋江，集聚绩溪、歙县、休宁、婺源四邑水源的新安江横贯其中。通过这些纵横交错的河网，将徽州与长江、鄱阳湖、钱塘江连为一体。水的开放突破了山的封锁，使得徽州人拥有开拓创新的经商之路。④

新安江此处流域的山林茂密，木材资源天然形成，拥有丰富的良木。“休宁……山出美材，岁联为桴，下浙江，往者多取富”。⑤“休宁山中宜杉，土人稀作田，多以种杉为业。杉又易生之物，故取之难穷。出山时价极贱，抵郡城已抽解不货。比及严，则所征数百倍。严之官吏方曰吾州无利孔，微款杉不为州矣”。⑥ 休宁生产杉木，由于其易于存活的特点，广为休宁民众栽种，用以维持生计。“徽处万山中，每年木商于冬时砍倒，候至五六月，梅水泛涨，出浙江者，由严州出江南者，由绩溪顺流而下，为力甚易”。⑦ 新安江流域流经徽州，等待梅雨季节水涨之时，便将木材投

---

① [明]林西仲：《挹奎楼遗稿》卷1《徽州南米改折议》，转引自张海鹏、王廷元：《明清徽商资料选编》，黄山书社，1985年，第48页。

② 许承尧撰，李明回、彭超等点校：《歙事闲谭》卷18《歙风俗礼教考》，黄山书社，2001年，第603页。

③ [明]汪道昆撰，胡益民、余国庆点校：《太函集》卷52《明故明威将军新安卫指挥佥事衡山程季公墓志铭》，黄山书社，2004年，第1101页。

④ 汪雷：《论徽商之崛起》，《财贸研究》2002年第2期，第18页。

⑤ [宋]罗愿：淳熙《新安志》卷1《风俗》，清光绪十四年刻本。

⑥ [宋]范成大：《骖鸾录》“乾道九年正月三日”，[宋]范成大著，孔凡礼点校：《范成大笔记六种》，中华书局，2003年，第45页。

⑦ [清]赵吉士辑撰，周晓光、刘道胜点校：《寄园寄所寄》，黄山书社，2008年，第877页。

入水中，顺江而下，省时省力省财。

新安江流域的山区盛产茶叶，茶叶一般长在丘陵地带，受光照充足，昼夜温差、排水便捷等条件对于茶叶的生长极为有利。“（祁门）山且植茗，高下无遗土；千里之内，业于茶者七八矣。由是给衣食，供赋役，悉恃此。祁之茗，色黄而香，贾客咸议,逾于诸方。每岁二三月,赍银缗增素市将货他郡者,摩肩接迹而至”。[①]“歙……惟茶北达燕京，南极广粤，获利颇赊。其茶统名松罗，而松罗实乃休山，匪隶歙境。且地面不过十余里，岁产不多，难供商贩。今所谓松罗，大概歙之北源茶也。其色味较松罗无所轩轾，故外郡茶客，胥贩之于歙，而休山转无过问者矣”。[②]“山郡徽州贫瘠，恃此灌输，茶叶兴衰，实为全郡所系”。[③]

徽墨从五代开始便颇负盛名，“新安罗龙文所作，价逾拱璧。即一两博马蹄一斤，亦未必得真者，盖墨之能事毕矣。新安人例工制墨，方于鲁名最著，汪太函司马与之连姻，奖饰稍过，名震宇内，所刻《墨谱》，穷极工巧，而同里程君房几超而上之。两人贸首深仇,程墨曾介内臣进之今上,方愈妒恨。程以不良死,则方力也。程亦刻《墨苑》，斗奇角异，似又胜方。真墨妖，亦墨兵矣。孙司礼隆，在江南所造清谨堂颇精，以出内臣手,不为银泓所贵,然入用自佳。今徽人家传户习,几程郑素封,竞造墨馈遗,为朱提紫磨伴侣”。[④]罗愿说“黟歙间多良纸，有凝霜澄心之号，复有长者可五十尺为一幅。盖歙民数日理其楮，然后于长船中浸之，数十夫举抄以抄之，傍一夫以鼓节之，续于大熏笼上周而焙之，不上于墙壁也，于是自首至尾匀薄如一。”[⑤]

新安江的自然条件一方面限制了地域发展，但另一方面其得天独厚的地理位置、地形地貌和水域山林又促进了商业的发展，尤其是资本积累后，难以在本地进行资本再积累，于是借贷业成为最佳选择。新安商人通过水利条件进行物品交易和转卖，实现了地区间的物品交换，将新安江流域的本地成品或半成品运送到外地以交换粮食、衣物、钱财。久而久之，其活动范围逐渐变大，从一州一县到全国各地，从仅仅依靠新安江到综合运用运河、长江和东南海等流域进行兜售和购买，从贩运过程

① [唐]张途：《祁门县新修阊门溪记》,《全唐文》卷802,中华书局,1983年,第8403～8404页。
② 许承尧撰，李明回、彭超等点校：《歙事闲谭》卷18《歙风俗礼教考》，黄山书社，2001年，第603页。
③ 许承尧：《治事丛谈》稿本，见张海鹏、王廷元主编：《明清徽商资料选编》，黄山书社，1985年，第171～172页。
④ [明]沈德符：《万历野获编》卷26《玩具·新安制墨》，中华书局，1959年，第60页。
⑤ [宋]苏易简：《文房四谱》,《四库艺术丛书·文房四谱》,上海古籍出版社,1991年,第42页。

中谋取利益。商人会用绝大部分的商业收益来购置土地。而新安江流域的地狭人众，土地远远不够，这就使得商人寻求他路进行资本积累。典商又很适合在各地经营，王廷元说“典当业是最适合商人放债的一种经营方式，因为它是以收取债务人的质押物作为保障债权的手段的。商人放债与地主放债不同，他们大多是远离故土、客居异乡从事高利贷活动的。他们与债务人之间萍水相逢，素昧平生，除了利用商品和货币之外，再没有其他可供建立信用关系的凭借。尤其在五方杂处、人口流动的城市中，情况更是如此。因此，收取债务人的质押物就成为保障债权的必要手段。徽商之所以把典当业作为他们放债的主要方式，其原因就在这里。”[①]

三、货币白银，行业助推

典当业是商人拥有资本积累后再经营的行业，同时典当业所具有的融通资金、简便易行、“扶危济困”的特点，决定了它在市场中处于不可或缺的地位。货币经济愈发达，就愈推动着典当经营业向前发展。在明代时，货币白银化就成为典当业迅速发展的强劲推动力。[②]

货币白银化在唐代就已出现，存在以白银代替税收的现象。在宋代初期，货币白银化萌芽，出现了船形银锭。从晚唐到北宋期间，白银发挥了一定的支付和流通功能，但是一直作为辅助作用，并未真正的普及。元末钞币贬值得极为严重。到了明代，货币白银化开始真正的发展，明初以铜钱作为法定货币。但是由于铜钱使用不便，于是在洪武七年（1374）朱元璋设宝钞提举司。但是后来由于发行量太大和“昏烂”速度太快，“比岁钞法不通，皆缘朝廷出钞太多，收敛无法，以致物重钞轻，莫若暂行户口食盐法”。[③]到了宣德十年（1435），明政府不得不解除禁令，“民间交易，唯用金银，钞滞不行”。[④]英宗即位后，“驰用银之禁”，又将江南、湖广等地的田赋米麦折收银两，即“金花银”，正式开始将白银作为支付手段。弘治年间白银使用也在增加，“弘治元年，京城税课司，顺天、山东、河南户口食盐，俱收钞，各钞关俱钱钞兼收。其后乃皆改折用银”。[⑤]经过普及和发展，到万历年间已相

① 王廷元：《徽州典商述论》，《安徽史学》1986年第1期，第17～18页。
② 郑小娟：《对明代徽州典商兴盛的新观察》，《福建商业高等专科学校学报》2010年第4期，第6页。
③ [清]张廷玉等：《明史》卷81《食货志五·钱钞》，中华书局，1974年，第1962页。
④ [清]张廷玉等：《明史》卷81《食货志五·钱钞》，中华书局，1974年，第1962页。
⑤ [清]张廷玉等：《明史》卷81《食货志五·钱钞》，中华书局，1974年，第1962页。

当普遍，“今海内行钱，唯北地一隅，自大江以南，强半用银。即北地，唯民间贸易，而官帑出纳仍用银，则钱之所行无几耳”。① 当时在商品经济发达和经济作物种植发展的长江中下游地区，以及东南沿海地区，还出现了以白银计算工资和缴纳地租的现象。② 白银使用得日益广泛，成为积累财富的途径，富商大贾贮银囤钱，“富室之称雄者，江南则推新安，江北则推山右。新安大贾，鱼盐为生，藏镪有至百万者，其它二三十万则中贾耳”。③ 是时积银成风，“钱与银异质而用同，今用银而废钱。钱益废，则银益独行；银独行，则豪右之藏益深，而银益贵。银贵则货益贱，而折色之办益难。而豪右又乘其贱而收之，时其贵而崇之，银之积在豪右者愈厚，而银之行于天下者愈少”。④

四、世代相传，资本雄厚

许承尧说：“典商大多休宁人，……治典者惟休称能。凡典肆无不有休人者，以专业易精也。”⑤ 由于典当的物资种类繁多，其中不乏有赝品混真之物，这就需要经营典铺的商人拥有多方的知识与鉴别能力。《当行杂记》一书内容丰富，涉及物品达千种以上，“看物之真伪，辨物之时古，评物之高低，知物之土产、地道、成金制造”，分为“当行论”“看衣规则”“西藏土产”“看金规则类”“看珠宝规则类”“看宝石规则”“看铜锡类”“看磁器规则”“看字画谱”“各省绸缎花样别名”等十个部分。⑥ 在另一本佚名手抄本《典务必要》里，分“幼学须知”“珠论”“宝石论”“论首饰”“毡绒”“字画书籍”“布货”“皮货”等八个部分。⑦

新安商人的背后拥有宗族力量的支持，“吾宗自时扬公迁岩镇，至恂公义甚高，尝筑舍以居贫宗，务振人之急。事闻，所部书棹楔表其闾。恂子良价以末疾痼终身，家乃不造。息子二：伯銶，仲钦。伯子逆共程，独当户，共程谓君家故受贾，非贾何以治生，遂解寸橐中装佐伯子贾。伯子曰：‘善。’就近而贾海阳，骤致千金者三，称良贾矣。既复以质剂出入，徙宛陵，居数载，一再倍之。”⑧ 新安江典商汪通保，“处

① [清]孙承泽：《春明梦余录》卷47《钱法议》，海峡文艺出版社，1985年。
② 傅衣凌、杨国桢、陈支平著：《明史新编》，人民出版社，1993年，第319页。
③ [明]谢肇淛：《五杂俎》卷4《地部》二，中华书局，1959年。
④ [清]张廷玉等：《明史》卷81《食货志五·钱钞》，中华书局，1974年，第1962页。
⑤ 许承尧撰，李明回、彭超等点校：《歙事闲谭》卷18《歙风俗礼教考》，黄山书社，2001年，第604页。
⑥ [清]佚名辑，齐彦整理：《当行杂记》，《近代史资料》总第71号，中国社会科学出版社，1988年。
⑦ [清]佚名辑，丁红整理：《典务必要》，《近代史资料》总第71号，中国社会科学出版社，1988年。
⑧ [明]汪道昆撰，胡益民、余国庆点校：《太函集》卷40《共程传》，黄山书社，2004年，第865页。

士始成童，以积著居上海。倜傥负大节，倾贤豪，上海人多处士能，争附处士。初，处士受贾，资不逾中人，既日益饶，附处士者日益众，处士乃就彼中治垣屋，部署诸子弟，四面开户以居，客至则四面应之，户无留屦，处士与诸子弟约，居他县毋操利权，出母钱毋以苦杂良，毋短少，收子毋入奇羡，毋以日计取盈。于是人人归市如流，旁郡县皆至，居有顷，乃大饶，里中富人无出处士右者”。[①] 兴县则“新安大贾与有力之家……每以质库居积自润”。[②] 平湖县则“新安人挟资权子母盘踞其中者竟达数十家”。[③]

第三节　新安江典商的社会作用

新安商人从本质上说，依然是立足于家业社会中的商人群体。因此，他们的经营商品主要还是以农产品及农副产品为主，比如茶叶、木材等大宗产品，这些都有一定的季节性限制，这就为典业的兴起提供了条件。所以，新安商人的典当业一般不会独立存在，即从事典当行业的商人大多都会经营其他行业，如盐、木、墨等。等拥有一定的资本积累后，将所积累的钱财用于典当业的经营，以从中谋取利益。这在明末歙商程澧的从商经历中表现得比较典型，“东吴饶木棉，则用布；维扬居天下中，则用盐策；吾郡瘠薄，则用子钱。诸程聚族而从公，唯公决策，脱不给，公复为之通有无。行之四十年，诸程并起不赀，而公加故业数倍，甲长原”。[④] 真正做到了典业与布业、盐业交相为用。其他许多徽州商人也多是如此，如“(汪) 君讳福光，字世耀，西溪其别号也。……贾盐于江淮间，艘至千只，率子弟贸易往来，如履平地……及与人约剂，然诺不苟，张弛有方，识者谓得致富之道。里人争用其术，率能起家。数十年来，乡人称富者，遂有西门汪氏”。[⑤] 又如“黄处士讳谊，字宜之，东泉其号。……

① [明]汪道昆撰，胡益民、余国庆点校：《太函集》卷28《汪处士传》，黄山书社，2004年，第598页。

② [清]何志：康熙《嘉兴县志》卷9《事文中》，清康熙二十四年刻本。

③ [清]朱维熊，陆苿纂：康熙《平湖县志》卷4《风俗》，清抄本。

④ [明]汪道昆撰，胡益民、余国庆点校：《太函集》卷52《明故明威将军新安卫指挥佥事衡山程季公墓志铭》，黄山书社，2004年，第1101页。

⑤ [清]汪澍等：《休宁西门汪氏宗谱》卷6《益府典膳福光公暨配金孺人墓志铭》，清顺治十年刻本。

稍长贾于闽、鲁……遂转毂于温、于杭及汴、扬都会之区，盐与子钱并举，择人而任时，间出廉贾能度，息更倍人，厚积而速成，同侪莫之或及”。[①] 许多新安商人在拥有一定的商业资本后会兼营典业，由于资本雄厚，加之与其他行业互补，使得新安典商常处于独占鳌头的地位，在江南诸多市镇出现“质库，无土著人……乃令新安诸贾擅其利，坐得子钱”。[②]

他们经营典业的最大的原因是不想剩余财富被搁置，想将财富以最小风险进行再积累，“货币贮藏只有在高利贷中才是现实的，才会实现它的梦想”。[③] 新安商人进行典业经营，所定的利息率较其他商人更低。明代南京“当铺总有五百家。福建铺本少，取利三分四分。徽州铺本大，取利一分、二分、三分，均之有益贫民。因此，人情最不喜福建，亦无可奈何也”。[④] 典商分为“贪贾”和“廉贾”。“贪贾”即违背规定收取高额的利息率，以假乱真，又借新安江部分商人的群体效应进行抗衡，以维持暴利之法。当然，“廉贾”占主要地位。歙人汪通保在上海经营典业，“部署诸子弟，四面开户以居，客至则四面应之，户无留屦……与诸子弟约：居他县，毋操利权；出母钱，毋以苦杂良，毋短少；收子钱毋入奇，毋以日计取盈。于是，人人归市如流，旁郡县皆至。居有顷，乃大饶，里中富人无出处士右者”。[⑤] 休宁人孙从理“慎择掌计若干曹，分部而治，什一取赢，矜取予必以道。以质及门者踵相及，趋之也如流”。[⑥]

在明清的新安典商中“贾儒合一”者不在少数，儒商是儒和商的结合，经营商业放弃仕进之路与程朱故里之风相违背，为了应对这种思想转变，徽商终于找到了“贾儒相通”的折中之法。婺源人李大祈“惧堕其先世业，遂愤然曰：‘丈夫志四方，何者非吾所当为？即不能拾朱紫以显父母，创业立家亦足以垂裕后昆。’于是弃儒服，挟策从诸父昆弟为四方游，遍历天下大都会。……业骎骎百倍于前，埒素封矣。”[⑦] 汪道昆指出“贾为厚利，儒为名高。夫人毕事儒不效，则弛儒而张贾既侧身飨其利矣，

---

① [明]黄玄豹等：歙县《潭渡黄氏族谱》卷9《黄东泉处士行状》，清雍正九年校补刻本。

② [明]杨洵修，徐銮等：万历《扬州府志》卷20《风俗志》，明万历三十三年刻本。

③ 马克思：《资本论》第1卷，人民出版社，1972年，第154页。

④ [明]周晖：《金陵琐事剩录》卷3《御史奏查流移》，转引自谢国桢：《明代社会经济史料选编》中册，福建人民出版社，1980年，第200页。

⑤ [明]汪道昆撰，胡益民、余国庆点校：《太函集》卷28《汪处士传》，黄山书社，2004年，第598页。

⑥ [明]汪道昆撰，胡益民、余国庆点校：《太函集》卷51《南石孙处士墓志铭》，黄山书社，2004年，第1096页。

⑦ 婺源《三田李氏统宗谱·环田明处士松峰李公行状》，明万历四十二年刻本。

及为子孙计，宁弛贾而张儒。一弛一张，迭相为用，不万钟则千驷。”[①] 汪道昆这段话是在强调人要学会变通，适时地转变路线，只要初心不改，只是暂时从商，有了经济基础后可以用来助力自己的孩子或者宗族里的有才之士，也是达到梦想。前面提到的程澧，就是从事布业、盐业和典业得以致富，他就是在致富后对儒有了更深刻的认识，“时邑中诸豪多用纤起，虽富日夕若不谋，公无所用纤，独以计然策起富。举宗或以缓急来告，公无所辞，甚者捐百金不责其报，即不报焚其券罢之。程氏会食以时，其指万，祠事独阙，计其费万缗，公首倡捐千金，遍赞诸宗各以其力来助，举宗响应，不日祠成。……居常叹曰：‘澧故非薄为儒，亲在儒无及矣。籍能贾名而儒行，贾何负于儒。’里有违言，得公一言而解；即有不义，惮公若士师不欲闻。……万历丁丑九月二十二日了，以疾终。距生弘治辛酉二月十九日，享年七十有七。恭人许生子男三：长世采，历判平乐、景东二府事，所至有声，娶汪氏。次世杰，次世业，俱太学生。”[②] 程澧经商诚实守信，不弄虚作假，以儒商闻名，若遇族中有难，可倾囊相助，不求回报，也积极参与建设家乡的慈善事业。

---

① [明]汪道昆撰，胡益民、余国庆点校：《太函集》卷52《《海阳处士金仲翁配戴氏合葬墓志铭》，黄山书社，2004年，第1099页。

② [明]汪道昆撰，胡益民、余国庆点校：《太函集》卷52《明故明威将军新安卫指挥佥事衡山程季公墓志铭》，黄山书社，2004年，第1101页。

第六章　新安木商

虽说新安江流域的商人经营范围极其广泛，但是如近人陈去病在《五石脂》一书中所言，代表性的徽商经营大宗，不过盐、典、茶、木四种。在徽商的鼎盛阶段，出现了以盐业为龙头，茶、典木业相继成气候的行业格局。许承尧称，“徽多木商，贩自川广，集于江宁之上河，资本非巨万不可”。[①]

木商虽一直不如盐商鼎盛，但却是在新安商人中存在时间最久、资产最为雄厚的群体之一。尤其是在新安江水运条件的支持下，明清时期的新安木商不断兴盛，故而一直有“盐商木客、财大气粗”的民间谚语。尤其在1840年前，木商与盐商、典商一样，被称为“闭关时代三大商”，可以说是当时中国财力最为雄厚的商界巨擘。[②]而且较盐业、典当业，木业的经营发展也最为持久，直至20世纪中叶才衰落下去。在全国的木材贸易中，活跃着许多著名商帮，例如清水江流域的“三帮”，便是指安徽、江西和陕西帮。由此可见，以徽州木商为代表的新安木商经营范围之广与经营势力之大。

第一节　新安木商的经营概况

一、经营盛况

木材贸易在传统社会具有十分悠久的历史，无论是房屋建设还是日常用具，都离不开木材。但中国北方多为平原，可用木材不多，所以必须依仗南方的林木。但木材贸易不同于其他行业，木材虽然随处可见，但不便贸易。因为从木材所在的森林所需要的人工采伐运输、到批量运输、最后到市场供应，木材商人在其中起到了

---

① 许承尧撰，李明回、彭超等点校：《歙事闲谭》卷18《歙风俗礼教考》，黄山书社，2001年，第604页。

② 王振忠：《明清徽商与长江流域的木材贸易》，《地方文化研究》2021年第1期，第64页。

木板行发票

至关重要的作用。尤其很多木商必须远离家乡，到异乡进行木材采购运输，这些外地商人俗称“山客”或“木客”。常年在异乡为客，为了抱团聚力，旧时的木客们都有自己的帮会组织。例如，常州木业最早以徽州婺源帮木客帮大势盛，清嘉庆年间就在常州北门外建造了大兴会馆。由于木行老板和业务人员多为婺源籍或婺源人，所以进入木行也得学会婺源话。

除了会馆势力，新安木商依靠发达的新安江水系，且联通杭州，水运条件十分便利，所以新安江木商在长江中下游的贸易得到不断拓展。他们不仅在徽州本地采购木材，而且向外地采购，四川、湖南等地均有他们的身影。他们将这些采购的木材运往长江中下游进行销售，而作为长途贩运贸易，贩运的木材越多，所挣得的利润也就越高。尤其是新安江毗邻长江中下游的商业贸易发达地区，商业市镇大量兴起，而城镇的建设必然导致对木材的需求增加。

随着经营利润的增加，新安木商的资本实力得到不断提升，新安木商的资本雄厚在当时名列前茅。木材贸易由于贸易距离远、贸易周期长，对经营者的资本需要极大，尤其是很多时候需要进行“拼山”，即包下整个山头购买其中的木材，可以预想其中所需要的资本。骆秉章说“历来木商惟徽客赀本丰厚”，[①]衢州开化县的情况也可佐证：“民间唯栽杉木为生，三四十年一伐，谓之拼山。……然必仰给于徽人之拼本盈”。拼山需要大笔的资金，可以看出当地的木材经营需要仰仗木商的资金。而该县在《浙江通志》中记载“当杉利盛时，岁不下十万”。[②]新安木商的资本之雄厚，可见一斑。

明末，歙人许朴“西涉夜郎、牂牱、邛筰之境”，甚至在深山老林中迷失道路，“伛偻扳崖谷，行冰雪中”，为的就是寻求木材。他转运到芜湖的沙板，仅被人盗卖者已值银百两。[③]程之藩少时随其父入蜀经商，后来在建昌雅州宣慰司辅地伐木贩卖，

① [清]骆秉章：《骆文忠公奏稿》卷9，清光绪刻本左文襄公全集本，第356页。
② [清]嵇曾筠等监修：《浙江通志》，《景印文渊阁四库全书》第521册，上海古籍出版社，1987年，第669页。
③ [明]方信撰：《许氏世谱·朴翁传》，正德十二年编抄本。

役夫常达数百人。[①] 杭州也是一个重要的木材集散地。清朝乾隆时，徽州木商在候潮门外创立木业公所，借以维护徽州同行人的利益。他们在钱塘江畔用于停靠木筏堆放木材的场地达3600余亩。[②] 杭州的木材除来自徽州者外，还有不少来自浙西山区。衢州府的开化等县，民多种植杉木，杉木成材后，卖给徽商，由徽商募人采伐，运销于苏杭。徽州木商在北方各地也很活跃。

二、经营路线

新安地区盛产杉木，早在南宋时期新安商人就已从事木材贸易了。他们每于冬季入山伐木，待至梅雨季节河水涨泛的时候，便利用水力运载出山，或由青弋江运至芜湖，或由新安江运至严州（今浙江建德县东北），然后转销各地。[③]

新安木商的经营路线早期主要依赖新安江的水系，将浙江、南直，以及接邻的江西一带所产杉、松等木材采伐运销到江南等地。这条路线自南宋便有，木商们由徽州或衢州、处州，经严州，循新安江水系，经钱塘江，抵达杭州，转运江南各地。

明清时期，这种经营方式虽然继续进行，但由于苏浙地区经济的发展，新安所产的木材已远远不能满足日益增长的需求了。于是习于经营木材贸易的新安商人便远赴江西、湖广、四川开拓新的货源，扩大木材贩运活动，其中以徽州婺源人最为活跃。他们以南京的上新河作为经营贸易的中心，利用长江水运之便，把上游的木材运集于此，然后分销苏浙或北方各地。如湘西沅江上游所产的辰杉，材质优良，销路极广，在这里办货的商人中以新安商人资本最为雄厚。为了搜求良木，有些新安商人还溯沅江而上，深入到贵州的深山老林之中。在沅江流进洞庭湖的入口处，有个德山镇，是湘西木材外运的必经之地。镇上新安商人往来不绝，长年聚集在这里为新安商人运木的工人不下数千人。又如四川建昌卫（治所在今西昌）所产抬山，剖成木板，花纹极为可爱；又有千年古木，名曰双连，是木材中的精品。有许多新安木商便雇募人夫入山采伐，将木材投入河中，沿金沙江漂流而下，进入长江之后，始扎成木排，运往南京。[④]

康熙初年，赵吉士对此有详细的论述："徽处万山中，每年木商于冬时砍倒，候

---

① [清]戴褐夫：《戴南山先生全集》，民国十一年（1922）黄宝文书局刻本。

② 张海鹏、张海瀛：《中国十大商帮》，黄山书社，1993年，第460页。

③ 张海鹏、张海瀛：《中国十大商帮》，黄山书社，1993年，第459页。

④ 张海鹏、张海瀛：《中国十大商帮》，黄山书社，1993年，第459页。

至五六月梅水泛涨，出浙江者由严州，出江南者由绩溪，顺流而下，为力甚易。”[①]而且这条路线的作用巨大，正统八年（1443）户部侍郎焦宏说：“浙江及苏松沿海卫所修造备倭船，皆官军采木，经岁未完，诚误急用。臣闻永乐间徽、处等府商贩竹木，杭州府税课司抽分俟用，后止收钞，以故修船料物，皆官钱买用，不足，复征诸民。”[②]按照焦宏的说法，明初以来徽州、处州等地与江南地区的木植贩运一直兴盛不衰，官军所需防倭船只及相应设施的用木，如果抽分木植不敷使用，往往通过向民间征取以完事。天顺三年(1459)，严州府淳安县重修大成殿，急需巨木，“适徽歙商人贩木过县”，徽商有感于县令成礼的德政，“欣然乐助善材百株”，[③]官员也捐俸鸠工，工程告成。这一方向的木商运销，商人在浙江衢州府开化县拼木撑运到江南贩卖的线路，为人所习知。

20世纪初的启蒙读物《日平常》抄本中，也主要描述这一路线木商的贸易活动，详细记录了徽州木材沿新安江运销杭州的情况，个中有相当程式化的专业性描述，显然反映了徽商在木业经营方面的技术规范，以及悠久的经营传统：

为木商，最获利，水里求财岂容易，虽然造化赖五行，也要经营会算计。拼青山，须仔细，百千万数划估值，兑价开山择吉辰，议字拼批要先立。数目清，码细记，斫拖放须人力，水火二字早夜防，牌到江干才可喜。出山河，放大江，敲头虎尾木牌长，撑放昼夜多辛苦，劳苦工资须早偿。[④]

随着新安木商实力的增加，其经营的路线也逐渐超越新安江的水系限制，最具代表性的便是徽、严、衢三府，以及邻近徽州的宁国府和江西东北部的木材，由长江经芜湖、南京，抵达镇江，转入运河，分销运河南北各地。这一方向又分短途和长途两种：短途是徽州府黟县、祁门，池州府石埭，宁国府太平、泾县诸河的竹木，经簰湾，抵达芜湖，入长江。长途是徽州府祁门、婺源和浙江与江西交界地区的木材，由婺水、乐安江或昌江，漂至饶河扎排，通过鄱阳湖，出至江西湖口，进入长江，

① [清]赵吉士著，周晓光、刘道胜点校：《寄园寄所寄》卷11《泛叶寄》，黄山书社，2008年，第877页。
② 《明英宗实录》卷108“正统八年九月癸丑”，“中央研究院”历史语言研究所校印，1962年，第2182页。
③ [清]嵇曾筠修，陆奎勋纂：《(雍正)浙江通志》卷29《学校五附书院》，清光绪二十五年重刻本。
④ 戴元枝：《清至民国徽州杂字文献集刊》第3册，广西师范大学出版社，第225～226页。

顺江而下，分销各地。新安木商从事较大规模的拼木运销多走此长途。

总体来说，明代新安木商从事木材采运，就其活动范围而言，主要有两大地域，一是将浙江、南直及接邻的江西一带所产杉、松等木材采伐运销到江南等地；另一是将湖广、四川、贵州接壤地区的楠、杉等木材、板枋运销到长江中下游及华北的广袤地区。这两大地域范围的木植运销，基本上涵括了明代全国范围的木材运销。

三、皇木采办

木业的经营中，也有一部分与官府，甚至与皇室有着更加紧密的关系。明代，朝廷宫殿建筑用木数量与质量空前绝后，皇木采办成为“采造”类物品中最大、最重的财政负担。为了获取皇木经营特权，这些木商以金钱为基础，四处打点经营：

> 按两宫之役，贺公为政，事例既开，凡通状到日即给帖，银完次日即给咨事，无留宿。吏难勒措，赴之云集，得银百万两。公每事核实，裁去浮费，竟以七十万，竣役所省九十万有奇。工甫完，反以不职论去哉。然余览公之子仲轼所辑冬官纪事，如抑木商，清窑税，往往必行其意，不辞主怨，宜匿权贵之侧目也。夫有用世之才，而必欲使绌其才，以求容于世。国家亦何利焉。吁可叹！已徽州木商王天俊等十人，广挟金钱，依托势要，钻求札付，买木十六万根。[①]

上文所指贺公为贺盛瑞，为官清廉，精明能干，而且每次工程均能裁撤多余花费，但是工程结束却被评为不称职。文中所记载是万历年间，由于修建乾清、坤宁二宫改造所需木材量巨大，各地商人云集北京，希望能够获得这次的专营权。虽然贺盛瑞为官清廉，但是木商王天俊等却以金钱为依托，强行要求承办十六万根的皇木札付，以此希望规避关税五六万两，虽然最终并未实现，但是其贿赂权贵，谋求经营的过程，可见其经营规模之大。

为何木商如此渴望皇木采办？首先，皇木采办过程不但可以收取巨额费用，更可以免税；其次，皇木采办为由，可以很好减少日常采办木材的阻力，调用当地人力进行采办；最后，皇木采办量巨大，其中可以夹带私木，可以将自己的生意掺杂其中，享受皇木的同等优待。而且，通过皇木采办，能够极大拉近与官府的距离。

① [明]冯梦龙：《智囊补28卷·明智部经务卷8》，明积秀堂刻本。

可以说是一本万利的生意，故而引得无数人为之投身其中。新安商人凭借自身庞大的资金积累和长袖善舞的交际能力，在明代皇木采办中占据着重要地位。

第二节　新安木商的经营优势

安徽徽州府和浙江严州府，山多田少，尤其是徽州府休宁、祁门、婺源和严州府的淳安、遂昌等县，山地遍植杉木，南宋以来即已形成一种山林经济，徽州等地商人就在那里专门从事木材运销的经营活动，官府也依靠征收税费大开利源。如曾在歙县任官的名臣范成大记载："休宁山中宜杉，土人稀作田，多以种杉为业。杉又易生之物，故取之难穷。出山时价极贱，抵郡城已抽解不赀，比及严，则所征数十倍。严之官吏方曰：'吾州无利孔，微歙杉不为州矣。'观此言，则商旅之病何时而瘳。盖一木出山，或不直百钱，至浙江乃卖两千，皆重征与久客费使之。"[①] 常言道，徽州的地形是"八山一水一分田"，地处群山之中的徽州耕地奇缺，无农桑之利，但是却盛产杉木和茶叶。这便是范成大所言，休宁的山地最适宜种植杉木。而且杉木用途极为广泛，上至栋梁之材，下到器用之物，均可用杉为原料。宋孝宗乾道九年(1173)正月，范成大泊舟严州，又见"歙浦杉排毕集桥下，要而重征之，商旅大困，有濡滞数月不得过者"。[②] 徽州木植外销所产生的税收，成为下游浙江严州府最为重要的财政来源。徽州地方文献也载，休宁"山出美材，岁联为桴，下浙河，往者多取富。女子始生则为植杉，比嫁斩卖以供百用，女以其故，或预自蓄藏"。[③]

一、资本力量雄厚

随着徽、严、衢、处等地木材养植的更加兴盛和木材紧缺地区江南苏州、松江、常州、杭州、嘉兴和湖州一带木材耗用量的增加，两地之间木材特别是杉松之木的大规模运销成为明代中后期重要的商品流通形式，徽州木商就发挥了不可或缺的作用。徽商砍伐木材，徽州文书和地方文献将之称作"拚"。傅衣凌先生解释"拚本"，

---

① 范成大:《骖鸾录》,《景印文渊阁四库全书》第460册,台湾商务印书馆,1986年,第837页。
② 范成大:《骖鸾录》不分卷,台湾新文丰出版公司,1985年,第44页。
③ [宋]赵不悔修,罗愿纂:《(淳熙)新安志》卷1,清嘉庆十七年刻本。

说“徽人是以预付资本的方式，用‘拚本’以经营木业”。从徽州文书和地方文献所载当地木植栽种长养来看，新安木商未必要预付资本才能获得木植，经营山林者也未必需要商人先期投入资本方能栽种长养木植。因此，凡是收买山民养成的木植，无论先期投入资本还是出自山民自栽，均可称为“拚本”“拚木”。

新安木商之崛起，一方面得益于南宋以来木业经营所积累的经验和财富，以及明代中叶以后在盐业经营中积攒的富可敌国的资金，遂使新安商人有着极强的经济实力参与木业经营。以歙县为例，早在明代中后期，就有曹氏“族人多贾木，木贾巨商也，非千金以往不克胜”[①]的记载。关于歙县曹氏家族的山林经营，同书的另一篇《吴茂才传》载：“外父曹富翁，缗钱巨万金，尤饶山木，木子钱冠邑以南。”[②]而且，新安木商依靠更为紧密的会馆组织和家族联系，能够形成更为严密的商帮组织，使得其逐渐超越江西商人，从而执长江流域木业经营之牛耳。

而新安商人中的代表人物徽商，其资本来源则更为复杂。从徽州家谱中可以看出，有部分人出身世家大族，家产丰厚，其经商的资本直接来源于家族财产。如歙人黄绍，“家世饶于财”，[③]20岁时即携资前往淮泗齐鲁间经商。歙人汪次公“家拥素封”，[④]而且岳丈家也是当地首富，他就凭借家中丰厚的资产从事高利贷业务，很快成为富商。但是此类人员毕竟少数，大部分人的家庭并不足以直接拿出一大笔经商资金，只能通过其他方式筹措资本：

一是变卖妻子嫁妆从而获得资本。如休宁人汪应亨经商，资金不足，其妻金氏“装资故饶，悉佐翁贾，而身椎布操作”。[⑤]歙人江才常慨叹：欲种田而田少，欲经商而家薄，可谓进退两难。其妻郑氏“乃脱装奉驾部公，佐公贾”。[⑥]休宁商金敕之妻戴氏也是“脱装具资斧”，[⑦]支持丈夫经商。而明初歙商吴烈夫正是“挟妻妆服贾”，以致“累金巨万，拓产数顷”。[⑧]

---

① 方承训：《复初集》卷29《曹居士状》，《四库全书存目丛书》集部第188册，齐鲁书社，1997年，第159页。

② [明]方承训：《复初集》卷31，见《四库全书存目丛书》集部第188册，第188页。

③ [明]方信：歙县《竦塘黄氏宗谱》卷5《凤山黄公行状》，明嘉靖四十一年刻本。

④ 吴吉祜：《丰南志》卷6《艺文志下·一恭孺人状》，《中国地方志集成·乡镇志专辑》第17册，第382页。

⑤ [清]汪澍等：《休宁西门汪氏宗谱》卷6《处士寰公暨配金孺人行状》，清顺治十年刻本。

⑥ [明]汪道昆撰，胡益民、余国庆点校：《太函集》卷41《赠安人江母郑氏行状》，黄山书社，2004年，第886页。

⑦ [明]汪道昆撰，胡益民、余国庆点校：《太函集》卷52《《海阳处士金仲翁配戴氏合葬墓志铭》，黄山书社，2004年，第1099页。

⑧ 张海鹏、张海瀛：《中国十大商帮》，黄山书社，第448页。

二是依靠他人资助，尤其是亲戚朋友的资金。如歙县莘墟村某氏因家贫赴扬州投靠亲戚，“戚属各助以赀，置质库中”，[①] 取出当钱充作商本，一年以后，获利甚丰。后来改行业盐，终成一大盐商。歙人郑铎善贾而无资本，其嫂许氏将自己嫁妆首奁拿出变卖，援助郑铎经商，他“贾荆扬间，商业大振”。[②] 也有的是采取合伙出资的形式，共同经商，得利共分。如嘉靖年间的休宁商程锁在创之初，就联合本族志同道合者十人，每人出钱300为本，往商于吴兴、新市。后来十人都成富商。

三是变卖家产，极少数人为了筹集资本，甚至不惜变卖家产，筹积资本从事商业活动。如婺源的李魁经商无本，家中只有卧室一间，竟以10两银子的代价卖给同族之人。他就凭这点微薄资本前往南京经商，渐渐致富。

此外，有的人靠自己的辛勤劳动，省吃俭用，铁积寸累，攒成一笔资金后才走上经商道路的。歙人鲍志道是一个大富商，但其初却因家贫，11岁即弃家去鄱阳跟人学会计，20岁时到扬州给一家盐商当伙计。由于他精明能干，盐商家业大起。鲍志道所得的报酬也多了起来。后来，他就用积攒起来的酬金独自经商，逐渐成为扬州的著名盐商。

木商获利后，不单单用于奢侈的消费，也有部分商人将资金投入再生产。明朝嘉靖年间，婺源木商李迪在江西买得大量山材，使用“工佣”数十人在山中经营木材采伐业。他与山场主人议定：山上的木材全归买主，木材伐尽后，山场归还原主。[③]

二、自然条件优渥

新安多山，而山多出美材，因此木业较其他行业起步更早，宋时已有商人外出贩木。据方志记载，新安所产木之属有松、柏、桧、杉、梓、梧桐、油桐、檀、槐、樟、榆、槠、栎橡、杨柳、冬青等共计约40种，其中又尤以松、杉为多，且其作为木材的利用率最高。

史料中的记载更为丰富。如徽州府境，“大抵新安之木，松、杉为多，必栽植始成材，而婺源、祁门之人尤勤于栽植。凡栽杉以三十年为期乃可伐”。[④] 婺源产木，依次为“杉木、松木、枫、株”等树。徽人种植杉、桐等树，“凡江浙南畿之境，油漆器皿屋料木植皆资于徽，而休宁一县多产于西北乡，杉利尤大。大凡种以三十年

---

① [清]褚人获：《坚瓠集·秘集》卷5，清康熙十九年刻本。

② [清]佘华瑞：《岩镇志草》子集《艺文上》，《中国地方志集成·乡镇志专辑》第27册，江苏古籍出版社，1992年，第213页。

③ 张海鹏、张海瀛：《中国十大商帮》，黄山书社，第469页。

④ 弘治《徽州府志》卷2《土产》，《天一阁藏明代方志选刊》第21册，上海古籍书店影印，1981年，第45页。

为期，斫而贩之，谓之‘杉羔’，动以数十万计”“其贸易大率种杂树及杉木为屋料”“西北乡之民仰给于山，多植杉木……贸迁他郡”。[①]祁门县，“木多杉、松”，县人“行贾四方”。严州府淳安、遂昌二县，“山多耸挺，奇异岿然，环峙峻立，所产皆材木，杉、楠之类，大可为栋梁榱桷，小可为薪蒸器用，各有分业，采取岁供，斯民便利之出于山者无穷”。[②]衢州府，“杉、松列第一”。处州府，“大杉源山，跨丽水、云和之间，山上多出巨杉”。江西清江县，盛产松、杉、樟、槐等木。在浙、皖、赣三省的毗邻地区，种植杉松情形，大概如此。

至今保存下来的徽州文书中，有关栽种杉木的文书极为常见，试举其例。天顺五年(1461)，休宁县人谢彦良、谢彦成等立约，将共计二十几亩的五块山地分股栽种，合约议定：“无问栈平，遍山栽种杉苗近密。其山骨议作大叁分，震安、振民共得二分，彦良、彦成合得壹分，以准工食。自议之后，彦良、彦成自行前去，用心尽力劙作，栽坌杉苗，看倖、长养、截火，并不致荒废，即不私自入山，砍斫杉木入己。……其杉木日后成材，眼同入山砍斫，照依文约均分。”[③]

新安木商最为重要的依靠便是新安江，河流在木商经营的地位十分独特。

首先，河流提供了便利的交通运输条件。江南地区所需的木材主要源自安徽、江西大山的森林，木材运输大多采用水运。树木被伐后编成小排，顺流经新安江、赣江至吴城镇。后改编为大排，出鄱阳湖入长江，借滚滚江水的冲力东行，然后进入江南运河。大运河常州段是江南运河中连江通湖的河段，木排可从长江直接进入常州运河。德胜、藻港、孟河三条入江航道时常疏浚，道光十四年（1834）冬季枯水时节木排也能从长江经孟渎小河进入常州。光绪十三年(1887）一次历时七个月的大疏浚，使孟河“吞吐潮汐，绝无阻碍”。[④]

其次，河流起到了养护木材的重要作用。木材运输需要长期浸泡在水中。例如常州运河水源自长江，浑黄含沙，看似浑浊，但对木材起到养护作用，长期存放仍保持木色黄亮。而苏州、无锡等地的水系主要受太湖影响，运河水较清，木材浸久

① 弘治《休宁志》卷1《物产》《贡赋》《风俗形胜》，《北京图书馆古籍珍本丛刊》第29册，书目文献出版社，2000年，第476、472、468页。

② 姚鸣鸾：《重修山镇关防记》，嘉靖《淳安县志》卷2《山镇》，《天一阁藏明代方志选刊》第16册，第6页。

③《休宁县谢彦良卖山契》，安徽省博物馆：《明清徽州社会经济资料丛编》(第1集)，中国社会科学出版社，1988年，第325页。

④ 朱芸芸：《常州运河经济之木业研究》，《档案与建设》2020年第4期，第77页。

会生青苔，皮色褐黑，失去卖相。[①] 可以说，新安江为木商的发展提供了坚实的基础和保障。

三、市场需求庞大

新安江流域的木商经营主要是内产外销，主要目的是以木易粟，通过换取邻近地区的粮食以满足徽州本土的需要。但是明代之后，新安江木商的经营范围逐步扩大，更是进入了国内木材的大市场中，外购外销，其足迹遍及西南、东南木材的各个产区。[②] 尤其是将在四川、贵州、江西、湖南各地采购的木材通过长江运往江南，或通过运河进一步运送到扬州、泰州等地。

新安木商凭借着与长江中下游相邻的地理位置和发达的水文条件，早在南宋时期便开始了木材贸易。12 世纪的南宋时期，人工林之种植便早已开始。当时，因王朝定都临安（今杭州），一些木材便沿着新安江东下前往杭州。从当时起，就有徽州木商活跃于长江三角洲一带。及至 15 世纪后期的明代中叶，一方面，人工林的栽植在徽州更为普遍。而在另一方面，随着徽州商帮之崛起，更多的徽州人前往长江流域各地从事木业经营。根据此前“徽学”研究所形成的通识：当时，徽州本土及毗邻徽州的浙江西部之木材，通过新安江—富春江运往长江三角洲各地。江西的木材则由赣江汇入长江干流，顺流而下进入江南各地。而湖南、湖北、四川和贵州等地之木材，也自西向东源源不断地抵达长江下游三角洲。此外，徽州木商还在福建等地采伐木材，通过海运至浙江乍浦、上海，进入长江三角洲。[③]

东南城镇商品经济发展不断刺激新安木商的发展。东南众多市镇勃然兴起，当时苏、松、杭、嘉、湖五府是经济发达的地区，因而新兴镇市最多，发展最快。如苏州府吴江县的盛泽镇，明初只是一个仅有五六十户人家的村邑，到成化间，“居民附集，商贾渐通，后遂成镇”，竟成“百货并集，无异城市”的“巨镇”。湖州府的乌青镇，成化、弘治间由于连年丰收，获得迅速发展，“负贩之广，耕桑之勤，又日盛一日”。菱湖镇这时也是“第宅云连，蔚为冠盖”，它与南浔以及嘉兴府的石门，都是产丝的著名市镇。东南城镇商品经济的发展，一方面为木商提供了广阔的市场，作为传统社会的建筑材料，随着市镇的发展，木材的需求也急剧提升。另一

① 朱芸芸：《常州运河经济之木业研究》，《档案与建设》2020年第4期，第77页。
② 李琳琦：《徽商与明清时期的木材贸易》，《清史研究》1996年第2期，第2页。
③ 王振忠：《明清徽商与长江流域的木材贸易》，《地方文化研究》2021年第1期，第60页。

方面，东南城镇商品经济发展，建立了完善的市场网络，为商人的贸易活动提供了广阔的平台。

第三节 新安木商的衰落

一、政治打击频繁

新安木商的衰落并不是单独现象，而是传统商人衰落的一个方面而已。清代后期，新安商人开始全面衰落，这一衰落从盐商最先开始。道光十二年（1832），随着清廷“改纲为票”的盐法改革，兴盛二百余年的盐商遭受到致命打击，失去了赖以为生的专利优势，辉煌不再。而更为致命的打击随之而来。浩荡的太平天国运动，席卷了半个中国，尤其是徽州等皖南地区成为曾国藩与太平军拉锯的战场。先是团练的输捐搜刮，后是曾国藩督师祁门又纵兵大掠，使全郡窖藏一空，加之太平军与清军攻防争夺，激战不断，残酷地焚、烧、杀、掳，尸首遍野，庐舍为墟，十村九毁，徽州惨遭自古以来罕见的灾难，使得徽商在人力、财力、物力上受到严重的摧残。① 延绵的战争也导致原本的商路被阻断，十分依赖交通的木商受到了沉重的打击。咸丰四年（1854）为了镇压太平天国运动而征收的“厘金”成为常税，使得长途贩运的成本陡增。

二、外部竞争不力

近代中国，外国资本也伴随鸦片战争侵入中国，新安商人所涉及的传统行业大多受到打击。盐商因为制度打击而衰落后，典当业也因为左宗棠的垄断及外国银行业的侵入开始中落，只剩木商与茶商苦苦支撑，但是也处于连年的亏损状态。其他新安江地区赖以为生的手工业品不断受到西方舶来品的冲击，例如徽墨就受到了西方钢笔、墨水的冲击。除了外国资本外，新安木商对内竞争也没有优势，没有积极改进生产经营方式，与新兴的闽、粤、江、浙商帮的竞争中，逐渐为其压倒。

① 王夕、许将将：《亦儒亦商的徽州商人》，《中国特产报》2012-09-12第D03版，第3页。

三、资本投入不足

新安木商衰落的核心因素还是对行业的再生产投入不足。以新安木商主要聚集地上河镇为例，“集于江宁之上河，资本非巨万不可，因有移家上河者，服食华侈，仿佛淮扬，居然巨室”。[①]一方面表明这些木商资本雄厚，达巨万之多，另一方面他们又过着奢华的生活，而且讲门第，讲排场，其奢靡之风甚至超过了扬州的盐商。这种大量投入奢侈生活的做法，必然影响扩大再生产的投入。每年四月初，他们都要举行一次天都会，会上各以制作精巧的徽州灯争奇斗胜。届时，满城官绅百姓无不争往观赏，车水马龙，填街塞巷，热闹非凡。

婺源亦政堂木商

未能跳出传统社会的局限，将大量的资金耗费在奢侈消费中，极大削弱了对再生产的投入。新安木商就整体而言，仍旧是一个封建商帮。加之，木商的经营周期极为漫长，更容易受到风险打击。例如，前文提及的李迪，虽然已经有了较大规模的木业经营，但是当他兴工开凿运木河道时，突然得了重病，不得不返乡。其产业工佣随之四散而去，苦心经营的木材场地也荡然无存。

总而言之，作为传统社会徽州商人的四大行业，木商也和盐、典、茶业一样，与封建社会一起不可避免地走向衰落。但与其他行业不同的是，木商落来得更为缓慢。在田野调查中，很多老人回忆，木商经营一直到 1949 年时还存在。由于木材在相当长的时间内仍是建造房屋、制作车船和生产资料的重要原料，在人们的生产和生活中占据重要位置，在封建社会的后期，支撑了新安江木业商人的经营残局。然而在自身资本投入不足、经营模式落后、加之外部的激烈竞争，新安木商最终还是走向了衰落。

① 许承尧:《歙事闲谭》卷18《歙风俗礼教考》，黄山书社，2001年，第602页。

第七章　新安杂商

新安江流域商人从事的商业，许承尧说得比较清晰，“歙之巨商，业盐而外惟茶……又徽多木商……然皆婺人。近惟歙北乡村，偶有托业者，不若婺之盛也。典商大都休人，歙则杂商五，盐商三，典仅二焉。治典者，亦惟休称能，凡典肆无不有休人者，以业专易精也”。[①]这段风俗的描述，不仅突出了徽州商人的主要经营行业，也说明其有大致的地域分工，同时还说明从事“杂商”的比例还比较高。虽然许承尧没有解释何为“杂商”，但从其语境来看，似概指盐、茶、木、典四大商之外的商业行为。

第一节　新安粮商

新安江流域早期兴起的商人，就有从事粮食贸易的商人。由于新安江流域特殊的地理环境，“缘地势陡绝，厥土骍刚而不化。水高湍急，潴蓄易枯。十日不雨，则仰天而呼。一雨骤涨，而粪壤之苗又荡然矣。大山之所落，力垦为田，层累而上，十余级不盈一亩，刀耕火种，望收成于万一”。[②]这样恶劣的生产条件导致粮食产量极其低下。随着唐宋时期，大量中原移民进入新安江流域后，人口增加与粮食产量不足的矛盾日益突出，粮食“仰给于四方”成为长期的刚性需求，从事粮食贸易的粮商自然成为新安江流域的早期商人。

一、新安江上运粮忙

新安江上游自古以来就需外来粮食的不断输入，从唐元和三年（808）年时任宣、

① 许承尧撰，李明回、彭超等点校：《歙事闲谭》卷18《歙风俗礼教考》，黄山书社，2001年，第604页。

② 许承尧撰，李明回、彭超等点校：《歙事闲谭》卷18《歙风俗礼教考》，黄山书社，2001年，第604页。

歙观察使卢坦的言论中知，“宣、歙土狭谷少，所仰四方之来者。若价贱，则商船不复来，民益困矣”。[①] 当时处在新安江上游的徽州因旱灾粮价上涨，作为主政的卢坦在面对平抑粮价的建议时，反其道而行之，用粮价上涨来吸引粮商，最终得以解决粮食短缺的问题。这件事表明，在唐代时徽州地区已经依赖粮商来解决缺粮问题了。而这种情况随着人口的增加，表现得更为突出，据《徽州府志》载，崇祯朝，“一日米船不至，民有饥色；三日不至有饿殍；五日不至，有昼夺。”[②] 由此可见，新安江上游地区对周边粮食的依赖程度十分高。

新安江上游徽州的粮食主要来源于相邻的江浙及江西。《徽州府志》载有两条主要途径，“徽州介万山之中，地狭人稠，耕获三不赡一，即丰年亦仰食江楚，十居六七，勿论岁饥也。天下之民寄命于农，徽民寄命于商，而商之通于徽者，取道有二，一从饶州鄱浮，一从浙省杭严，皆壤地相邻，溪流一线，小舟如叶，鱼贯尾衔，昼夜不息”。[③] 反映了徽州从周边地区运粮的繁忙情形。这与顾炎武的记述相近，“转他郡粟给老幼，自桐江、自饶河、自宣池者，舰相接，肩相摩也”。[④] 此段也写出当时人们利用青弋江、水阳江运输宣城、池州粮食的线路。特别是进入清代后，芜湖作为重要的米市，可以通过青弋江将粮食源源不断地运到徽州。总之，从江浙而来的粮食自然是从新安江上逆流而上；而从饶州进入祁门、婺源的粮食，从青弋江、水阳江进入绩溪的粮食，都会通过水陆接运由新安江进入其他各县区。

二、往返吴楚的粮商

新安粮商起步于新安江上的粮食贸易，但其却不止步于新安江，而是沿着新安江走向更为广阔的江浙市场，乃至全国大市场。

新安粮商进军江浙市场是与粮食主产区的变化密切相关的。随着唐代以后，经济重心的南移，至宋代时出现了“苏湖熟，天下足”的局面，当时的粮食主产区集中在太湖流域的苏州、湖州等江浙地区。毫无疑问，这一时期江浙地区是粮食贸易中的主要供给区。但伴随着江浙经济的发展，城镇化不断提升，人口大规

① [宋]罗愿：淳熙《新安志》卷9《叙牧守》，《景印文渊阁四库全书》第485册，上海古籍出版社，1987年，第497页。

② [清]丁廷楗、卢询修，赵吉士等纂：康熙《徽州府志》卷8《蠲赈·汪伟等奏疏》，《中国方志丛书华中地方》第237号，1975年，第1218页。

③ [清]丁廷楗、卢询修，赵吉士等纂：康熙《徽州府志》卷8《蠲赈·汪伟等奏疏》，《中国方志丛书华中地方》第237号，1975年，第1218页。

④ [明]顾炎武：《天下郡国利病书》第九册《凤宁徽·后论》，上海古籍出版社，2012年，第418页。

模地增长，进入明清时期江浙地区也成为粮食的输入区了。而此时，江西、湖南的鄱阳湖、洞庭湖成为粮食的主产区，出现“湖广熟，天下足”的新局面，湖广地区一跃成为粮食的输出地。已久谙粮食贸易之道的新安粮商迅速参与到这种区域间的粮食贩运之中。

关于新安粮商资本虽不及盐商、茶商，但其规模也不容小觑。据《坚瓠集》记载了一则故事，“万历己丑，新安商人自楚贩米至吴，值岁大旱，斗米百五十钱，计利已四倍，而意犹未惬。请道士降乩问米价，南极上帝附乩判云：‘丰年积谷为凶年，一升米粜十升钱。天心若与人心合，头上苍苍不是天。’又判‘着火部施行’。道士未出门，庚火发，商人之米无遗粒，连栋百余仓分毫不毁”。[①] 这里的新安粮商虽然是作为不良商人形象出现的，但却也反映了在万历时期，新安商人是作为一个群体出现的，而且他们具有在一定程度上控制粮价的能力，这表明其当有一定的规模。

新安粮商还有一个特征就是常与其他商业行为共同经营，特别是新安大盐商多同时兼营粮食。在康熙四十七年（1708）的朱批中，已出现对盐商经营湖广大米的讨论，时管理江宁织造通政使司通政使臣曹寅、管理苏州织造大理寺卿兼巡视两淮盐课监察御史李煦奏请，据运道李斯佺称：两淮商人江楚吉、秦晋兴等“情愿于江西、湖广二处出米之处，卖盐买米，即照彼处价值载回平粜”。但曹寅、李煦认为“多买则江西、湖广之米必贵，此必生事端。许其卖盐银内，每十两用一两买米载归，则江广无米贵之病，而江南缓急接济不为无益”。[②] 其中所提到的江楚吉为徽州盐商，秦晋兴为山西盐商。由此可见，盐商也同时是粮商。

第二节　新安布商

明嘉靖年间，吴良梓“往来吴越齐鲁燕赵之都，出入布帛盐策之场”。[③] 明末，新安商人吴良儒称“吾乡贾者，首鱼盐，次布帛，贩缯则中贾耳，恶用远游，乃去

① 褚人获：《坚瓠集》5集卷1《火焚米商》，《续修四库全书》第1261册，第22页。
② 《康熙朝汉文硃批奏摺汇编》第2册，第58页。
③ 《丰南志》卷9《附自序》，《乡镇志》第17册，第508页。

之吴淞江，以泉布起”，[①]可见，从明代开始，新安商人也大量从事布帛贸易。布商的兴起，与江南棉纺织业在明代中后期繁盛密切相关，当时谚语“买不尽松江布，收不尽魏塘纱”正是这一情况的真实写照。棉布虽产在江南，但其市场却是全国各地，就需要有大量的商人将其贩运出去，布商也就应运而生。同样，沿新安江到达长三角地区的徽商自然成为布商的中坚力量。

如宝山县大场镇，“商业首推布匹”，由此吸引了大批布商来此，“山陕布客、徽商等来此坐贾。市面极为繁盛，收买花布，非至夜深不散”。[②]在魏塘镇，“负重资牟厚利者，率多徽商”，[③]大大小小的新安布商就这样穿梭在江南地区，成为当地棉布走出去的重要经销商。

华亭陈继儒对松江棉布的外销十分熟悉，他说“北走齐鲁之郊，仰给京师，达于九边，以清源为绾毂；出长江口，经楚蜀而散于闽粤秦晋滇黔诸郡国，以芜关为绾毂，是皆孔道要津，布商麇集，舟车负载，尽夜驰骛而不息，此天下之大命脉也”。[④]以松江为核心区的江南棉布就是沿着长江、运河销往大江南北的，而这其中最主要的商人便是来自新安江流域的徽商。当时运河上的重镇淮安，“布帛盐诸利薮则皆晋徽侨寓者负之而趋矣”，[⑤]就是说繁忙的淮安街上都是来自山西和徽州的布商、盐商。由此可见，徽州布商在明清江南棉布交易中的重要地位。陈继儒所说的清源、芜关，指的是山东临清和安徽芜湖，此两地同样是徽商的集聚地，谢肇淛曾指出，“州县有土著人少，而客居多者……山东临清十九皆徽商占籍”。[⑥]从徽商子弟占籍达90%，可见徽商在临清的规模，布商当是其中重要部分。如明中期歙商郑富伟与其兄长，“东游吴淞，北寓临清，逾四十年，累赀甚巨”。[⑦]其即是在临清的大徽商。

当然，许多新安商人都是沿着新安江开设布点，如歙县汪晋吉在苏州开了协和、祥丰泰、同利和三个布店和一个大记布庄，同时还在歙县县城内开了“玉达”“宝

① 汪道昆：《太函集》卷54《明处士谿阳吴长公墓志铭》，《续修四库全书》第1347册，第414页。

② 张允高等修，钱澄等纂：《宝山县续志》卷1《市镇》，民国十年铅印本。

③ 嘉庆《嘉善县志》卷6，嘉庆五年（1800）刻本。

④ [明]陈继儒：《陈湄公先生全集》卷59《布税议》，转引自范金民：《江南社会经济研究· 明清卷》，中国农业出版社，2006年，第989页。

⑤ [清]陈梦雷辑，蒋廷锡校勘：《钦定古今图书集成方舆汇编职方典》卷748《淮安府部汇考八·淮安府风俗考》，清雍正四年内府铜活字印本。

⑥ [明]谢肇淛：《五杂组》卷14《事部二》，《续修四库全书》第1130册，第632页。

⑦ 歙县《郑氏族谱·明故耆士郑君偕汪氏圹志》，转引自张海鹏、王廷元：《明清徽商资料选编》，黄山书社，第84页。

康”“振兴”三个布庄，可见其布店生意规模可观。另一位歙县叶氏家族则是祖孙数辈经营布店，先是叶坚福在江阴开布店，其侄叶峙亭继续经营江阴叶森泰布店，并进一步发扬光大，在无锡、苏州、杭州、金华、兰溪、屯溪、歙县都开有分店，仅在杭州就有“福昶号”“裕大号”“裕怡号”等布店。

第三节　新安酱商

新安商人从事的行业多样，开设酱园就是其中一项。新安江上游物产丰富，有适合开设酱坊的萝卜、大豆、黄瓜等原材料。加之，新安盐商规模大，可以将两淮的食盐通过新安江水路，直接从杭州等地运回到徽州。比如，绩溪章氏家族在道光朝之前是由章道源、章道基兄弟二人经营盐务，后其家族子侄辈利用官盐的便利，在绩溪开设“章鼎兴”盐库。因为道光时期盐法改革，章道源之子章必淳便在绩溪城内开设“章鼎泰酱园坊”，以经营上乘酱制品而闻名。此后，在150年的时间内，章鼎泰的酱园在绩溪规模一直很大。章必淳不仅在绩溪创办了酱园，还先后在周边的旌德创办了章永昌酱园，在宁国创办了章鼎鑫酱园。

在歙县，唐益隆酱园也名气不小。据“思源”碑记载，“先大王父广铎公于同治丁卯六年（1867）创设唐益隆酱园酒坊，迄今七十七载，经营擘画，煞费苦心，规模所贻，犹存手泽。迨先孝献沂公复能继志述事，营业益进。兹廷杰等饮水思源，每念先人创业守成之绩，寝馈难忘，特立此碑，用资敬惕，并示后人。中华民国岁次癸未（1943）中元节，曾孙廷杰、廷佐仝敬立。”从唐广铎创立唐益隆酱园，经过数代人的经营，成为歙县第一酱园。

官酱园

在新安江流域之外，新安商人的酱园同样有较大影响，其中影响最大的莫过于苏州的潘氏酱园。新安商人经营行业中素有“吴茶周漆潘酱园”之说，其中在苏州经营酱菜业的就是歙县大阜人潘氏家族。当时有“苏州两个潘，占城一大半”，就是指潘岁可开有潘万成等9家酱园，潘世恩开设有潘所宜、瑞泰信等12家酱园，两者资本雄厚，成为苏州有影响力的商人。除此之外，在北方临清的济美酱园也是其中之一。济美酱园是汪永椿在乾隆五十七年（1792）创办的，初名远香斋。至其儿子汪昌熙时，由于信誉好，规模不断扩大，后更名为济美酱园，主要生产和经营各类酱菜、酱油，成为一家经营200多年不衰的老字号。在道光年间，其小菜、豆腐乳被清廷列为御用贡品，誉为“贡品小菜”“进京腐乳”。说明新安商人的酱菜业同样负有盛名。

第四节　新安漆商

“吴茶周漆潘酱园”，其中的“周漆”指的是歙县周邦头周氏所经营的漆业。早在康熙年间，歙县昌溪周嘉誉在宁波创立漆店，他字永畿，所以就命店名为“周氏永畿漆号”。据《周氏正宗谱》记载，“谖公，讳嘉誉，字永畿，明遗老二衡公之子，今友君七祖也。幼聪敏好学，能文，性质直慷慨，有远志，藉其祖荫业儒。后弃儒就商，精计然术，远游各省，过浙东之宁波，见富庶甲他埠，逆知将来商务必发达，遂驻焉，创设永畿茶漆字号于东门大街。运徽严之漆，往来浙皖间，道途奔驰，不辞劳瘁，贸易诚信无欺，货求其精制，务其良。以是营业日盛以固，非独宁人知徽漆之美，即西人亦莫不以宁漆为佳也。公之深谋远虑，能使徽制之漆驰名海外，购办恐后，其绩伟矣！而永畿老店子孙绳绳勿替，至今二百余年，巍然存在，岂非公之懿德余荫欤”。[①] 通常认为周永畿是周邦头“周漆”的创始人，此后他的子孙周茂祉、周毅臣等连续百余年经营油漆行业。到周友仲时“周漆”进一步发扬光大，在利用徽州当地漆源之外，他在湖北老河口开设“利生裕漆庄”，将湖北的漆源源不断地运回宁波加工，再批发到全国各地。随着规模的扩大，他又在杭州、绍兴、临海、宁波等地新设恒升诚、永泉汇、同茂隆、新泰泉、泰丰、长吉等6家漆店。“周

① 周友仲等:《周邦头周氏族谱正宗·周弼忠序》,民国十九年刊本。

漆”不仅在沿海城市销售，还销往英、美、法等国，扩展了其海外市场。

不只“周漆”有盛名，其他新安人也有成功经营漆业的。比如，绵潭人汪佛金，年轻时他在新安江上从事撑船、拉纤业务，见到经营生漆的利润高，于是光绪年间也在上海租房开设了“汪天源油漆店”。经过几代人的发展，民国时期天源油漆在上海取得了成功。

以上所举，为新安商人所从事的较为大宗，且知名度较高的行业。实际上，新安商人还经营着种类繁多的行业，诚如《休宁县志》所言，“(休邑）百工之巧，虽少逊于歙，比之他郡邑实守之。如镂金叠彩自屏帷亟治滥及纤微，无胫而走四方，其直亦不赀。然犹不足以救其困者，土著之息微耳。惟是游手之民，藉以自给，亦安所事禁也”。[1] 不仅休宁，包括歙县、绩溪、婺源、祁门、黟县及新安江下游的淳安、建德，都有大量的小商小贩经营着百货百业，他们共同构成了新安商人的大军。

① [明]李乔岱：万历《休宁县志·舆地志·风俗》，明万历三十五年刻本。

第八章　新安江流域的市镇

新安江是钱塘江干流之前端，为江南地区连接安徽与浙江的重要水道。它发源于安徽省与江西省交界的怀玉山脉率山主峰六股尖的东坡，因流经旧新安郡境得名。新安郡创始于西晋太康元年（280），辖境涵盖今浙江淳安、安徽歙县、休宁、黟县、祁门等县，以及黄山市区的一部分和江西婺源县地。新安江大多穿行于低山丘陵之间，自然风光艳丽，历来就有“新安大好山水”之称，随着江南地区的开发，在唐宋时期新安江也逐渐演变成为沟通上下游的重要经济水道，并因此形成了诸多市镇。入明之后，新安江上的市镇群体继续发展，直接影响到了区域经济和政治中心的变化，成为明代以来驱动流域发展的重要动力来源。

第一节　唐宋时期新安江上的市镇

新安江流域的开发起始于三国，至唐宋时期，区域内商业获得较大发展，市镇随之兴起。就行政区划而言，在唐代时，新安江沟通歙、睦、杭三州，是宣歙至浙西的水运干道。此时的新安江已因滩多、流急而被时人所知，沿途有“四十七濑，浚流惊急，奔波聒天”。唐人孟云卿《新安江上寄处士》云：“深潭与浅滩，万转出新安。”刘长卿《送郑说之歙州谒薛侍郎》亦云：“船经危石住，路入乱山行。”如此自然地貌自然限制了航道的通行。因此，唐代新安江上游歙州官员常常有治河行动。如唐中期，歙州刺史吕季重为确保舟船安全，在歙县东南 12 里处治滩，“以俸募工凿之，遂成安流”，遂被后人称之为“吕公滩”。[①] 在航道整治的同时，唐朝官

① [宋]欧阳修、宋祁撰：《新唐书》卷41《地理志五》“歙州”条，中华书局，1975年，第1067页。

府还在沿江一线设有驿站，如在支流扬之水上就设有临溪馆[①]，以方便行人商旅的往来，这些驿站可以被视为新安江上市镇的萌芽。

入宋之后，特别是随着南宋定都临安，新安江水道的重要性大为上升，官府对于该水系的治理达到一个高峰，其中最具代表性的治理设施就是渔梁坝。渔梁坝初建于唐代，自南宋高宗绍兴年间始，该坝经历了一个屡废屡兴的发展过程。南宋嘉定辛巳年（1221），“郡守宋济，即旧处聚石立栅”。[②]不过此种木石合成的坝体在河水冲刷之下，难以维持。嘉定十七年（1224）秋，时知徽州的袁甫认为石制材料更容易长期保存，必须将坝体变成全石制方才可靠，“慨念利兴而害不除非便，必大锢石为不朽计乃可”。于是，“始议易以大石，未及兴役，以忧去，留钱万五千络，以候继者成其事”。[③]不过随即，袁甫以丁父忧去职，该设想未能实现。直到绍定二年（1229），袁甫提举江东路，委任本州推官赵希愬兴修石梁，历经两年至绍定四年九月方才修成，石梁左右蓬卷，水自斗门东泻，水势不为激烈，整个石梁阔 3 丈，高半之，整个石梁的坡度大约为 26°。[④]

伴随航道疏浚而来的是新安江沿岸市镇的发展，据学者统计，两宋时期，徽州地域范围内共有婺源县清化镇，歙县岩寺镇、新馆镇、街口镇，黟县西武镇、厢口镇、通泰镇，其中岩寺、新馆、街口、西武、厢口、通泰六镇皆位于新安江支流之上。[⑤]下游的市镇则相对发展较慢，据《宋会要辑稿》载，北宋时期睦州商税“旧额”与酒税“旧额”城镇相同，都只有州城、桐庐、遂安、寿昌、分水、青溪县六个，至熙宁、元丰年间未有变动。这些都是城镇皆是当时睦州境内的县城，由此可判断此时仍未有商业市镇的发展。[⑥]南宋时期，严州府区域内市镇情况依旧不明，淳熙《严州图经》中未有相关情况的直接记录，不过此时境内新安江上已有津渡四处，分别在县南、县西 9 里、县西 30 里、县东 51 里，这些渡口一般伴有商业经营，可以被

---

① [宋]乐史撰，王文楚等点校：《太平寰宇记》卷104《江南西道二·歙州·绩溪》，中华书局，2007年，第2062页。

② 马步蟾修，夏銮纂：道光《徽州府志》卷4《营建志·水利》，《中国地方志集成·安徽府县志辑》48册，江苏古籍出版社，1998年，第302页。

③ 马步蟾修，夏銮纂：道光《徽州府志》卷4《营建志·水利》，《中国地方志集成·安徽府县志辑》48册，江苏古籍出版社，1998年，第342页。

④ [明]彭泽、汪舜民编修：弘治《徽州府志》卷12《词翰二·记·新安建石梁记》，《天一阁藏明代方志选刊》，上海古籍书店，1982年，第14a页。

⑤ [日]斯波义信：《宋代徽州商业的发展》，刘淼：《徽州社会经济史研究译文集》，黄山书社，1987年，第232页。

⑥ [清]徐松辑：《宋会要辑稿·食货十九·酒曲杂录》，上海古籍出版社，2014年，第5129页。

视为市镇的缩略版。[①] 此外，南宋范成大观察到当时严州浮桥一带设有抽税的关卡，极为严厉，他看到徽州的杉排汇集于桥下，因课税繁重，商旅大困，有的人在那里逗留了几个月都没有办法通过。[②] 此种光景可以推断，此税卡处当有相应的商业设施，亦可从侧面说明该处已现市镇萌芽。

第二节　元代以来新安江上的市镇

尽管元代政治中心已转向北方，但王朝的经济重心仍在江南一片，随着商品经济的发展，新安江水道的重要性不降反增，区域内市镇仍有一定程度的发展。新安江上游在元初社会经济恢复正常之后，市镇经济出现了繁荣局面，如休宁藤溪里南的五城镇位于新安江边，陆路又当南五岭孔道、为驿道所经，逐渐发展为集中的商业聚落，这里汇集了为行商客旅提供服务的各种服务性商肆。[③] 歙县县城以南15里处的浦口"为新安江与率水交汇之地"，也是竹商、木商过往桴筏聚集、贸易的场所，至元十五年(1278) 九月"徽州路于此置场"征收过往商人的竹木税。由此可见，浦口亦成为新安江上游新出现的另一个市镇。[④] 这种发展在明清时期更为凸显，并且实现了上下游联动式的变化，一直持续到民国时期，并且最终影响到了区域内的政治中心的变迁。

入明之后，长江三角洲一直是中国经济最具活力的地区之一，各地工商业从业者纷至沓来，由于新安江是连接皖南山乡与长江三角洲的重要通道，自新安江直下经浙西的严州府，便可到达杭州府，进入商贾麇聚的长江三角洲，该水道成为新安人外出务工、徽州物产外销的重要通道，市镇随之愈发昌盛。不过，此时新安江航道依旧有危险，"三百六十滩，一滩高一丈，高高不可及，新安在天上"，且航行颇为困难，"一篙一上努力艰，得寸进寸尺且尺"。[⑤] 为解决该问题，在有限的技术条件下，

---

① [宋]陈公亮：《严州图经》卷3，宋淳熙十一年刻本。

② 王振忠：《新安江》，江苏教育出版社，2010年，第12～13页。

③ [元]陈栎：《陈定宇先生文集》卷15《云萍小录》，元人文集珍本丛刊影清康熙陈嘉基刻本。

④ [明]彭泽、汪舜民：弘治《徽州府志》卷3《食货二·财赋》，《天一阁藏明代方志选刊》第21册，上海古籍书店，1982年，第64b页。

⑤ 王振忠：《新安江》，江苏教育出版社，2010年，第24页。

明清时期新安江沿岸的官府依旧做出了一些努力。仍以渔梁坝为例，明弘治初年，在徽州知府张正的主持下，参考南宋时期修复方法，官府出资在渔梁坝旧址上对该水利设施进行了修复，经过四个月的努力，“数百年来前人已堕未复之业，还于旧规”。[①]不久，该坝又被洪水冲毁，知府彭泽于弘治十四年（1501）命通判陈理督工重修，并且对原有设计有所改变。至此，后人认为“厥功与袁均焉，而梁一兴”。[②]这次修建，工程主体维持了相当长的时间，之后只是在万历与崇祯朝有所修补。[③]入清之后，渔梁坝的兴修工作逐渐转变为官方主持，民间实施的方式进行。康熙二十六年(1687)，在知府朱廷梅的应允下，徽州士商集资两万余两白银，历时六年，将该水利工程重修完成。[④]乾隆三十七年(1772)，渔梁坝再次重修，花费白银17000余两。[⑤]光绪二十八年（1902）到三十一年，渔梁坝又再次重修，耗费银元18400余两。这两次修建的经费均来源于个人捐输。[⑥]渔梁坝的兴修与维护，对新安江航运帮助巨大，徽州有雨季旱季之分，降雨量差别巨大。无论是旱季时练江的径流量较小，还是雨季时江水过于汹涌，都会造成对舟船航行的不便。通过渔梁坝的拦截蓄水，旱季而言，坝上水满而波平，坝下源源而不断；在雨季之时，则一坝当关，借以缓冲水流，不至于水势浩荡，一倾而下。渔梁坝在水旱两季中，起到了一个调节水流，削峰填谷的作用。对此，前人已说得十分明白，“渔梁，横截练江，距龙井山趾，叠石成坝，以潴迅流；缘东下为铁索、汪工、车轮诸港，急湍潆洄，最为陡险；梁截上流以缓之，则挽舟易上而挽运不劳，且上流扬之、布射、富资、丰乐诸源，滩高易竭，统束于梁，则浦溆常盈，不虞浅涸，而转运赖之”。[⑦]

---

① [明]彭泽、汪舜民：弘治《徽州府志》卷12《词翰二·徽州府重建渔梁坝记》，《天一阁藏明代方志选刊》，上海古籍书店，1982年，第34a页。

② 张佩芳修，刘大櫆纂：乾隆《歙县志》卷17《艺文志·记·重修渔梁坝记》，《中国方志丛书·华中地方·第232号》，台湾成文出版社有限公司，1975年，第1550页。

③ [清]马步蟾纂修：道光《徽州府志》卷4《营建志·水利》，《中国地方志集成》本，江苏古籍出版社，1998年，第342页。

④ [清]吴苑：《重修渔梁坝记》，乾隆《歙县志》卷17《艺文志·记·重修渔梁坝记》，《中国方志丛书》影印乾隆三十六年刊本，成文出版社有限公司，1970年，第1550～1552页。

⑤ 石国柱修，许承尧等纂：民国《歙县志》卷2《营建志·水利》，《中国地方志集成·安徽府县志辑51》，江苏古籍出版社，1998年，第68页。

⑥ 石国柱修，许承尧等纂：民国《歙县志》卷2《营建志·水利》，《中国地方志集成·安徽府县志辑51》，江苏古籍出版社，1998年，第68页。

⑦ [清]张佩芳修，刘大榭纂：《歙具志》卷3《建置志下 水利·堤坝》，《中国方志丛书·华中地方·第232号》，1975年，第209页。

渔梁码头

在商品经济发展的影响下，借助航路水利设施的有效帮助，通过新安江进行的商品流通与人员往来在明清时期有了显著的提升。如此情景，直接刺激了沿岸市镇的进步，在明代，上游的屯溪、岩镇、渔亭、渔梁、深渡等市镇得到了长足的发展。譬如岩镇，地处丰乐、颖水交汇处，是歙县、休宁通道的必经之地。明中叶，岩镇的经济迅速发展起来，“自嘉隆以来，巨室云集，百堵皆兴，比屋鳞次，无尺土之隙”“鳞次万家，规方十里，阛阓蝉联，百昌辐辏”。[①] 是当时歙县西乡重要的商品集散地，周边农村的茶叶、竹木、漆、桐等土特产品都在此集散。又如渔亭镇，位于祁门、休宁、黟县三县交界，明中叶以降，市镇逐渐繁荣起来，当时来往商旅从浙江乘木船溯新安江而上，将山西、浙江的食盐、棉布、百货等运至渔亭，转输黟县、休宁、祁门等地，而三县的农副产品、土特产品，也多在此汇集，运往外地。歙县渔梁镇，则是直接因渔梁坝而兴盛，便利的水上交通使渔梁在明代成为重要的物资集散码头，远近村落的茶叶、竹木及其他土特产都通过该镇沿新安江输出，同时粮食、食盐、布匹、百货等又赖以输入。深渡镇，同样是徽州的一个重要的水运码头。明末已经发展为一个拥有店铺上百家的大镇，成为歙县南乡和东乡的商运中心。尤其值得注意的是，武阳、三阳、中村、苏村、霞坑、杞梓里等地的枣都运至深渡加工，或经深渡转运外地。此外，龙湾、

① 佘华瑞:《岩镇志草·志草发凡》,《中国地方志集成·乡镇志专辑》第27册,上海书店出版社,1992年,第100页。

潭石渡口

渔亭码头

流口、万安、历口、倒湖等市镇，也都是明中后期开始发展起来的，也都是徽州重要的集散中心，只不过规模比较小，它们当中不少也是因新安江水运而发展起来的。

清代新安江上游市镇依旧处在发展当中，有学者依据清末光绪年间《安徽舆图表说》，统计出当时徽州六县共有 74 处市镇，分别是歙县 11 处、休宁县 13 处、婺源县 16 处、祁门县 20 处、黟县 7 处、绩溪县 7 处，而明代方志记载的全府市镇数量不足 10 处，可见其增长幅度。以徽州六县中方志记载信息较多的休宁县市镇增长为例，明弘治《休宁县志》载市镇 4 处、嘉靖《徽州府志》载 3 处、清康熙《休宁县志》记载市镇 9 处、道光《徽州府志》载亦为 9 处，清末《安徽舆图表说》载该县市镇 13 处，增长之速可见一斑。① 这些市镇中相当一部分都位于新安江沿岸，并且江岸市镇规模一般较大。以歙县为例，该县清末共有 11 个市镇，其中最大的渔梁、深渡和街口三镇皆是新安江上的重要码头。其中深渡在明末就已发展成为拥有店铺上百家的中等市镇。清代民国时，该镇更为繁华，且经济地位更为重要，清道光年间，《新安纪程》的作者指出："深渡，烟火数千家，市肆环列，徽人具斗米，上水七日，下水八日告罄，皆以深渡米价为准。"1930 年，途经此地的钱兆隆亦曾这样描述当地，"居民约千家，市况颇盛，居民殷实，朱门大厦，比比皆是……街巷交错，宛似县治"。同期的《中国经济志》有记载："歙县在公路未通前，商业市场均在河

① 陈杰：《再论明清以来徽州市镇——以区域史的视野》，《江南大学学报》（人文社会科学版）2015年第6期，第105页。

道两岸，如深渡、街口、渔梁、篁墩、岩寺、上丰、富堨等处是也，就中以深渡为最发达。”及至20世纪，公路兴建之后，形势有所改变，但全县商业仍以深渡居首位。[①] 从民国时期新安江上游过塘行（负责货物转运的字号）的情况，亦可窥得渔梁、深渡两镇的影响力，见下表。

民国渔梁、深渡过塘行情况一览表[②]

地址	牌号	备注
渔梁	姚利达	营业最大，以茶、杂货、布匹为主
	姚顺太	以板为主，茶次之，专做西乡生意
	道复	开设最久，信用最著，以杂货、板、茶为生
	姚元源	以板、茶为主，专做绩溪生意
	姚永盛	营业极微，信用较劣
	同兴泰	1932年开
	源昌	1933年新开，专做富埸一带生意
	巴正康	1933年新开，营业极微
深渡	姚日新	专以茶为主，杂货次之
	姚宝和	专以茶为主，杂货次之
	姚宝信	专以茶为主，杂货次之
深渡	姚泰和	专以茶为主，杂货次之
	姚景和	专以茶为主，杂货次之

再以黟县为例，清代鱼亭镇同样规模不小。清人查慎行《晚至渔亭》有言：“铃声驴背米，篦户水穷村，旅食丰年例，方言晚市喧。”[③] 乾隆时代户部尚书曹文埴亦有《渔亭》亦有诗为证：“水浅江路穷，岸窄市门对……竹筏与松舱，停泊各分队。论货盐米多，问途水陆会。”20纪中叶，渔亭街上有170多家大小商店，分布在多

① 王振忠：《新安江》，江苏教育出版社，2010年，第51页。

② 王振忠：《新安江》，江苏教育出版社，2010年，第182页。

③ [清]查慎行撰；张玉亮，辜艳红点校：《查慎行集》第3册，浙江古籍出版社，2014年，第101页。

条街道上，其上也有三家运输过塘行和三家扁担行。前者即通过水路的竹笼，将各类杂货运往黟具及周围的地区。每当春茶秋汛、秋收冬藏和各地佛道信士到九华山、齐云山进香的时节，渔亭镇便车水马龙，人来人往，桅樯如林，商贾游客川流不息。[①]再如新安江岸的临溪镇，临溪地处扬之河东岸，距绩溪县城15公里，因高于河床十余丈，有居高临下之势而得名。明代曾在此地设置临溪铺，清代则称曰临溪镇。民国年间，临溪陆路通车，水路行船，商贾辐揍，生意兴隆。有些年份的贸易额甚至超过县城，成为绩溪对外往来和物资吞吐的重要商埠。依托航路，在清代民国时期逐渐发展成为影响绩溪、旌德、宁国三县的重要市镇。绩溪的进口商货，皆由船运至临溪，临溪以上，则由牲口装运。民国胡步洲所著《绩西乡土地理》记载该地清代情况："本邑以临溪为全境商货出入之总汇，上通绩城，下达到徽郡，有航路可通。自临溪至歙县渔梁，水程四十里，今往临、渔之船只，凡百数十号，每年运费可达万金，出口货物以米为大宗，因绩北、旌德、宁国皆产米，米贩以临溪为销场，进口货物由船运临溪"。[②]民国时期出版的《绩溪一瞥》则记载了它与下游的联系，"临溪货物由水道自沪杭运来，各处商店，多以骡马往载，售与居民"。[③]

明代以来，新安江下游市镇同样发展迅猛，由上而下，新安江上离开徽州的第一个重要市镇是威坪。该镇距离淳安65里，地居江右，古名万年镇，近安徽歙县界，为浙皖边界重镇，是浙西通往皖南的水陆交通要冲和重要商埠口岸。早在东汉建安十三年（208），孙吴大将贺齐在此建始新县治和新都郡治，距今约有1780年。北宋宣和三年（1121）改为永平，自宋至清，永平历为区、乡、镇治所。明嘉靖县志称"永平市"，并设有巡检司。清康熙癸亥县志改为"威平市"；[④]清末民初，改称"威坪"。晚清时期威坪镇即是浙江重要税捐厘卡之一，[⑤]民国时期浙江省政府亦在此设有税务常关。[⑥]由这些称呼和机构，可见明代以来该镇一直是区域内重要的商业市镇。民国十年（1921）威坪已有电灯照明和机械碾米，并有纺织、化工、造船、制茶、印染、

① 王振忠：《新安江》，江苏教育出版社，2010年，第71页。

② 安徽省徽州行署商业局：《徽州商业志》（1983年未刊稿，现藏安徽省地方志办公室），第104页。

③ 安徽省徽州行署商业局：《徽州商业志》（1983年未刊稿，现藏安徽省地方志办公室），第104页。

④ 淳安县志编纂委员会：《淳安县志》，汉语大词典出版社，1990年，第24页。

⑤《威坪厘局委员王嵚禀奉饬查厘捐积弊据实禀覆文》，《浙江官报》宣统元年八月二十八日第8期，文牍类第75页。

⑥ 宁波市档案馆：《〈申报〉宁波史料集》，宁波出版社，2013年，第2109页。

竹木器具等手工业作坊。其中，茶号规模不小。威坪镇的德兴祥茶号，与上海胡俊章直接交易，并自己制作茶叶。1915 年，两家交易额为 866 箱，一箱按 40 斤计算，平均价格约为 12 元。据传，德兴祥茶号资本金由胡俊章融资提供，每年大约 10000 元借贷资金用于茶叶经营。[①]交通运输，陆路有淳（安）屯（溪）公路经过，水路可通民船。当时据日本方面的调查，威坪有民船 26 只，上溯徽州、屯溪，下达桐庐、富阳、杭州。[②]1930 年之后，该镇镇集绵延约有二里，为新安江下游大镇之一。据民国三十三年（1944）《淳安兵要地志》记载："威坪镇，1535 户，8025 人，有市房、店室、祠庙、汽车站等建筑物，商店约 100 余家，商业颇称繁盛。"近人邵国榔曾回忆："浙江省淳安县威坪镇，地处新安江边……是淳安西乡的重要水运码头和商贸中心，商务覆盖面占原淳安县四分之一的地域和三分之一的人口。在有公路以前，往来兰溪、杭州的徽州船队，也必在这儿停泊。它的鼎盛时期，曾有八千余常住人口，有呈 H 形的前、后、横三条街，店铺并肩、商号相望。平日里，头戴草帽、脚穿草鞋、单挑扁担的乡下人攘来熙往，还夹杂着光着脚板、袒胸露背的纤夫、舵手，一幅热闹景象。"[③]中华人民共和国成立后，威坪仍为区、乡、镇治所。据 1956 年库区勘测调查资料，威坪镇，有城镇人口 3212 人，其中非农业人口 1536 人；有各类房屋 3000 余间，建筑总面积约 6.5 万平方米；有前街、后街、横街和叶家、方家、胡家等街巷；有 3 处船码头。1959 年，威坪镇被淹，古镇从此消失。

威坪之下的重要市镇乃是港口镇，由港口镇续行 30 余里，便到了茶园镇。茶园镇古称茶坡，明时称茶园市，在清代为淳安四大名镇之一，又为太平、富德二大源之总汇枢纽。该镇商业发达，物产以木材、柴炭、桐子、茶叶、石料为最。茶园镇早期以盛产茶园石而闻名，明万历《续修严州府志》有言，"县东五十里茶坡，溪南两峰相值……其山产青碧坚石，徽浙官民采用"。直到 20 世纪 30 年代，地理学家张其昀仍然指出："茶园镇背山面江，流纹岩开采颇盛，俗称茶园石，乃浙西一带主要建筑材料。"[④]1947 年 10 月 17 日《淳报》一篇署名文章称，杭州西湖苏堤六

---

① 杭州市政协文史委员会、杭州文史研究会：《杭州文史（第11辑）》，杭州出版社，2018年，第123页。

② 《杭州文史》第7辑，2017年，第117页。

③ 邵国榔：《徽商以诚信在威坪镇立足》，黄山市徽州文化研究院：《徽州文化研究》第3辑，黄山书社，2002年，第109～110页。

④ 王振忠：《湮没的古镇》，《读书》2010年第6期，第108～121页。

桥、三天竺间的坟冢、扇庄、金铺等有名建筑，都以茶园青石为材料。[①]其实，茶园石不仅是浙西一带“多仰给于此”，而且在新安江上游的徽州，茶园石亦是重要的石材，区域内诸多石坊、道路都取材于此。[②]清末民初，镇上经营采石的商户有6家，炮工、石工、抬工、雕工和船工等多达数千人，采石场多达10多处。[③]茶园青石的开采，吸引了杭州、金华、徽州各地客商，前来装运石料的木船络绎不绝，据统计20世纪20年代，本地共有运输用民船43艘。[④]茶店、酒店、饭店、旅馆、成衣等服务行业也随之兴起，商业相当繁荣。关于茶园这一繁华古镇，过往文人曾留下不少描述。清人蔡珮有《茶园》诗：“遥望茶园近，寒烟淡远村。人家千树暗，野菊一灯昏。山应林中鼓，更传月下屯。披衣惊梦起，前路又滩喧。”另一首《茶园》诗曰：“闻说茶园好，今来问俗宜。面河开户牖，凿石作生涯。土物鱼盐贵，乡音歙婺歧。瓦窑埠头路，七里溯逶迤。”[⑤]民国时期，陈去病亦有诗：“茶园地垲爽，烟火足千家。小市疏还密，民风朴未华。流亡方翕集，博簺競喧哗。去去朝歌道，吾师墨子车。”[⑥]相关统计数据也说明了这一点，民国三十三年《淳安兵要地志》记载：茶园镇，1590户，8309人，有市房、居屋、庙祠、油坊等建筑物，有商店60余家，商业之繁荣居本县第三位，据1956年库区勘测调查资料，茶园镇有城镇人口2827人，其中非农业人口1556人，有各类房屋2000余间，建筑面积约5万平方米，主要街道一条，长约500米，宽4米，沿街两侧店铺林立，有和泰、白海、书院等巷弄和玉帝、邵家、余家等五座船码头。[⑦]相关的回忆也能证明这种繁华，1950年冬土地改革时仅茶园镇第一村（下街）就有64户地主（含工商业兼地主），淳安最大的地主夏树根就住在该镇。[⑧]

在威坪、茶园之外，建德县内的杨溪、白沙埠等皆是明代以来新安江下游成长起来的著名市镇。与市镇发展的同时，新安江上的县城同样有着较大的变化，其中变化较大的是下游县城建德。严州府治建德，地处富春江、新安江和兰江三江汇合

① 方浩然、洪樟和：《茶园镇史话》，政协淳安县文史资料委员会：《淳安文史资料》第7辑，1991年，第116页。
② 王振忠：《湮没的古镇》，《读书》2010年第6期，第115页。
③ 方浩然、洪樟和：《茶园镇史话》，政协淳安县文史资料委员会：《淳安文史资料》第7辑，1991年，第116页。
④《杭州文史》第7辑，杭州出版社，2017年，第117页。
⑤ 王振忠：《新安江》，江苏教育出版社，2010年，第38页。
⑥ 陈去病：《浩歌堂诗钞》卷3《晚经茶园》，上海古籍出版社，2016年，第53页。
⑦《淳安县志》，第25页。
⑧ 方浩然、洪樟和：《茶园镇史话》，政协淳安县文史资料委员会：《淳安文史资料》第7辑，1991年，第117页。

处，背靠乌龙山，因沿江城垣形似梅花，故有梅城之称，清道光年间，《新安纪程》的作者曾进澄清门，根据他的观察，其南门上写着“瓯歙中冲”四字，说明此地当徽杭交通要道。①明代该县城南门外就已是一片繁荣景象，“出南门外，沿城而下则为下黄浦，沿城而上则为上黄浦，有前、后两街，惟是徽人杂处，舟车往来，生意凑集，亦称闹市”。②清至民国时期，依托新安江，建德县内的商业仍有发展。对此，民国时人钱兆隆说：“由严州东关至严州凡五里，有人力车可通严州，徽、衢二港，即交会于此……过严东关，则沙滩连亘，水浅而急，舟行以寸计，其难进可知。至严州，自桐庐至此，两岸丛峦叠嶂，耕地绝少，土人多植黍粟于江岸山麓，以资糊口，盖亦因地以制宜耳。严州昔为府城，亦称建德，浙江中流大城也，地当徽、衢二港之合流点，四通八达，舟楫辐揍，以故贸易称盛。”③

第三节　屯溪与港口——新安江上的两颗明珠

在新安江上诸多市镇当中，上游的屯溪镇与下游的港口镇规模较大，且变迁过程较为典型。屯溪的主体区域位于皖南山区面积较为广大的连片“平地”——休屯盆地之中，其四周又分布着山体丘陵，自成一个独立的地理单元。④屯溪地形周高中低，横江自西北而来，率水自西南而来，诸水在此汇聚为东流的新安江。宋元时期，该地因其地利而发展成较为成熟的农业区，“主人溪上宅，乌几屡曾凭。山直西南向，田分上下层。池鲜熟锦鲤，塘果致青菱。此去重阳近，遥岑共一登”。⑤明清时期，随着江南社会经济的发展和徽州商帮的崛起，促进了茶叶、木材等徽州土产的商品化，直接刺激了新安江流域市镇的成长。洪武十八年（1385），率东程氏的大商人程维宗在屯溪“造店房四所共屋四十七间，以居商贾之货”，为屯溪街市之滥

① 王振忠：《新安江》，江苏教育出版社，2010年，第34页。

② [明]吕昌期修，俞炳然纂：万历《续修严州府志》卷3《经略志·街道》，《日本藏中国罕见地方志丛刊》，书目文献出版社，1990年，第76页。

③ 王振忠：《新安江》，江苏教育出版社，2010年，第35页。

④ 黄山市屯溪区地方志编纂委员会：《黄山市屯溪区志》，方志出版社，2012年，第93页。

⑤ [宋]程永奇：《屯溪访故人》，北京大学古文献研究所：《全宋诗》，北京大学出版社，1991年，第31349页。

觞。弘治《休宁县志》载“屯溪街在县东南三十里”，[①] 官修志书称屯溪为街，表明此时屯溪至少已经成为街市。明嘉靖十五年（1536）屯溪石桥建成，街市遂向河东发展，商业日趋旺盛，市镇的雏形“八家栈”，可能也就在此一阶段形成。所谓八家栈，是指屯溪桥东头紧连的一段曲尺形街道，在这一带，先后设有储用栈房八家，八家栈之名实由此始。“八家栈”既成，肩挑驮运日盛，航运日臻扩展。[②] 在万历三十五年（1607），屯溪已是“镇长四里”，为休宁县的“邑之总市，商牙臻集，米船络绎相继”。[③] 可以说，此时的屯溪已经是一个典型的商业市镇。及至清代，屯溪市廛极为兴盛，成为皖南首屈一指的交通枢纽。康熙《休宁县志》载：“中溪街，县东三十里，镇长四里。”书中的“屯浦”图，可见清时屯溪—地帆樯林立的盛况，清人查锡恒《屯浦归帆》诗亦可为证：“碧水萦回最上游，垂杨夹岸舰归舟。渔歌远近从风递，帆影高低带月收。飞倦剧怜投树鸟，长闲终羡傍滩鸥。村烟起处楼台好，一片波澄万顷秋。”[④] 晚清时期，屯溪市区基本上形成了屯溪街、河街、西镇街的三大块布局。对此，光绪年间的《皖志便览》指出“屯溪为全郡精华所聚”。[⑤]

明清时期，屯溪市镇经济的发展主要得益于屯溪较为优越的水运条件。“徽为浙水源，故六邑多溪涧，惟休宁水较诸邑独大，可以行舟。其自鄣山来者二百余里至屯溪，自黟祁来者百余里经县治至屯溪，与鄣山之水会”。[⑥] 正因为屯溪本身所有的独特区位优势，市镇已然成为上至渔亭、上溪口，下至杭州、兰溪的货物集散中转港。乾隆末年沈景运有《屯溪镇》诗曰：“屯溪一镇不宜舟，路去休宁十里修。浅水轻浮编竹筏，大桥横亘缓溪流。云山佳处凝眸远，卜筑幽居聚室稠。此景经游从未见，丹青写意可长留。”原题诗注曰：“去休宁邑三十里，水浅滩急，舟楫不能进，土人用毛竹编为筏，用载人货。”[⑦] 诗中的竹筏亦称排筏，是徽州古老的水运工具。由于屯溪到休宁，因水浅滩急，大船不能行驶，所以只能使用以毛竹编成的竹筏来运载人货。因此，屯溪自然扮演了转运站的角色。

---

① [明]程敏政：弘治《休宁志》，北京图书馆图书出版编辑组：《北京图书馆古籍珍本丛刊》29，书目文献出版社，2000年，第491页。

② 王振忠：《新安江》，江苏教育出版社，2010年，第67页。

③ [明]李乔岱：万历《休宁县志》卷1《街巷》，万历三十五年（1607）刻本，国家图书馆藏。

④ 王振忠：《新安江》，江苏教育出版社，2010年，第69页。

⑤ 王振忠：《新安江》，江苏教育出版社，2010年，第70页。

⑥ [清]廖腾煃修，汪晋徵撰：康熙《休宁县志》，《中国方志丛书》第90号，成文出版社有限公司，1970年，第323页。

⑦ 王振忠：《新安江》，江苏教育出版社，2010年，第70页。

屯溪老街

屯溪镇海桥

在商品转运之外，徽州商品外销的集散贸易同样是屯溪发展的重要促进力量，清后期屯溪已经成为徽州的商务中心，这一中心的确立与徽州土产特别是茶叶外销有着密切的联系，“祁门与屯溪为红绿茶荟萃之区”①。至光绪十年（1884），屯溪及周边乡镇共有 30 余种行业 400 余家店铺，其中经营茶叶的各类商户达到了 130 余户。② 至民国初年，茶叶、竹木、山货等行业仍为大宗，但其他种类行业数量大大增加。③ 随着外资的进入，纸烟（卷烟）、洋油、洋货逐渐打入屯溪市场，酒、粮油等日常消费品行业发展较为迅速。④ 对此，1930 年钱兆隆有所观察，“屯溪在徽州西南五十里，为徽港大民船之终点，市廛繁丽，有沪杭风，人口约三万，为皖南第一大都会，目为茶市之中心。茶栈密布，不下数千，凡徽州六县所产之茶，多集中于此。再由水路输出至杭州．其他若木炭、木材、冬菇、香蕈、冬笋等，每岁亦输出不少。至输入则以杂货为大宗，米、茶等次之，故商业之盛，甲于皖南。屯溪地居徽州六县之中心，当浙皖赣三省交通之要冲，西南至婺源，以通江西之德兴，西通祁门，以达江西之景德镇，西北经休宁以达黟县，东北经歙县、绩溪，以至浙江之

① 张海鹏、王廷元：《明清徽商资料选编》，黄山书社，1985年，第172页。

② [清]何应松修，方崇鼎纂：道光《休宁县志》，《中国地方志集成·安徽府县志辑》第52册，江苏古籍出版社，1998年，第22页。

③ 张正春撰，郑示言整理：《民国七年屯溪商业状况调查》，中国人民政治协商会议安徽省黄山市屯溪区委员会文史资料研究委员会：《屯溪文史》第4辑，安徽省出版局，1998年，第37页。

④ 黄山市屯溪区地方志编纂委员会办公室：《屯溪老街》，黄山书社，2002年，第47～71页；《黄山市屯溪区志》，第207～228页。屯溪市地方志编纂委员会办公室：《屯溪市志》，安徽教育出版社，1990年，第108～113页。

昌化，四通八达，行旅麇集”。[①] 至民国二十三年（1934），屯溪市面空前繁荣，行业繁多，商户数量大增，茶叶仍旧是市场上重要的货物，百货、南北货、山货等货栈行业日益兴起，饮食、成衣等日用消费品行业商户数量不断增加，特别是新增了13家经营米粮的商户，足以证明该时期屯溪人口迅速增长。[②]1884 ~ 1949年屯溪的市场变迁特征比较明显，突出表现为消费性行业规模不断扩大，至1934年屯溪空前繁荣的市面正得益于消费性行业的发展。由此，屯溪的“市”不仅作为货物外销贸易的中转场所，还分化出满足屯溪本地消费需求的商业街区。

与屯溪镇类似，新安江下游的港口镇同样有着明显的区位优势。淳安港口被视作“遂安河口”，其原因就是港口在新安江流域具有重要的交通地位——它地处武强溪汇入新安江的入口处，不仅与上游的威坪、淳安，下游的茶园镇关系密切，而且还与新安江支流武强溪流经的遂安县关系密切。早在明代，这里就是一个颇为繁荣的集市，时称港口市，并设有巡检司。[③] 清代民国时期，该地一直是遂安县本地土产外销的转运港口，“遂安港口急如梭，赖爵滩东溪口过。官坝工程浩已久，淳安古歙渎者多”。[④] 譬如，茶叶“遂安箱茶运输，全恃武强溪河道，先用竹筏运至淳安港口镇，再换帆船至杭转沪”。[⑤] 又如土纸，“原遂安县盛产土纸，早在1935年产量曾高达6万余件，在淳安港口镇装船运往杭州，转售北方诸省”。[⑥] 随着交通、贸易的发展，在民国时期，港口镇商业繁荣居本县首位，物产以茶叶、桐子、木材、柴炭为最，故有“金港口、银茶园”之说，据民国三十三年（1944）《淳安兵要地志》记载，港口镇，1887户，8497人；商店100余家。[⑦] 据1956年新安江库区勘测调查资料，港口有城镇人口3903人，其中非农业人口870人，主要街道长约300米，宽3 ~ 4米，自西向东横贯集镇。有各类房屋3000余间，多为砖木结构的两层瓦房，建筑总面积约7万平方米；有粮油、布匹、茶叶、杂货、中西药等商店，其中程同益、泰源、源泰兴、中和义等商号规模较大；镇上有电灯照明和机械碾米等工业；有修船、制皂、

---

① 王振忠：《新安江》，江苏教育出版社，2010年，第68页。

② 黄山市屯溪区地方志编纂委员会办公室：《屯溪老街》，黄山书社，2002年，第47～71页；《黄山市屯溪区志》，第207～228页。屯溪市地方志编纂委员会办公室：《屯溪市志》，安徽教育出版社，1990年，第108～113页。

③ 顾祖禹撰，贺次君、施和金点校，《读史方舆纪要》卷90《浙江二·淳安县》，中华书局，2005年。

④ 王振忠：《新安江》，江苏教育出版社，2010年，第40页。

⑤ 郑翰献：《钱塘江文献集成》第24册，杭州出版社，2017年，第244页。

⑥ 绩溪《遂安土纸》，政协淳安县文史资料组：《淳安文史资料》第5辑，第81页。

⑦《淳安县志》，第25页。

制烛、印染、锡泊、粮油、茶叶和竹木器加工等手工业作坊；还有遂安、利顺等五座船码头，可停泊民船 200 余只。[①]

港口镇沿新安江江岸而设，房舍俨然，商铺密集。主要有下街、上街、直街和横街四条，街面市井繁荣。商人以徽商为主，尤其是绩溪人，数量相当众多，兼有金华、衢州、绍兴等地的商户在此开店设行。尽管缺少足够的史料，但从只言片语的记载中，仍可看出这些商铺的规模一般都不小。从《福元店屋讼底抄稿》来看，近代港口镇十分繁荣，福元号位于淳安港口镇上中街，坐东朝西，"其屋东至协兴店屋，西至街心，南至鼎利店屋，北至润源店屋"，可见此店及其周边繁华的商业街区，而港口镇之店铺产权交易及经营权更替亦极为频繁。[②] 民国四年（1915），淳安港口镇大商号利新开业，资本 10 万银元，经营油粮、布匹、杂货等。[③] 民国七年（1918）开办的泰亨钱庄，合股资本达到三万元。[④] 而且从一些经商失败案例当中，亦可窥得港口镇商业竞争的激烈，以及该镇商号资产规模的增长。[⑤]

---

① 《淳安县志》，第25页。

② 王振忠：《太平天国之后淳安港口镇的徽商活动与诉讼纠纷——以〈福元店屋讼底抄稿〉为中心》，《地方文化研究》2020年第5期，第54页。

③ 杭州市工商行政管理局淳安分局：《淳安县工商行政管理志》，浙江大学出版社，2006年，第6页。

④ 淳安农村金融志编纂委员会：《淳安农村金融志》，汉语大词典出版社，1998年，第1页。

⑤ 王振忠：《晚清民国时期徽商在淳安的经营活动——以天和、福元号相关文书为例》，《中国区域文化研究》2021年第3辑。

第九章　新安商人的经营智慧

新安商人，特别是其上游的徽州商人，在数百年的商业经营中，塑造了一套独特的经营文化，形成了具有特色的经营理念。

第一节　充分发挥资本的作用

商业的成功，离不开资本，特别是要取得大的商业成功，更是要善于运用资本，懂得遵循资本运行的规律，新安商人善于将资本经营效能最大化。“莫道上当不上当，且把死钱变活钱”，这虽然说的是徽州典商“开典屯米”的经营方式，但也是对商人如何发挥资本效能的典型描述。正是对资本的这种充分认识，使徽商在资本市场上能够得心应手，所以出现“徽民有资产者多商于外”[①]局面。新安商人发挥资本作用主要有如下几种方法：

第一，善于将闲置资金转化为商业资本。

新安商人起家时大多并没有现成的商业资本，多是使用农业收入转化的家庭积蓄，还有一部分来自母亲、妻子的金银首饰，甚至变卖家产及借贷而来。许多徽商都有这种经历，明代学者汪道昆就记载了多位明代妇女变卖首饰作为资本的事情。如歙人金长公之妻，“及金母有家，事舅姑如事父母。初金长公居子舍，而长公父贾方州，母谓长公：‘乡人亦以贾代耕耳，即舅在贾，君奈何以其故家食邪？’乃具资斧赞长公贾于淮，居数年，长公骎骎起矣，卒至饶益，则母有首事功”。[②]“洪处士什，字承章，歙洪源人也。……处士奉母欢，母命处士商吴越。迭出迭困，亡故资，吴（洪什之

---

① 林云铭：《挹奎楼选稿》卷1《劝富议》，《四库存目集部》第230册，第14页。

② [明]汪道昆：《太函集》卷11《金母七十寿序》，《续修四库全书》第1346册，第640页。

妻）脱簪珥佐之，乃复举盐策入楚……处士由是骎骎起”。[①] 由此可见，在汪道昆所见的明末新安江商人利用家中闲散资金作为资本是比较常见之事。不仅金长公、洪什如此，汪道昆大父也有这样的经历。其大母“尝乘间告大父曰：‘君家世孝弟力田，善矣。吾翁贾甄括，闻诸贾往往致富饶，君能从吾翁游，请为君具资斧。’大父曰善。及大父由甄括起，赀用遂优”。[②] 从中不难看出，汪道昆家族成为一个徽商家族是从其大母为大父“具资斧”开始的。这种现象较为普遍，如“东井微时，未尝治商贾业，孺人脱簪珥麻枲以为斧资，俾东井公仗剑东游姑孰间，起家至盐筴。庐舍田园，迥异往昔，而声称弈弈著里中矣。……孺人生于弘治乙丑年”。[③] 这是妻子卖首饰为丈夫提供资本的。

还有是卖田产以筹资的，如正德十年“十二都九保住人汪廷寿，今为买卖少本，今将父同叔承祖均业乙字二百柒拾陆号、二百陆拾捌号田，坐落土名大千口，共计壹亩贰分叁厘叁毫，大小二丘……今自情愿将前号父拨还田一半转卖与户内弟汪锦名下为业，面议时价白文（纹）银伍两整”。[④] 这是卖祖业田五两作为资本。又有明代婺源人李魁，“与祖妣商，觅转输之资，彷徨四顾，狼狈无措。回思只遗卧室一间，不得已，出鬻与族人，仅得十金。遂橐往金陵，赁一乡肆，朝夕拮据，不惮烦劳。无几何，稍饶给矣。无几何，买田宅矣。”[⑤]

新安商人起家资本也有自他人赠送的，如潘世恩的祖上就曾资助过他人。一年除夕之夜，其祖上在人员安定后，到厅堂中办事，发现一人匍匐在黑暗中。经询问，原来是邻居之子赌博导致家道衰落，负债累累，除夕夜被债主催债，因素知吴门殷实，准备行窃。其祖上并未对报官，而是问其需要多少钱偿债？在得知邻居需要十金，其祖上说：“十金不难，何不早告，命之坐。出二十金予之，曰：十金偿负者，十金权子母。作小经纪，勿再蹈故习。”十年后，其祖上再遇该少年，“其人得金后，为旗亭业，居数年颇获利，娶妻且生子矣”。[⑥] 这是一个好赌的不良少年，因受到他人资助，而走上经营酒店的励志事迹。

---

① [明]汪道昆：《太函集》卷46《明故处士洪君配吴氏合葬志铭》，《续修四库全书》第1347册，第324页。

② [明]汪道昆：《太函集》卷43《先大母状》，《续修四库全书》第1347册，第297页。

③ [明]方兴：《新安许氏世谱》文集卷3《明故叔祖母孺人王氏行状》，明隆庆二年刻本。

④《汪廷寿卖田契》，安徽省博物馆藏，田契编号2：26692。安徽省博物馆：《明清徽州社会经济资料丛编》第1辑，中国社会科学出版社，1988年，第50～51页。

⑤ [明]李晖：婺源《三田李氏统宗谱·休江潭东市魁公夫妇逸绩》，明万历四十二年刻本。

⑥ [清]钱泳《履园丛话》卷17《报应·德报》，《续修四库全书》第1139册，上海古籍出版社，1995年，第253页。

新安商人就是利用这些并不充裕的资本，通过不断的努力，不断扩大资本的利润。他们多是“骎骎乎五年而中，十年而上矣”，更有甚者是“一年丰，二年足，三年大穰，为大贾矣”。

新安商人的资金来源有时也带有传奇色彩，比如在《清稗类钞》中记载了一位休宁吴姓商人因奇遇获得了资金，最终成为巨富的：“休宁吴某在京都布店作伙，积数十金谋归娶妇。赁一骡车出彰义门，宿饭店，遇一少年，意甚皇遽，问将何往，吴以实对。夜半，少年径到榻前，密语曰：‘吾实女也，为和珅妾，籍没时，乘间逸出，携珠宝甚多，愿从君偕老。’出两囊示之，皆瑰宝也。吴喜出望外，遂与偕归。中途虑事泄，仍男装，抵家始易服焉。自此顿成巨富。妇后生一子，六十人余而卒。”[①] 虽然事件的真实性已无从考证，但因获得意外的资金支持而取得成功的商人经历，这类事本身确是有可能的。

第二，新安商人善于发挥资本集中的优势。

家中闲散资本进行投资虽不失为一条重要的途径，但这种资金的规模相对较小，如前面提到的汪廷寿卖祖田得到五两银子，李魁卖房也仅得十金，显然这种小本在商海中是微不足道的，成功的概率太小。故在新安商人的经营文化中，更多的是集中资本，发挥资本的规模效益，其形式主要有以下几类：

第一类是使用亲友的联合资金。新安商人在经商过程中，遇到资金不足时，一般都会与亲友联合，集中资金进行贸易。明代休宁人程锁其父客死江淮，且资产被人席卷一空，以致家中无以糊口。他只得“结举宗贤豪者得十人，俱人持三百缗为合从，贾吴兴新市”。[②] 有了资本后，他针对当时“奢溢相高”的风气，与十人相盟“务负俗攻苦”，“业骎骎起，十人者皆致不赀”。宗族亲友联合形成合力，从而取得了商业成功。歙县的江国政也是集中亲友的资金开展贸易的，“国政公，字范行……业贾淮阴，亲友见公谨厚，附本数千金于公，公诚实持躬，丝毫不苟”。[③] 江国政得到亲友信任，主动将资金交于他。如婺源商人程金文之父“与亲友合伙业茶”，[④] 董楏照

① 徐珂：《清稗类钞》第15册《婚姻类》，中华书局，1986年。

② [明]汪道昆：《太函集》卷91《明处士休宁程长公墓表》，《续修四库全书》第1347册，第478页。

③ [清]江光裕：歙县《济阳江氏族谱》卷9《清故处士国政公传》，清道光十八年刻本。

④ [清]吴鹗，汪正元等纂：光绪《婺源县志》卷35《人物·义行》，清光绪九年刻本。

“与兄合资贩木姑苏”，[①] 歙县盐商鲍志桐“与仰山从兄合资营运，悉力调度，获利益厚，十年累巨万”。[②] 可见，不论茶商、木商，还是盐商，都有亲友间集资经营的现象。这种现象在新安江流域是比较普遍的。

第二类是商业伙伴共同集资。光绪年间新安商人程振之等以合同形式约定共同出资入股，是一个典型商业伙伴集资的案例。合同约定：

立合同议据人程振之、程耀庭、陈傅之、吴紫封、程润宏等志投意合，信义鸿猷，商成合开溪西码头上永聚泰记粮食行业生意，每股各出英洋贰佰元，五股共成坐本英洋壹仟元。所有官利每年议以八厘提付，各股毋得抽动，本银亦不得丝毫宕欠。每年得有盈余，言定第二年提出照股均分。亏则照股镶足，如有不镶，公照盘账析出无辞。自议之后，各怀同心同德，行见兴隆，源远流长，胜有厚望焉。恐口无凭，立此合同议据，一样五纸，各执一纸永远存照，大发！

再批：官利候做三年之后，再行盘结分利。又照。

光绪拾玖年正月　日　立合同议据人　程振之

程耀庭

陈傅之

吴紫封

程润宏

居间执笔人　王致芬[③]

从这份议约完备的合同来看，合资经营在新安商人间已经十分成熟，同样也表明这种现象是十分普遍的。以致于在当时的笔记小说中被广泛取材，成为重要的故事情节。《初刻拍案惊奇》中有一故事，徽州金朝奉在浙江天台县开当铺，一日他的舅氏程朝奉前来省亲，“领着亲儿阿寿，打从徽州来，要与金朝奉合伙开当的”。[④]

---

① [清]吴鹗修，汪正元等纂：光绪《婺源县志》卷33《人物·义行》，清光绪九年刻本。

② [清]鲍存良：歙县《歙新馆鲍氏著存堂宗谱》卷2《例授奉直大夫州同衔加二级鸣歧再从叔行状》，著存堂，光绪元年刻本。

③ 安徽省博物馆编：《明清徽州社会经济资料丛编》第1辑，中国社会科学出版社，1988年，第580页。

④ [明]凌蒙初：《初刻拍案惊奇》卷10《韩秀才乘乱聘娇妻良媒　吴太守怜才主姻簿》，吉林文史出版社，2017年，第117页。

另一部明代小说也有类似的情节，《留仙外史》中说，“徽商甲乙二人合伙挟赀数万，遂于（苏州）阊门外开设布店……经营数年，财雄一方”。[①] 能够成为小说中的素材，说明新安商人合伙经营在生活中是司空见惯的事了。

当然，合资经营也会亏损，如婺源茶商程国远，就“尝偕友合伙贩茶至粤，公独耗八百金，远念友赀无从措，独偿之”。这次合伙贩茶显然是亏损的，不过由于程国远的义行，其他合伙人的利益没有受损。

第三类是使用贷款。新安商人虽然可以利于家中原始劳动积累、母亲妻子的首饰，以及家族成员的集资作为资本，但在众多的商业行为中，这些资金显然是不够的。因此就出现大量借贷资金作为资本，这种现象在新安商人中是普遍存在的。这一点明代学者金声就已经关注到了，他说：“虽挟赀行贾，实非己赀，皆称贷于四方之大家，而偿其什二三之息。但以运赀于其手，则俨若如其所有，而以为此民赀也。”[②] 清人方承风也说：“黟俗尚贸易，凡无资者，多贷于大户家，以为事蓄计。”两人虽分属明清时期，但对家庭贫困的徽人以借贷作为资本经商的现象则是相同的，表明这种现象具有普遍性。如婺源商人李上葆，弱冠时便开始在芜湖帮佣为工，尝尽艰辛，“中年贷本经商，家道隆起”，[③] 就是通过贷款起家的商人。

在实际的运行过程中，除贫困家庭使用贷款外，从事大宗商品交易的商人也会广泛使用贷款。据包世臣在《安吴四种》中记载，新安商人在两淮盐场经营盐业时，因为每一纲盐引需要的本金为两千余成两。大多数贩运引盐的商人资本不过五六百成两，为了能够拿到盐引，其他资金主要就是通过借贷来补充。又据《三异笔谭》记载，徽州某程姓盐商，因“是岁以海运遭风，至大折阅”，以至除夕夜躲债到盐运司鼓楼。半夜时，遇到另一位吴姓徽商，他也因欠债十万躲到鼓楼。当吴姓商人听说程姓商人欠债四万时，当即表示“吾有金五万在家，自用则不足，济君则有余，何不假吾金去，尽可归家料理。即作票付程”。程姓商人得到吴姓商人接济后，得以渡过难关，他本是“良贾，工心计”，第二年即获得大成功，“为名几与江广达亚”，就是说与

---

① [清]许奉恩；俞驾征校点：《留仙外史·一文钱》，浙江古籍出版社，1989年，第3～4页。

② [清]丁廷楗修，赵吉士纂：(康熙)《徽州府志》卷8《蠲赈·金声与徐按院书》，《中国地方志丛书》，1975年，第1220页。

③ [清]吴鹗修，汪正元等纂：光绪《婺源县志》卷34《人物十·义行七》，清光绪九年刻本。

大盐商江春齐名。由于他又帮助吴姓商人恢复故业，吴氏“子孙尚为巨商”。[①]这是徽商之间互相帮助的佳话，但也反映了盐商大量借贷的事实。

除经营盐业需要大量借贷资金外，新安商人另一主要经营行业茶商也需要大量的资金。由于新安江地区经营茶业有先给定金，以协助缴纳茶课，此外还有补差价、长途运输等各项费用，一般需要垫付大量资金，许多茶商需要通过借贷来弥补资金不足。这一点从光绪《婺源县志》记载的茶商经历中可以得到证明。如婺源茶商程锡庚，“尝在广东贷千金回婺贩茶”，但他一路“资给难民，至饶州金尽”，虽然说的是他的义行，但反映的却是其贷款经营茶叶的事实。又如婺源商人查奎，其族人在广东经营茶叶时，“为行户亏折，久踬于外”，“奎以一千五百金贷之”，族人得以回婺。又如王锡夒，有族人“借银五百两，业茶进粤”，也是借贷经营茶叶的案例。[②]另有詹世鸾，“佐父理旧业，偿夙逋千余金”，表明其父应也是借贷经商的。后来，他在广东东关经商时遭遇火灾，“茶商窘不得归，多告贷，鸾慷慨佽助，不下万金”。[③]从婺源茶商的借贷行为来看，新安区域内茶商借贷经营当是一种常态行为。

从上述记载来看，新安商人在同乡、同族内借贷比较普遍，而且带有明显的互助性质，因此这些借贷利息相对较低。明代婺源商人李廷芳，“每遇故旧之贫，量材贷之，俾治生，不较子利。故一时藉以起家者不可缕举”。[④]歙商许积庆也是“凡族贾而贫者，多惠贷，不望其息”。同为歙商的鲍尚志先是为同乡江静澜打理盐务达十余年，后来遇到同邑商人程明远，鲍尚志以舅舅辈事之。程明远就说：“依人非久计，子苟欲自立，当贷子二百金，任自营，弗取息也”。[⑤]不难看出，新安商人之间这种低息，甚至是无息的借贷是一种较为普遍的现象。当然这种低息的贷款有利于商业利润的扩大，直接推动商人经营规模的扩张，从而实现财富的积累。如鲍士臣经商时，“或贷金于先生（士臣）而薄其子钱，先生始得时货之有无，兴贩四方……由是能蓄其财，悉偿行生逋负”。这表明鲍士臣就是因为得到他人的低息贷款，从而能够有较充裕的资金进行货物贸易，因此积累了大量财富。

---

① [清]许仲元：《三异笔谭》卷3《捐金获报》，《丛书集成》三编第75册，第317～318页

② [清]吴鹗修，汪正元等纂：光绪《婺源县志》卷34《人物十·义行七》，清光绪九年刻本。

③ [清]吴鹗修，汪正元等纂：光绪《婺源县志》卷34《人物十·义行八》，清光绪九年刻本。

④ [明]李晖：婺源《三田李氏统宗谱·仲父光禄寺署丞冲源先生行状》，明万历四十二年刻本。

⑤ [清]鲍存良：歙县《歙新馆鲍氏著存堂宗谱》卷2《皇清诰赠奉直大夫盐提举衔上寿覃恩钦赐帛七品顶戴曾祖考尚志公行状》，清光绪元年刻本。

还有一类商业资本来源十分特殊，就是官商勾结。如乾隆十一年（1746），在查处白钟山在总河任内办理河工案时，发现他滥用公款，应赔偿帑银数额大，而其在京房产所值不过数千金，根本不足赔偿。有传闻说他的家产“皆寄托于淮扬盐商之家，代为营运”。乾隆皇帝亲下旨让吉庆去访察。调查结果发现，“有淮北商人程致中，收存白钟山银二万两。又程致中女婿汪绍衣，在清江开当铺，收存白钟山银四万两。又商人程容德，收存白钟山银二万两。又商人程迁益，收存白钟山银二万两，代为生运”。[①] 这类资本虽然是官员的贪赃所得，但却实际进入了商业运行之中，成为盐商的资本。而且这种资本数额较大，在资本市场中的作用自然亦大。

第二节　注重经营环境的营造

在传统时代，商人的营商环境主要是由其与政府关系、对市场的把握，以及经营路线的把握，主要表现在以下两方面 ：

一是重视与官府之间建立联系，以获得官方的支持。

在明代，时人已经注意到新安商人善于结交权贵的现象，“徽多高赀贾人，而勇于私斗，不胜不止。又善行媚权势”。[②]《歙事闲谭》通过吴士奇的观点把这种官商关系说得十分透彻，他说在洪武时期，吴人沈万三可以说是“资倾东南”，他也十分谨慎，“顾善自匿”。至永乐年间依然称为巨富，但却惴惴不安，“时入赂贵臣”以示自保。在这种背景之下，歙县富商吴氏家族，也要学习沈万三。正德年间，“扬州守瑶从车驾，为侍卫所困”。于是，吴景芳出千金以贿侍卫，瑶才得以脱困。又遇到“国有大役”，吴氏宗人“持三十万缗佐工”，以致“一日五中书之爵下”。许承尧在按语中说，“五中书事，歙志作六中书，言万历间师征关酋，吴养春上疏，愿输纳饷银三十万两，诏赐其家中书舍人六人，吴时俸、吴养京、吴养都、吴继志、吴养春、吴希元”。[③] 可见在明代，以吴养春为首的吴氏商人家族就是通过主动交好政府、

① 《清高宗实录》卷270“乾隆十一年七月丁酉”条，《清实录》第12册，第516页。

② [明]李维桢：《大泌山房集》卷66《何中丞家传》，《四库全书存目丛书集部》第152册，第139页。

③ 许承尧撰，李明回、彭超等点校：《歙事闲谭》卷4《吴士奇〈征信录〉中之〈货殖传〉》，黄山书社，2001年，第109页。

呈坎宝轮阁

官员以获得有利的经商环境。

又如歙西南人吴自宽，“受贾山东淮海间，折节为俭，居常不通宾客，其所绍介则皆有名公卿，乔尚书宇引处士为布衣交欢甚。处士客尚书所，尚书手书处士赞辞归之。正德中，处士以赀赐爵一级”。[①] 能够与尚书交往之商人，其影响力自然不会低。另一位明代休宁商人汪松峰，幼年志于学，“弱冠乃改业，挟重赀游吴楚间，而多居货于豫章。予每接豫章、饶阳诸缙绅士夫，无不啧啧称公，谓公明义利，达时务，其才识不同庸人……公捐金数百助军饷，以御倭难”。因为有这样与地方的良好关系，故得到“文武传芳”“公侯干城”的奖掖。[②]

新安商人与各类官员建立良好的关系的另一原因是，以“贾而好儒”著称的新安商人与儒学出生的士绅有超出金钱之上的共同价值观，从而得到官方的认可。天启年间，休宁商人汪应亨，“乃南京应天府通判起英之父。大隐隐市，良贾贾仁，雅

① [明]汪道昆撰，胡益民、余国庆点校：《太函集》卷47《明故处士吴克仁配鲍氏合葬墓志铭》，黄山书社，2004年，第1000页。

② 汪澍修：《休宁西门汪氏宗谱》卷6《挥佥新公荣归序》，顺治十年刊本。

有儒风。惟尔少工儒业，绝无利习，惟尔原薄利谋，急人急，以能周人，用归如流水”。[①]这是以敕命的形式对贾行儒风的肯定，也一种积极的认可。同族的汪新，“既雄于赀，又以文雅游扬缙绅间，芝城姜公、金公辈名儒巨卿皆与公交欢”，[②]另一商人黄存芳“虽为贾人，而言论风旨雅有士人标格，故缙绅辈乐与之交”。[③]可见两人因文雅形象符合缙绅标准而得到众人的认可。

新安商人与官员建立联系还有一种方式就是通过联姻。汪道昆就说，歙县的程“次公席故饶用贾起富，故独折节国士，其婚姻皆郡中名公卿”。[④]富商与名公卿联姻在当时看来也是一种风尚。这种风尚更作为当时笔记、小说的素材被大量记录下来，如万历年间，寓居浙省城南巷吴姓徽商有一女成年，但婚配一直不如愿。一日梦见“龙戏爪水中”，次日姚江徐应登以儒士应试毕与友过徐门，友对其说“此家赀财巨万，有女求配，意得佳士，不计贫富也。兄纵未第，应试入学，非佳士乎？”因与徽商素来熟悉，就竭力为其作伐，但“商虽口诺而意未允”。友便劝他到门外一见，吴姓商人到门时正好看见徐应登“濯手水瓮中”，与所梦“龙戏爪水中”相符，乃欣然同意，“遂请友玉成”。徐应登本打算回家后“具礼聘之”，而商人径直“出金使质”。而徐应登果然“中式十一名，辛丑成进士”。[⑤]吴姓徽商之所以愿意将女人许配徐应登，看中的就是他的潜力。另外，《二刻拍案惊奇》中记载了一个徽商收养了一名义女江爱娘，一直想为其寻个好姻缘。适逢韩侍郎带领家眷上任，因夫人有病，要娶个偏房，徽商听说后“先自软瘫了半边”，“徽商认做自己女儿，不争财物，反赔嫁妆。只贪个纱帽往来，便自心满意足”。江氏顺利嫁入韩府，后来还被诰封为夫人。“那徽商（被）认做干爷，兀自往来不绝”。[⑥]通过联姻徽商得以与官员往来方便，这种方便当然也是为经商更加便利。

新安商人与官府交往，最高规格莫过于得到皇帝青睐。新安商人最为荣耀的事是能够以布衣之身得到“九五之尊”的皇帝的赏识。在乾隆皇帝多次南巡中，都有

---

① 汪澍修：《休宁西门汪氏宗谱》卷6《京兆应亨公暨金安人敕命》，顺治十年刊本。

② 汪澍修：《休宁西门汪氏宗谱》卷6《挥佥新公墓志铭》，顺治十年刊本。

③ [明]方信：歙县《竦塘黄氏宗谱》卷5《东庄黄公存芳行状》，嘉靖四十一年刻本。

④ [明]汪道昆：《太函集》卷16《海阳程次公七十寿序》，《续修四库全书》1346册，第691页。

⑤ [清]褚人获：《坚瓠集》壬集卷2《濯手倚松》，《续修四库全书》第1261册，上海古籍出版社，1995年，第369页。

⑥ [明]凌濛初编，徐金庭点注：《二刻拍案惊奇》卷15《韩侍郎婢作大人 顾提控椽居郎署》，华夏出版社，2017年，第188页。

新安商人的身影出现，在乾隆二十七年（1762）二月十四日上谕中称："朕此南巡，所有两淮商众承办差务，宜沛特恩，以示奖励：其已加奉宸苑卿衔之黄履暹、洪征治、江春、吴禧祖各加一级"。[①]这四人均为徽州盐商，由此可见新安商人影响之大。而这其中最为著名的是大盐商江春，他"逢大典礼暨工、赈、输将重务，殚心筹策，靡不指顾集事，故独契宸衷也"。"上六巡江南，两幸山左，袛候供张，胥由擘画"，由此深得乾隆皇帝的信任。乾隆帝更是"解御佩荷囊，而赐佩带，晋秩内卿，与净香赐金玉器玩，并御书'怡性堂'额"。正是以江春为首的新安商人建立了与朝廷的亲密关系，直接造就了新安盐商的繁盛。

二是营造乡党互助的氛围。

新安商人能以商帮的形式示人，是因为他们在经商时互相扶持，顾炎武在《肇域志》对新安商人互助描写得十分生动，"（新都）大贾辄数十万，则有副手，而助耳目者数人，其人皆铢两不私，故能以身得幸于大贾而无疑。他日计子母息大羡，副者始分身而自为贾。故大贾非一人一手足之力也。他俗习懒习赚，有贾无副，则贾不行"。[②]也就是说新安商人之所以能够成大贾，一个重要的原因就是有几名得力的副手帮助他，这些副手绝大多数就是新安商人的乡党成员。金声观察到明末歙县、休宁商人经商时均是族人互助，"两邑之人以业贾故，挈其亲戚知交而与共事，以故一家得业，不独一家食焉而已。其大者能活千家百家，下者亦至数十家数家"。[③]这些参与共事的"亲戚知交"，无疑就是顾炎武所说的副手。

此外，这些新安商人在外经商时，遇到矛盾纠纷时表现得更为团结，"新都人……商贾在外，遇乡里之讼，不啻身偿之，醵金出死力，则又以众帮众，无非亦为己身地也。"[④]

歙商许积庆，平时礼遇族中兄弟以及姻亲，对于他们中间"事贾者，悉贷之资而不责其息"，无偿提供资金予以支持。在他经商的地方，也与地方民众关系密切，"尝治虽业于当涂黄池，爰以义孚，其居人待以举为者，常数十家"。这样的地方关系，对于许积庆的商业成功，自然会有很大的帮助。

---

① [清]曾国荃督修、王定安总纂：光绪《两淮盐法志·王制门·德音上》卷6，韦明铧：《两淮盐商》，福建人民出版社，1999年，第61页。

② [明]顾炎武：《肇域志·江南十一》，《续修四库全书》第588册，第361页。

③ [明]金声：《金正希先生文集辑略》卷4《与歙令君书》，《四库禁毁书丛刊》集部第50册，北京出版社，1998年，第522页。

④ [明]顾炎武：《肇域志·江南十一》，《续修四库全书》第588册，第363页。

第三节 注重文化软实力的打造

新安之地，作为朱子桑梓之邦，又为“程朱阙里”“东南邹鲁”，故“儒风独茂”。十家之村，不废讽诵，兴起于此的新安商人也自然受到深层的文化影响。汪道昆把两者的关系说得十分明白，“新都三贾一儒，要之文献国也。夫贾为厚利，儒为名高。夫人毕事儒不效，则弛儒而张贾；既侧身飨其利矣，及为子孙计，宁弛贾而张儒。一弛一张，迭相为用”。①道出新安商人贾儒互通的实际，也表明其对儒业的情怀。新安大儒戴震也说：“吾郡少平原旷野，依山为居，商贾东西，行营于外，以就口食。……虽为贾者，咸近士风。”②何以能近“士风”，其根本原因就是与儒学之间建立了联系，其表现有二：

一是新安商人多以儒者身份示人。

受新安儒风的影响，新安商人多在幼年时接受儒业的熏陶，虽然后来因各种原因没有继续走业儒之路，但在经商过程中，或是致富之后，都会按照儒者的标准自处。

新安黄敬宗，年幼时也欲为举子业，因无其他兄弟，只能子承父业，放弃功名之路。他“乃挟赀南走荆湘，北游淮甸”，不数年“得缠十万贯”。但他却喜欢“以墨池交结天下士，见者谓其有元龙气象”。③虽富贵，但却以儒行交结天下。汪贵，自幼奇伟不群，读小学、四书，则能得其要领。于是通习经传，旁及子史百家，对音律、堪舆之学也深得其奥。但他“意薄进取，挟赀皖城”，以致先达谢公辅也喜欢其才情与气度，“日与讲论诗文”，那些“远近商游于兹者，咸师事之”。④黄长寿，少习儒业，以独子承父商业，他“以儒术饬贾事，远近慕悦，不数年赀大起”。嘉靖年间，因秦地蝗灾，边陲饥馑，流离失所者比比皆是，黄长寿输粟五百石予以赈济。为表彰其义举，朝廷赐爵四品、授绥德卫指挥佥事，却被拒绝。他依然“贾服而儒行”，“性喜吟咏，所交皆海内名公，如徐正卿、叶司徒等，相与往来赓和，积诗成帙，

---

①[明]汪道昆撰，胡益民、余国庆点校：《太函集》卷52《《海阳处士金仲翁配戴氏合葬墓志铭》，黄山书社，2004年，第1099页。

②[清]戴震：《《戴震文集》卷12《戴节妇家传》，中华书局，1980年，第205页。

③[明]黄云苏：《新安黄氏会通谱·黄处士仲荣公墓志铭》，清抄本。

④[明]汪湘：《汪氏统宗谱》卷37《传》，明万历三年刻本。

题曰江湖览胜”。[①] 可见，黄长寿始终把儒者的风范作为自己的追求目标。

还有一些新安商人儒业与商业二者同时进行。如歙县商人洪秔原，“固才大，而在盐业一以诚信行之，十年间，声名出诸巨商之右”，但他“非商人者流也。少日为举子业，每考试，曹伍莫敢伦比”。[②] 他好赋诗，格调高远，文采风流，有凌铄古今之概。他善于经营，运筹决策，同行皆服其能。可以说，洪秔原是典型的商业与举子业同时所求的儒商。

因此，新安商人大多“虽不服儒服、冠儒冠，翩翩有士君子之风焉”，[③] 新安商人群体给人一种儒商的印象，从而也有利于提升他们的经商环境。

二是新安商人将儒家的优良品德融入商业经营中，形成以儒家思想为核心的商业品格。

在传统观念中，儒者与商人在价值取向上是不相容的，甚至是相对立的。但新安商人通过对儒家文化的研习，在儒家文化浸润中不断提升自己的修养，将儒家思想中的优秀成分融入自己的商业行为之中，确立自己的商业准则，培育自己的商业道德，从而成为“贾名而儒行”的儒商，以此获得社会的普遍认可。

首先，奉行“非义不可取”的义利观。正统儒家思想与商业行为中的最根本对立是对“义”“利”的态度问题，传统社会中商人之所以受到歧视，是因为商人是将利置于义先，追求利益最大化，而这与儒家所追求的“先义后利”是相违背的。深受传统儒家思想浸润的新安商人，他们在义利选择时，更倾向于义在利先，崇尚“职虽为利，非义不可取也”。[④]

如歙商胡仁之，在嘉禾经商时，遇到当地饥荒，米价昂贵，达到“斗米千钱”。同行米商要他一起掺杂物到米中，胡仁之坚决不同意。后来出现奇怪的事情，其他商家的米为“群蚁聚食”，唯独胡仁之家的米幸免，虽然有些传奇色彩，但也反映了坚持以义经商才是正道。胡仁之特别强调，“吾有生以来惟膺天理二字，五常成善莫不由之”。[⑤] 他还特意把居处题名为“居理”。

---

① [明]黄玄豹：《潭渡黄氏族谱》卷9《望云翁传》，清雍正九年刻本。

② 许承尧撰，李明回、彭超等点校：《歙事闲谭》卷23《程让堂五友记》，黄山书社，2001年，第804页。

③ [清]孙银显、孙银钰等：婺源《湖溪孙氏宗谱》卷1《萃峰孙公传》，清同治十年刻本。

④ [明]汪湘：徽州《汪氏统宗谱》卷3《行状》，明万历三年刻本。

⑤ [明]李维桢：《大泌山房集》卷73《胡仁之家传》，明万历三十九年刻本。

新安商人对利的正确态度，源于他们对儒家经典的深刻领悟。道光年间黟县商人舒遵刚就说："圣人言生财有大道，以义为利，不以利为利。国且如此，况身家乎？人皆读四子书，及长习为商贾，置不复问，遂多狡诈。不知财之大小，视乎生财之大小也，狡诈何裨焉。吾有少暇，必观《四书》《五经》，每夜必熟诵之，漏三下始已。句解字释，恨不能专习儒业，其中意蕴深厚，恐终身索之不尽也，何暇观他书哉。"他不仅自己从儒家思想中获得正确的义利观，还以此指导其他后进的商人。他还指出，"钱，泉也，如流泉然，有源斯有流。今之以狡诈求生财者，自塞其源也。今之吝惜而不肯用财者，与夫奢侈而滥于用财者，皆自竭其流也"，通常人们都知道奢侈的坏处，不知道吝啬的危害，其实二者皆断了生财的源流。他还强调："圣人言，以义为利，又言见义不为无勇。则因义而用财，岂徒不竭其流而已，抑且有以裕其源，即所谓大道也。"[①] 可见，在新安商人心中生财最大的道，就是秉持儒家的"以义为利"的义利观。

其次，奉行"惟以至诚待人"的信条。诚是儒家思想中追求的重要品质之一，孔子明确说："民无信不立，人而无信，不知其何也。"《中庸》中也说："诚者，天之道也；思诚者，人之道也。"经营商业，本也要追求诚信，新安商人因崇信儒家思想，更是将诚信作为立身及经营的准则，在日常行为中"惟以至诚待人"。歙商鲍雯年轻时喜读书，手录六经子史诸书，后父亲去世，家道中落，他虽有志于功名，但接连失利。于是便到两浙间接手先世的盐业生意，成为一名商人。但他"一以书生之道行之"，所有商业上的"智巧机利"都不用，"惟以至诚待人"。[②] 表现出良好的诚信品质，而与之交往的人也不行欺妄之事，得到同行的信任，终至成功。

张光祖年少时习举子业，熟读"春秋三传"。后虽未取得科举成就，但他经商时，"值大利害事，每引经义自断，受益于圣贤心法最多"。与兄弟一起在临江清江镇一起经商时，也在诚信要求自己，"一钱不私，铢积寸累"，[③] 最终获得巨大的成功。休宁商人黄梅原，为人"言信情忠"，所以在商人中间深受欢迎，"人莫不以为诚而任之"。他也直接从自己的诚信中受益，"其规时合变，损盈益虚，巧而不贼"。[④] 他虽

---

① [清]谢永泰修，程鸿诏等纂：同治《黟县三志》卷15《舒君遵刚传》，清同治十年刻本。

② [清]鲍存良：歙县《歙新馆鲍氏著存堂宗谱》卷2《鲍解占先生墓志铭》，清光绪元年刻本。

③ 《张氏统宗世谱》卷8《毅斋翁传》。

④ [明]王慎中：《遵岩先生文集》卷32《黄梅原传》，明隆庆五年刻本。

然不以利为追求，结果反而在商业上取得巨大进步，成为富商。

嘉靖年间，歙商许文才和兄弟许昶共同生活，他“一钱寸帛，不入私室”。在经商时，遇到有利可图，但违背亲情的事，“虽日赢千金”，也不愿意去做。他不论是在进行货物转运，还是店铺交易，始终坚持“市不二价”。人们进行交易时都愿意选择他，根本原因还是他能够以“信义服人”。①

特别是新安商人在遇到一些特殊情况时，更是把诚信放在首位。歙商唐祁经商有成就，他父亲曾向甲某借贷若干金。甲某谎称债券丢失，唐祁则说，“券虽无，事则有也”，如是足额偿还。过了一段时间，有人拿着债券来要求偿还，唐祁又说，“事虽伪，券则真也”，如是又偿还一遍。人们将之传为笑话，唐祁说道：“彼初能急吾亲，讵不足感也。”② 表现出一位商人对诚信的坚守。又如祁门商人马禄经商常州，有友人将百余金寄存其处，被同行旅客盗走。马禄根本没有声张，而是拿出自己所有资金予以偿还。直到盗贼被抓后，友人才知道此事。③ 商人张鉴让宗人运二万斤盐到海南，请婺源商人程焕铨管理经销。运到时，张鉴正好去世，诸宗人准备将盐瓜分掉，程焕铨力争不可，全部归还给张鉴之子。

可以说，诚信经商是新安商人普遍遵守的信奉的信条。歙商佘文义，“弱冠行贾，诚笃不欺人，亦不疑人欺”。④ 同为歙商的吴南坡更是直接说，“人宁贸诈，吾宁贸信，张不以五尺童子而饰价为欺”。⑤ 而四方之人也争相与之交易，以至于市场上只要见到吴南坡的标识，就直接买走，根本不去计较。

再次，奉行“廉贾”的经商准则。明处士江次喜欢读史书，且时时以古人的智慧来评论事件。他的儿子江一凤学习贾业，他就告诫说，“余闻本富为上，末富次之，谓贾不若耕也。吾郡在山谷，即富者无可耕之田，不贾何待？且耕者什一，贾之廉者亦什一，贾何负于耕。古人病不廉，非病贾也”。⑥ 要其子一定要做一名廉贾。又如歙商吴赠翁“弃儒，营什一之业”，取得大成功，“太夫人时劝赠翁啬取却赢为廉贾”，⑦

① [明]许可复：《新安歙北许氏东支世谱》卷8《逸庵许公行状》，明隆庆三年刻本。
② 许承尧撰，李明回等校点：《歙事闲谭》卷28《唐祁》，黄山书社，2001年，第994页。
③ [清]丁廷楗、卢询修，赵吉士等：康熙《徽州府志》卷15《尚义》，清康熙三十八年刻本。
④ [清]佘华瑞：《岩镇志草·里祀乡贤纪事》，清雍正十二年抄本。
⑤ [清]吴雯清：《古歙岩镇镇东磡头吴氏族谱·吴南坡公行状》，清嘉庆十一年抄本。
⑥ [明]汪道昆撰，胡益民、余国庆点校：《太函集》卷45《明处士江次公墓志铭》，黄山书社，2004年，第952页。
⑦ 吴吉祜：《丰南志》第4册《寿吴廷简太史母七十序》，《中国地方志集成·乡镇志专辑》第17册，第353页。

也是要求不谋暴利为廉贾。

有了“廉贾”的准则，所以新安商人不去谋取暴利。如正德年间，遇到大饥荒，只要“蓄储谷粟可乘时射倍利”，休宁商人汪平山却“不困人于厄，悉贷诸贫，不责其息”，[①]能够以一种济世救人的态度去对待经营中的利益诱惑。同样，休宁商人吴鹏翔，在汉阳经商时，适逢当地大饥荒，他正好从四川运米数万石来卖，一下就可以获利数倍。面对利润的巨大诱惑，他不为所动，反而“减值”出售，当地民众得以平安度过饥荒，他也因此受到政府的表彰。还有一次，他准备买八百斛胡椒，但却发现有毒，卖家表示愿毁合约并全部回收。因担心卖家会转卖他人，造成伤害，吴鹏翔依然照价全部买下后焚烧掉。[②]这已然是一位将义放在首位的“廉贾”形象。

在新安商人中,这类“廉贾”是普遍存在的。休宁商人程锁,幼年“从乡先达受诗”,受到儒学熏陶。他在溧水经商时，当地风俗是春天贷款给贫困户，秋天时加倍收取利息。但程锁却长年按 1/10 收取利息，给当地人带来极大方便。有一年，谷物大丰收，粮价低，其他商人都不愿意收购，程锁独自依然平价收购。第二年，粮食歉收，引起饥荒，谷价大涨。程锁又按平价出售，帮助贫困的民众度过饥荒。[③]同样，在面对大饥荒时，休宁米商吴佛童也是如此，当时他“露积倾里中”，储存了大量粮食，有人劝他不要急于出售，等待高价出售。吴佛童却笑说,“使吾因岁以为利,如之何?遏籴以壑邻,是谓幸灾,天人不与”。明确表态说不愿意用天灾来获取暴利，于是“乃尽发仓廪平贾出之”。[④]

二是重视文化事业。

崇奉儒学的新安商人，不仅自己从儒家思想中汲取营养，造就了商业的辉煌，他们自己取得成功后，还特别重视对文化事业的投资与建设。通常认为，明清徽州地区文化事业的昌盛与徽商的参与和支持密不可分，在徽商的助力之下，新安理学、新安画派、新安医学、徽州版画、徽州建筑、徽州三雕、徽剧、徽菜，都自成特色，产生了深远的影响。新安商人投身文化事业，一方面提升了自己，另一方面更加赢得了社会的赞誉，得到更好的经商环境。

---

① 休宁《方塘汪氏宗谱·墓志铭》,转引自张海鹏、王廷元:《徽商研究》,安徽人民出版社,1995年,第425页。

② 何应松纂:嘉庆《休宁县志》卷15《人物·乡善》,清嘉庆二十年刻本。

③ [明]汪道昆,《太函集》卷61《明处士休宁程长公墓表》,《续修四库全书》第1347册,第478页。

④ [明]汪道昆,《太函集》卷62《明故处士新塘吴君墓表》,《续修四库全书》第1347册,第491页。

首先，新安商人资助文化事业最典型的是创建和修复各类书院。如明万历年间休宁商人吴继良“构义屋数百楹，买义田百亩”，[①] 创建商山明善书院。黟县商人舒志道，“修理府学，兴建书院”。清代歙县商人曹景宸“建竹山书院”。休宁商人吴侃“倡首建复”还古书院。特别是歙县的紫阳书院，许多商人更是前赴后继地进行投资建设。乾嘉时期，歙县商人鲍肯园，见紫阳书院几近废弃，于是出资白银三千两，加上地方官与乡士大夫共同支持，重为翻新。又拿出白银八千两放在两淮生息，以修复山间书院。[②] 同族的鲍志道，“幼于儒业”。成为大盐商后，捐银八千两，以增加紫阳书院的膏火钱。他还拿出白银三千两，与曹文敏一起倡议修复紫阳书院。[③]

新安商人们不仅出资兴建和修复书院，他们还对书院的正常运行提供资助。由于书院并非官学，经费自无稳定来源，因此常有经费不足的情况出现。比如歙县著名的紫阳书院，“师儒弦诵，常数百人”，主要是“乡士大夫黾勉有无，以给其用”，平时主要就是靠士绅们的资助以维持。但“岁积而政迁，人日以多，财日以少”，以致其道将废。

除直接出资外，新安商人还发挥他们的优势，通过投资生息来保证经费的稳定供给。如乾隆五十九年（1794），歙商鲍志道就捐银八千两交淮商生息，以添补紫阳书院的经费。过了二十余年后，又出现经费不足的局面，以致官府垫资四千多两白银。鲍志道孙子鲍均再捐银五千两存两淮生息，以补不足。黟县士绅又从捐赠用于建设碧阳书院的经费中拿出六千两银给紫阳书院。此外，黟县胡尚熷、胡元熙、胡积城又捐银五千两。归还官府垫付的四千两后，将剩余的七千两放在歙休两县的典商处进行生息，终于解决了书院膏火钱不足的难题。[④]

除利用商业、典业生息外，新安商人为了给书院提供稳定的收入，还购买店铺出租，以维持经费需求。如黟县碧阳书院在清嘉庆年间重建，经兵乱后，几近颓败。同治十三年（1874），由黟县富商及士绅共同捐银一万九千四百五十四两用于书院建设和运营。为用好这些资金，“前经公举富户具领生息本银九千八百两”，剩余部分则“近置本城休邑屯镇市房三处，共兑典价银二千九百两，均划一取息八厘”。经

① [清]丁廷楗、卢询修、赵吉士等：康熙《徽州府志》卷十五《人物志四》，黄山书社，2010年影印版，第59页。

② [清]鲍琮：歙县《棠樾鲍氏宣忠堂支谱》卷21《中宪大夫肯园鲍公行状》，清嘉庆十年刻本。

③ 许承尧：民国《歙县志》卷9《人物·义行》，《中国地方志集成·安徽府县志辑(51)》，江苏古籍出版社，1998年，第384页。

④ [清]马步蟾纂修：道光《徽州府志·营建志·学校》，《中国地方志集成》，江苏古籍出版社，1998年，第65页。

行一段时间后，众人“又以典房开歇不一，殷户盛衰不常，将本款续置市房二十八所，仍以八厘计息取租”。这样就把白银资本转化成了固定资产，以稳定的房租来维持书院的开支。此外，新安商人还通过购买义田，以义田收入作为书院日常经费，上文的吴继良，“买义田七亩”，作为还古书院讲金。[①] 黟县汤永懿“置田十余亩为义学”，以供松山书屋办学费用。[②]

其次，新安商人致力于文化交流。学术的发展固然与学术名家的交流分不开，而学术的交流需要一定的条件。拥有雄厚的资金，又“贾而好儒”的新安商人，就为明清学术的发展提供了诸多优良条件。

明代歙商吴伯举，“翩翩有国士风”“雅负博古，重购商周彝鼎及晋唐以下图书，即有奇，千金勿恤”。[③] 这些古籍不仅供个人收藏，还为诸多文人交流讨论提供了方便。到了清代，同为歙商的汪梧凤家中筑有“不疏园”，“斥千金置书，益招好学之士日夜诵习讲贯其中”。许多人在长驻园中，短的四五年，长的七八年，更有达到十余年的，当时学界名流如江永、戴震、程瑶田、金榜等皆长期馆于其中，使不疏园成为徽派朴学兴起的重要阵地。

另外，新安商人还大量藏书、刻书，为文化交流提供了便利。新安江流域的徽州多藏书名家，他们多是由经商致富后，开始藏书。早在明初时，歙县岩寺镇的方氏就富而好书，特别是方富祯、方銮、方大治一门，经过历代积书，被称为“万卷方家”，以万卷来表征其藏书之富。休宁商人吴琼喜购书藏书，也“聚书万卷”。到清代徽州藏书家更多，特别是乾隆年间修撰《四库全书》时，在进呈书籍达百种以上的藏书家中，徽州有 11 位，占比超过 10% 以上，他们基本上都是徽商或徽商家庭出身。其中吴玉墀是徽商吴焯之子有“瓶花斋”藏书楼，汪如藻有“裘

明朝大盐商汪启淑

① [清]廖腾煃修，汪晋徵等纂：康熙《休宁县志》卷8《笃行》，影印康熙三十二年刊本，成文出版社有限公司，1970年，第937页。

② 吴克俊：民国《黟县四志》卷十《政事 · 义学》，民国十二年刊本，第420页。

③ [明]汪道昆：《太函集》卷15《赠吴伯举序》，《续修四库全书》第1346册，第638页。

杼楼”藏书楼，汪启淑家有“开万楼”。程晋芳藏有五万卷书。此外，程景伊、戴震、汪承霈、黄登贤、江春、马裕、鲍士恭也都有大量藏书。

在藏书的基础上，新安商人还从事刻书事业。如鲍廷博年少时习会计为业，到浙江后，以“冶坊为世业”。致富后，他不仅“自己喜读书”，而且“以父嗜读书，乃购书以养志”。随着不断的购买，“所得益精且多，遂裒然为大藏书家”。修《四库全书》时，鲍廷博命其子鲍士恭进呈家藏图书六百余种。为了“使承学之士，得所观摩”,他刊刻《知不足斋丛书》至二十七集,他儿子士恭继续刊刻至三十二集,“秘册孤编，率赖以传”。嘉庆皇帝见到《知不足斋丛书》，传谕抚臣说：“朕近日读鲍氏丛书，亦名知不足斋，为语鲍氏勿改。朕帝王家之知不足，鲍氏乃读书人知不足也。”[①]也说明其刻书影响之大。

再次，新安商人还为艺术发展提供了条件。新安画派在画坛上自成一派，名家辈出，揆诸其发展历程来看，新安画派的兴起与新安商人的支持密不可分。新安商人是历史上著名画作的主要收藏者，是新安画派画家主要的学习资料。据黄次荪回忆，“是时休、歙名族，乃程氏铜鼓斋、鲍氏安素轩、汪氏涵星研斋、程氏寻乐草堂，皆百年巨室，多蓄宋元书籍、法帖名墨、佳砚、奇香、珍药，与夫尊彝圭璧盆盎之属。每出一物，皆历来赏鉴家所津津称道者。而卷册之藏，尤为极盛。诸先生往来其间，每至则主人为设寒具，已而列长案，命童子取卷册进。金题玉躞，锦赗绣褫，一触手，古香经日不断。相与展玩叹赏，或更相辩论，断断不休”。[②]许多画家就是在这些新安商人的收藏室中研究、讨论、成长的。而且在新安江上游的徽州这种丰富的、高品质的收藏普遍存在，黄次荪还说，“幼时游里中诸收藏家，亲见其论画必宋、元人，乃辨别其真伪工拙，明及国初不甚措意，若乾隆以来，鲜有齿及者。大乱以后，金冬心、郑板桥之流，一联一幅，皆值数万钱。昔时中人之家，黏柱障壁比比皆是，亦无人估值”，[③]由此可见，商人兴起对书画艺术作品收藏的贡献。

商人收藏书画作品，不仅供书画家欣赏，同时为书画名家提供交流场所。如“扬州书画（家）极多，兼之过客，代不乏人”，[④]这是《扬州画舫录》对扬州书画家规

---

① 钱泳：《履园丛话》卷6《渌饮先生》,《续修四库全书》第1139册，第99～100页。

② 许承尧：《歙事闲谭》卷20《咸丰前歙人收藏之富》,黄山书社，2001年，第707页。

③ 许承尧：《歙事闲谭》卷20《咸丰前歙人收藏之富》,黄山书社，2001年，第709页。

④ [清]李斗：《扬州画舫录》卷2《草河录下》,《续修四库全书》第733册，第591页。

模的一个说明。而从盐商汪廷璋的篠园为大量书画家提供条件，则可更直观地反映这一点。“(汪廷璋）自先世大千迁扬州以盐策起家，甲第为淮南之冠，人谓其族为铁门限……富至千万”。乾隆甲辰年(1784)，购得篠园，人称“汪园”。汪廷璋“好蓄古玩”，许多文人学士、书画名家都聚集到篠园，诸如汪文锦、方贞观、王宗献、方士庶、黄溱、金时仪、黄晋畴等人都纷纷集于此。方士庶在篠园时，汪廷璋“以千金延黄尊古于座中”。得到名师直接教导后，“士庶山水大进，气韵骀宕，有出蓝之目”，[1] 成为新安画派的中坚人物。

徽剧的发展也与新安商人密不可分。徽剧，原名“徽调”“二黄调”。元末传到安徽地区的弋阳腔所演变成的徽州腔与青阳腔，并以此而形成的徽池雅调就是徽剧的前身。清乾隆中叶，徽剧的主要声腔均已形成，四大徽班的进京代表着徽剧发展的鼎盛时期。后来，由于徽、汉两个剧种长期的同台演出，彼此不断吸收融合，又从秦腔、昆曲等其他剧种不断吸取养分，国粹京剧由此诞生。

明清时期，受到全国各地人民竞相追捧的徽剧为什么诞生于徽州，究其根本，归结于徽州地区独特的文化背景。徽州因独特封闭的地理环境成为历史上多次战乱时北方流民的避难之所，这在客观上为徽州地区文化领域的大融合提供了一个重要的契机，并由此才诞生出了独特的徽州文化。这就是徽剧诞生的文化土壤。而在徽剧发展的众多推动性力量中，徽商的作用至关重要。

祁门县闪里镇古戏台顶

徽商支持徽剧的发展，自然是有他们的私心的，明清的官府人员大多附庸风雅，喜好戏剧，而徽商投其所好，在家中豢养徽剧戏班，纵有迎合当权者之意图。但不可否认，徽商雄厚的经济资本，为徽剧艺术家们能够提供一个稳定的经济收入，让他们安心从事作品的创作工作，而不用为衣食住行发愁。同时，热衷徽剧的徽州商

① [清]李斗：《扬州画舫录》卷2《草河录下》，《续修四库全书》第733册，第748页。

人们也经常高薪聘请一些专家，为徽剧工作者们进行技术指导，极大地促进了徽剧工作者们集体素养的提升。在徽商的支持下，徽剧艺术家们与其他剧种的人民艺术家也有深度的交流，并诞生出了优秀的艺术作品。例如，与吴人吴音的交融而诞生出的“昆弋腔”，出世不久便风靡天下。

同时，在清朝初年，“两淮八总商，邑人恒占其四”。随着徽商的势力进入鼎盛时期，他们也将他们所喜爱的艺术——徽剧的发展推向了一个高潮。其代表人物为“身系两淮盛衰者垂五十年”的两淮大盐商江春，他酷爱徽剧，经常在家中“曲剧三四部，同日分亭馆宴客，客至以数百计”。为徽剧的传播做出了极大的贡献。

三是重视子弟教育。

歙商鲍柏庭有言，“富而教不可缓也，徒积资财何益乎？”本着这种理念，新安商人在经商取得成功后，又会转而投资兴学，教育子弟，以实现崇儒的理想。

休宁商人汪太学“积五年，择人人得，任时时成，饰智智治，隆著拟封君”，在商业取得了巨大的成功。但其年轻时有志于功名终未实现，他将希望寄托在儿子身上。他生有五子，聘请名师严加教导，并告诫说：“此余未究之业也，尔小子容一日缓乎？”① 在他的严格要求下，长子汪洪仁补博士弟子员，三子汪洪勋充选太学，完成了贾至儒的社会身份转换。

汪道昆早就注意到新安商人家庭这种儒贾交替的现象。他说：“大江以南，新都以文物著。其俗不儒则贾，相代若践更。”他特别指出：“临河程次公昇、槐塘程次公儁与先司马并以盐策贾浙东西，命诸子姓悉归儒。”其后三人的儿子均取得科场功名，“道昆附临河仲子金丙午同籍，明年从槐塘伯子嗣功释褐。后六年，癸丑，仲子始对公车，授南水部郎”。② 三个商人家庭的子弟都实现了贾儒间“践更”，进一步说明了“贾而好儒”在实践中的效果与影响。

新安商人为保证商人子弟能够顺利参加经商的科举考试，积极争取商籍，得以为商人子弟修习儒业找到出路，为贾儒转换创造了重要的机会。明万历三十三年（1605）之前，“试额未有商籍，业盐之家，艰于原籍应试”，新安商人们虽然家族富裕，也重视子弟的教育，但因经商地与籍贯所在地路途遥远且多有不便，导致应试十分

① [明]汪尚和：《休宁西门汪氏族谱》卷6《太学可训公传》，明嘉靖六年刻本。

② [明]汪道昆：《太函集》卷55《诰赠奉直大夫户部员外郎程公暨赠宜人闵氏合葬墓志铭》，《续修四库全书》第1347册，第415页。

困难，甚至失去应试的机会。万历三十三年，新安人吴宪与汪文演上书巡盐御史力请设立商籍。经过多次不懈的努力，最后经巡盐御史叶永盛题奏，获准“商人占籍应试”，实现了新安商人“嫡派子弟附试杭州”的愿望。商籍的获得，对新安商人产生了深远的影响，不仅解决了子弟读书的出路问题，提升了新安商人家族的文化水准，也推动了新安商人对当地文化事业的建设热情，直接促进了寄籍地文化的发展。

第十章　新安商人的家庭生活

新安商人作为明清时期一个重要的商人群体，他们不仅在商业上形成了自己的特色，与商业行为相关联的是他们的家庭生活也有较为独特的一面。

第一节　新安商人的出身

新安商人未成年时便开始外出经商，是十分普遍的事，正所谓“前世不修，生在徽州。十三四岁，往外一丢”。

新安商人的起步，多是十分艰辛。歙商鲍志道比通常十三四岁始经商的人更早，因家庭贫困，他“七岁读书，年十一即弃家习会计于鄱阳，顷之转客金华，又客扬州之拼茶场，南游及楚，无所遇”。11 ～ 20 岁，鲍志道从学习会计开始，辗转多地，但都没有获得好的机遇。直到 20 岁时，“乃至扬州佐人业盐”，在帮别人成功后，他“退

徽商出行的包袱

自居积，操奇赢，所进常过于所期，久之大饶，遂自占商数于淮南”。[①]经过多年的历练，他终于获得了成功。鲍志道的经历，其实是大多数新安商人起家的缩影。新安商人走上经商之路的原因有二：

一是新安商人出道主要原因是家贫所致。

明代学者金声道出了新安商人外出经商的根源在于该区域生存资源的不足，“郡邑处万山，如鼠在穴，土瘠田狭，能以生业着于其地者，什不获一。苟无家食，则可立而视其死，其势不得不散而求食四方，于是乎移民而出，非生而善贾也。而顾恋宗族坟墓，不能举家迁徙，复运所求于四方之食，食其父母妻子，于是乎移粟而入，非贩而求利也。虽挟赀行贾，实非己赀，皆称贷于四方之大家，而偿其什二三之息。但以运赀于其手，则俨若如其所有，而以为此民赀也”。[②]人们为了生存，不得以而“求实四方”，绝非生而善贾。同时，也不是因为富于资金而主动投资商业，多是借贷民资而为维系生存的被动行为。

清代洪玉图持有同样的观点，特别是面对有人质疑“不见夫今之操奇赢以相夸咤者乎，皆新安之豪华，安谓其不富厚也”。他说：“歙山多田少，况其地瘠，其土骍刚，其产薄，其宜稷粱，是以其粟不支，而转输于他郡，则是无常业而多商贾，亦其势然也。矧近者比岁不登，鲜不益窘矣。兵燹之余，日不能给矣。而又重之以徭役，愈不能安矣。又安能不以货殖为恒产乎？是商以求富，非席富厚也。”[③]也就是强调新安商人并不是因为新安本身富厚，相反是因为其地贫乏，缺少生活必备的物质，不得以才外出经商的。

从新安商人的实际成长经历来看，他们也确实是从贫困家庭中走出来的。歙商许文广，因家贫，找了一份塾师的工作，但生活拮据。一日伤感而泣：“吾为人子不能养母，顾使母养耶！我生之谓何？”[④]于是弃儒就商，日夜淬励，终获成功。绩溪商人章馨，本由吏员例授登仕郎，但“家故贫，遗田仅二三亩，苦不给”。不得已，“商贩宛陵，以济家需，勤劳积聚，增置田廿余亩，不有私财”。[⑤]也是因贫无以养家，而经商。

①［清］鲍琮：歙县《棠樾鲍氏宣忠堂支谱》卷21《中宪大夫肯园鲍公行状》，清嘉庆十年刻本。
②［清］丁廷楗修，赵吉士纂：康熙《徽州府志》卷8《蠲赈·金声与徐按院书》，《中国地方志丛书》，第1220页。
③［清］张潮：《昭代丛书》甲集卷24《歙问》，《丛书集成续编》第224册，第420页。
④［明］许可复：《新安歙北许氏东支世谱》卷8《柏源许公行状》，明隆庆三年刻本。
⑤［明］章乔：《绩溪西关章氏族谱》卷24《家传》，万历刻本。

祁门倪尚荣，七岁时父亲去世，家境甚贫，没有得到好的教育。年稍长，便以砍柴为生，以奉养母亲，他深感“终自椎岂能为俯仰耶”？于是便去学习“操舟之业”。过了一段时间，他又感叹“此岂足以赡身家耶”？他便“以铢积寸累之资，去而学贾，往来鄱湖阊水间”。此后，他不避艰难险阻，操奇计赢，投资每每能中，终至成功。①

二是继承家族产业。

新安商人的第一代多是因贫困而业贾。但起家后，其第二代之后则会继承家族的事业。如上文提及的大盐商鲍志道叱咤商场，任两淮总商二十多年，具有极大的影响力。他的长子鲍漱芳继承了家族的盐业生意，而且继任总商，并深得朝廷信任。

另一位鲍氏盐商鲍尚志，12 岁时便在兰溪一家当铺当学徒，虽然生活艰苦，但也学得了一些经商的本领。成人后，他在会稽帮助盐商打理盐务达十年之久。熟悉盐务后，他便向亲友借贷银二百两，质押了东江盐场倪茂芝盐灶，精心管理，开始的自己的业盐生涯。其子鲍直润继承了其父盐业，在经营盐灶的同时，他还以江山口岸为引地，实现了生产环节与运销环节的结合，大大提升了利润空间，“拓业数倍”，终于成为知名的大盐商。

新安商人经营的其他行业中，也多有子承父业的。歙商潘仕，其父经营陶瓷业，“贾昌江，居陶器，分道并出，南售浙江，北售銮江”，贩运范围广，但也带来不便。潘仕接替父亲后，“以三江相距各千里，左右狼顾，惧不相及。銮江为江淮都会，当舟车水陆之冲，其并浙江归銮江”。② 其实就是收缩经商线路，集中到銮江，也就是仪征，避免了商业版图首尾不顾的局面，最终获利更大。潘仕其实就是在父亲开辟的瓷器行业中，进一步改进经营线路、模式而取得了成功。

第二节　新安商人的婚姻

新安商人的婚姻，主要有以下两个特点：

---

① 倪愚山：民国《祁门倪氏族谱》卷续《贞一堂季亭公行状》，民国十四年木活字本。

② [明]汪道昆撰，胡益民、余国庆点校：《太函集》卷51《明故太学生潘次君暨配王氏合葬墓志铭》，黄山书社，2004年，第1084页。

第一，新安商人婚姻中重门第现象普遍存在。

新安地区由于宗族社会发育良好，宗族观念十分强，“婚姻重门第”也就随之而生。早在明代此风就已形成，嘉靖《徽州府志·风俗》中说：“婚配论门第，治褂裳装具，量家以为厚薄。”到清代，这种风气并没有改变，赵吉士就说：“徽俗重门族，凡仆隶之裔，虽贵显，故家皆不与缔姻。”① 这不只是一种一般性的要求，而是有强制性的社会控制，如果有人违背，就会出现“苟稍紊主仆之分，始则一人争之，一族争之，既而通国争之，不直不已”。② 这会演变成一个社会事件，这一习俗在新安区域内没有人敢违犯。

新安社会如此重视门第，作为富有的新安商人更是如此。汪道昆观察到并记录了这一现象，他说：“海阳为新都上邑，故多贤豪，悬簿击钟，户相望也。其东南略吾歙则程氏世家，次公席故饶，用贾起富，独折节国士，其婚姻皆郡中名公卿”。③ 可见，程次公作为富商，其所在的程氏世家，皆是与郡中门第高的家庭联姻的，正与新安这一风俗相对应。这种现象在新安地区还很多。歙商吴次公取汪氏为妻，“次公家拥素封，而孺人母家亦以不资倾郡”，两家都是富家，毫无疑问是门第相当。在婺源也是如此，“婚礼重门阀，轻聘纳，无重帛侈筵”。④ 祁门也不例外，“婚姻论门第，辨别上中下等甚严”。⑤ 黟县同样是，“婚配论门第，治装具重其家为厚薄”。⑥

第二，新安商人崇尚早婚。

《广志绎》中就说：“蜀中俗尚缔幼婚，娶长妇。男子十二三即娶，徽俗亦然。然徽人事商贾，毕娶则可有事于四方。川俗则知其解”。⑦ 虽说的是蜀中早婚习俗，但却反映了徽商早婚现象，而且还给出较合理的理由，即新安人因为经商才选择早婚的。这说明在当时新安商人早婚，且经商年龄小，是社会上的共识。

兹举一事例，歙县丰南吴次公娶了潜川汪氏，“孺人潜川汪氏，母陈，生孺人武林邸中。年十五，字次公，而次公年方十三，顾事之益加敬戒”。⑧ 两人结婚时，汪

① [清]赵吉士：《寄园寄所寄》卷11《泛叶寄杂纪·稣谈》，《续修四库全书》第1197册，第137页。
② 许承尧撰，李明回、彭超等点校：《歙事闲谭》卷18《歙风俗礼教考》，黄山书社，2001年，第603页。
③ [明]汪道昆：《太函集》卷16《海阳程次公七十寿序》，《续修四库全书》第1346册，第691页。
④ [清]董钟琪、汪廷璋：光绪《婺源乡土志·婺源风俗》，清光绪三十四年木活字本。
⑤ [明]余士奇修，谢存仁纂：万历《祁门县志》卷4《人事志·风俗》，1961年，合肥古旧书店石印本。
⑥ [清]王曾景修，尤何等纂：康熙《黟县志》卷1《风俗》，清康熙二十年刻本。
⑦ 王士性：《广志绎》卷5《西南诸省》，《四库全书总日存书史部》第251册，第773页。
⑧ 吴吉祜：《丰南志》卷6《艺文志下·一恭孺人状》，《中国地方志集成·乡镇志专辑》第17册，第382页。

氏是 15 岁，而吴次公更小，只有 13 岁，是典型的商人早婚。

第三节 新安商妇

“新都勤俭甲天下，故富亦甲天下。贾人娶妇数月则出外，或数十年，至有父子邂逅而不相识者”。这是说新安商人新婚即要离别，新安商妇便要独守空房，甚至达数十年之久，可见其生活之艰辛。但新安习俗又对在家中吃闲饭的男子轻视，“男子冠婚后，积岁家食者，则亲友笑之。妇女亦安其俗，而无陌头柳色之悔”，在这样的环境影响下，新安商妇哪怕是独自在家，也会支持丈夫外出经商，这也造就了新安商妇的独特品格。①

新安商人妇在受离别之苦时，依然能“守志无怨”。据《歙事闲谭》记载，“女子自结褵未久，良人远出，或终身不归，而谨事姑嫜，守志无怨，此余歙俗之异于他俗者也”。② 新安商妇在这种经商风气影响之下，不仅要忍受离别之苦，她们还支持和协助丈夫外出经商，主要表现在以下两方面 ：

第一，新安商妇会为丈夫经商提供资金支持。

如前所述，新安商人许多是小本起家，并没有足够的资金去经商，这时许多新安商妇便会将自己的嫁妆转卖为资金以作为丈夫经营的资本。如黄惟文娶妻宋氏，正值黄家中道败落，为了改变贫困局面，宋氏便“尽出簪珥衣饰为资斧，附托营生殖”。而黄惟文也因深知家道之艰，“绝意进取，从贾维扬，孺人总家政”。③ 宋氏不仅变卖首饰支持他经商，而且还操持家务，让丈夫得以专心在扬州经营商业，最终在商场上取得了成功。程汝宜，“贾荆襄不得志，乃复与从父决策徙淮扬，孺人悉捐其帑，诸妆首金宝珍服，悉以佐行，曰新妇无所事此也，奈何死之椟中”。④ 在其经商不得

① [明]顾炎武《肇域志 · 江南十一 · 徽州府》,《续修四库全书》第588册，上海古籍出版社，1995年，第361页。

② 许承尧撰，李明回、彭超等点校 :《歙事闲谭》卷8《录程且硕〈春帆纪程〉》，黄山书社，2001年，第258页。

③ [明]黄玄豹等纂修 : 歙县《潭渡黄氏族谱》卷末《隐南公配宋氏传》，清雍正九年校补刻本。

④ [明]王世贞 :《弇州续稿》卷116《程处士汝宜暨配金孺人合葬志铭》,《景印文渊阁四库全书》，台湾商务印书馆，2008年，第1283册，第633页。

志之际，准备东山再起时，新婚妻子也卖掉首饰作为资金。

这种情况在当地是普遍存在的，休宁商人汪应亨之妻，“装资故饶，悉佐翁贾，而身椎布操作”。[①] 歙县商人洪什，“商吴越，迭出迭困，亡故资。吴（夫人）脱簪珥佐之，乃复举盐策入楚”，[②] 用妻子的嫁妆作为新的资本，终于在盐业经营上取得了成功。歙商吴存节也是“挟妻奁以服贸，累金巨万，拓产数顷”，[③] 也是用妻子的妆资作为贸易资本而起家的。

第二，辅佐丈夫经商。

在新安商人经商时，有些妻子会成为直接的帮手。如明成化年间，歙商江才安人郑氏平时日夜纺织，十分勤奋。当她听其丈夫愁苦叹息，“吾欲力农，吾乡田少，比岁凶，农安可为也；吾欲力贾，吾家薄，无以具资斧，贾安可为也”？安人从容对曰：“乡人贾者什九，君宁以家薄废贾邪？”于是，郑氏便“脱装奉驾部公，佐公贾。公出贾，安人摄中外事，悉中赢缩之宜，驾部公一切倚办安人，无却顾……居数年驾部公用贾起，既饶益”。[④] 郑氏直接跟随丈夫参与经营事务，甚至参与了许多买卖之中，是江才商业成功的重要帮手。

在作为协助丈夫经商过程中，有时，作为商人之妻还会成长为独当一面的商人。如两淮八大盐商之一的汪石公去世后，“内外各事，均其妇主持，故人辄称之曰汪太太”。适逢“高宗幸扬时，与淮之盐商先数月在北城外择荒地数百亩，仿杭之西湖风景建筑亭台园榭，以供御览。惟中少一池，太太独出数万金，夜集工匠，起造三仙池一方。池夜成，而翌日驾至，高宗大赞赏，赐珍物，由是而太太之名益著”。汪太太能够与其他盐商一起接待南巡的乾隆皇帝，而且一夜之间修成“三仙池”。可见，汪太太不仅是一位有能力的新安妇，而且也是一名了不起的商人。[⑤]

还有的新安商妇表现得十分有远见卓识，能为经商的丈夫提供重要的谋划。如丰南吴希元“时而挟书试南都，时而持算客广陵”，典型的亦贾亦儒。其妻汪氏尝有佳言相告，论贾则说：“良贾深藏若虚，无移于侈汰。”就是不要炫富，也不要过分

---

① [清]汪澍等：《休宁西门汪氏宗谱》卷6《京兆应亨公金安人合传》，清顺治十年刻本。

② [明]汪道昆撰，胡益民、余国庆点校：《太函集》卷46《明故处士洪君配吴氏合葬墓志铭》，黄山书社，2004年，第971页。

③ 吴吉祜：《丰南志》卷6《艺文志下·存节公状》，《中国地方志集成·乡镇志专辑》第17册，第373页。

④ [明]汪道昆撰，胡益民、余国庆点校：《太函集》卷41《赠安人江母郑氏行状》，黄山书社，2004年，第886页。

⑤ 徐珂：《清稗类钞》卷7《豪侈类·汪太太奢侈》，中华书局，1986年，第3272页。

奢侈；论儒则说："荣华非可侥得，无逐于倘来。"不要妄想侥幸得到荣富贵，也不要去追逐不意而得的东西。当万历年间兴修三大殿，"司空告匮"，有人开始打诸素封之家的主意，称"不佐国家之急。"汪氏又主张，"献万金，供作费。天子义而旌之，授兄（希元）文华殿中书舍人"。[①]汪氏对儒贾之道的理解，对时局的把握，实为精确。

当然，新安商妇更多的是在家中操持家务，让在外经商的丈夫无内顾之忧，专心从事经商。前文提到的吴次公妻子汪氏，"诸与次公共事者，孺人有所臧否，厥后屡中。次公家拥素封，而孺人母家亦以不赀倾郡，人将靡溢相高，而孺人丰约中度，次公亦藉是无内顾忧。不二十年，操奇累赢愈益昌阜，一时里中称积著者，必推次公"。[②]汪氏不仅有较高的识人本领，同时也能勤俭持家，难能可贵的是做到"丰约有度"，使吴次公安心从事商业经营活动，最终取得大成功。

又有"茶山公既弃儒而贾游淮扬间，倾其豪贤长者，公虽轻訾为节侠，顾有天幸其赢得过当愈于纤啬。太孺人多代公治家，秉折节为勤，变化有概，家用是益起，遂甲郡国。所谓以末致财用本守之者"。[③]主要是说吴太孺人不仅没有反对儿子黄茶山弃儒从商，反而勤俭节约，把家里打理得井井有条，让儿子经商之路没有后顾之忧。

新安商人的婚姻存在着利益关系。据《清稗类钞》载，徽州程姓商人数世资产称雄乡里，但其子却有智力问题，一直未有婚配。程家在无锡钱庄的汪姓会计，为报答"吾家自祖父以来，皆主程氏"的恩谊，将其妇嫁给程姓商人之子，"女自此独处终身矣。舅姑语之曰：'吾子，非人类也。苦我新妇，幸善自爱。'次日，即割家赀巨成与之"，[④]这种婚姻虽是报恩的色彩，但实际上是有利益存在于其中，而可怜的是身处其中的妇女。

---

① 吴吉祜：《丰南志》卷6《艺文志下·存节公状》，《中国地方志集成·乡镇志专辑》第17册，第386页。
② 吴吉祜：《丰南志》卷6《艺文志下·一恭孺人状》，《中国地方志集成·乡镇志专辑》第17册，第382页。
③ 王世贞：《弇州四部稿》续稿卷106《黄母吴太孺人墓志铭》，《四库全书》第1283册，第502页。
④ 徐珂：《清稗类钞》第15册《婚姻类》，中华书局，1984年，第2083页。

第十一章　新安商人的家风

新安江流域具有旖旎秀丽的自然风光和优越的地理位置，特别是其上游的古徽州由歙县、绩溪、休宁、祁门、婺源、黟县六县组成，并且处于浙江、江西、安徽三省的交界处，但由于早期没有向外拓展，所以并未给这里带来多么巨大的财富。

旧志云：

山限壤隔，民尚朴实，读书力田，不事商贾，勤于山伐。耐寒暑，恶衣服，女子贞洁不淫，沃山谷民衣冠至百年不变。

厥土刚而不化，农人终岁勤劬，亩收不给，多远取于池饶。贫不能负者，仰采岩谷薇葛以充。

习向重离土，一闻挟薄赀，游都会，相戒摇手。近始学远游，亦知权低昂时取予，岁收贾息，然其家居务俭啬，与贫瘠者等。民重宗义，讲世好。婚配论门第，治装具重其家为厚薄。重别藏获之等，即其人盛赀富厚，终不列于流辈。

家多故旧，自唐宋数百年世系可考者比比皆是。昔邑侯王公曰：余始历乡都，行乡约，至七都霞阜汪氏，见其居犹前朝旧创，民皆被弘（治）、正（德）时衣，自生乎未见官府。会饮食至，出高曾瓦器，多洪（熙）、宣（德）年所遗。不桑而麻，女筐满村。叹曰：真古风也。今乃知黟俗大抵然矣。[①]

不仅是黟县，新安地区都有相似的状况，虽然依仗着优越的地理环境，主要还是从事于农业耕作，利用这里自然环境发展农业，但秀丽的自然环境不能为农业发展提供沃土，新安地区的主要土壤类型并不适合耕种粮食，所以就农业而言，也并不能形成其地区性的发展优势。但就是这个明中叶以前的默默无闻的贫瘠之地，却在明清时期开始形成“欲识金银气，多从黄白游”的局面，新安商人的崛起被整个

---

①[清]王曾景修，尤何等纂：康熙《黟县志》卷1《风俗》，清康熙二十年刻本。

中华大地而瞩目。新安商人究竟有多少财富？万历《歙志 · 货殖》记载："姑论吾邑，千金之子比比而是，上之而巨万矣，又上之而十万、百万矣。"嘉靖年间《徽州府志·食货》说："明兴，高皇帝御极之三年、十五年，爰悯元元，两捐（蠲）赋税以徽之民，德至渥矣。而当时经界之吏，司计之臣，踵背尚多。迩年（嘉靖年间）额外之征，坌至稍集，供亿不常，诛求靡制。其以逐末之商，富拟封君。"可见，新安商人手中所掌握的财富之多。这群造就了商业传奇的新安商人身上又有哪些可以挖掘的精神？

第一节　艰苦创业之风

1945 年，胡适为江苏溧阳新安同乡会题写过"我们是徽骆驼"的条幅。"徽骆驼"成为了新安商人吃苦耐劳、百折不挠的代称。天将降大任于斯人也，必先苦其心志，新安商人在创业之路上，克服挫折，演绎着"徽骆驼"的精神。

据江氏族谱记载，江遂志就是一个艰苦创业的典范：

> 遂志先生者，江竹岗公遗腹子，……家计萧然……幼即雅意读书，知两母苦，默负奇志，将大其家以报。然渐不能给朝夕，先生曰："天假两母年，使得当获天子褒嘉。什一中人，殊可自振，安在屈首牖下作庸腐生，冀不可知之遇乎？"即弃产走北地。……虽舟车道路，恒一卷自随，以周览古今贤不肖治乱兴亡之迹。独于其中遇所为忍苦发奋事，即身体力行，不敢履错。于是天涯羁旅，有还金全妇诸美绩，江湖间人争传颂之。随遭诬，税珰尽没其囊。又舟覆，一无所有，赤手来里中，绝口不言其所行。里中人窃叹之曰："子素有大志，今乃作此寂寂。"先生不为挫，曰："古人植槐庭中，以有硕德。吾父高行照人，吾母薪赡一世，何至今不能以生事赡。"……更弃产走豫章，至彭蠡，大风坏舟，仅以身免，复徒手来归。里中人又叹之，谓其穷未易瘳也。先生曰："是区区不得志于时也，乌足难我。"然年已五十矣，有生来数十年中，不出则已，出则未有不蹶且罹祸者矣。颠倒崎岖，不知复有生人之趣。而先生则益信两母之苦不能终抑也，乃作焚舟计，尽弃其产，往来金陵淮扬诸盐策地，用是起家。怡养未几，两母

先后寿去。里中父老感其节，使先生克成厥家，遂举于郡县，藉以上闻，旌表载祀。……而先生亦膺覃恩，授光禄寺丞，乡饮宾礼者四。子孙三代林林于胶庠辟雍之间，已有六七人。[①]

作为江竹岗公遗腹子，江遂志从小因家境萧条，有志为商，一路经历各类磨难，最后终成具有优良品质之大商，受乡闾之敬重。江鳌公"……醇厚孝友，世业淮阴。明末流寇蜂起，生业尽溃。公思恢复，苦心焦思，栉风沐雨，晨夕不怠，家声遂以大振。前人未竟之业，悉为朴葺而增修焉。……课子延名师，朝夕敬礼，子东涛公，芸窗奋志，黉序蜚声，皆公之善教也"。[②] 正是因为长期保持着"徽骆驼"积极进取、矢志不渝的勇气和坚韧，新安商人才得以书写下一段段为商的时代佳话。

第二节 勤俭质朴之风

从新安江走出的新安商人造就了无数的商业传奇，在明清时期留下了浓墨重彩的一页。来自于新安的他们，传承着新安江的精神。也许是因为早期没有利用对外开放的环境格局向外发展，新安经济发展相对落后，使得新安人一早便培养了勤俭质朴的品质。

家居务为俭约，大富之家，日食不过一脔，贫者盂饭盘蔬而已。城市日鬻仅数猪，乡村尤俭。羊惟大祭用之，鸡非祀先款客，罕用食者，鹅鸭则无烹之者矣！较他郡绝无宰割之惨。故自唐宋迄明，每逢改革，为杀戮所不及。亦可见太和元气之征矣，岂尽关山深地僻兵革不到哉！[③]

勤俭为新安一大风俗特点，光绪《婺源乡士志 · 婺源风俗》中提到，"(婺源)

① 江维椿：《济阳江氏族谱》卷9《明光禄丞乡饮大宾应全公原传》，乾隆四十三年刻本。
② 江维椿：《济阳江氏族谱》卷9《清故处十之鳌公传》，乾隆四十三年刻本。
③ 张海鹏、王廷元：《明清徽商资料选编》，黄山书社，1985年，第172页。

婚丧之礼而尚质朴。婚礼重门阀，轻聘纳，无重帛侈筵。丧家以素膳膳客，无饮酒食肉。迩来渐习移靡，一婚丧之费，破中人百金以上之产。前元于文傅公宰婺，以礼训民，禁婚丧之侈费，百姓胁从”。自古以来都以厚葬以示孝义，徽州地区崇尚简约而质朴，这一点对徽州人有着巨大的影响，也影响着外出经商的“徽骆驼”。“至秉礼仗义，自古为然，郡邑悉同。故朴实邻于俭啬，质直状若拘牵，虽闺帏女妇，亦知贞节自矢，尤为比户可风。”[①]大到婚丧之礼，小到家庭自身，新安人无不体现质朴之风。当人拥有巨额财富时，好奢靡享受，多无上进之心。若新安商人如此，又怎能在尔虞我诈的商海之中创造辉煌的业绩。“徽骆驼”身上依旧保持着新安人质朴的家族传统。“(汪）材，字世用，号东源。……早岁丧父，与兄标营商于亮，历任艰苦，创业于家。不惮勤，观其自律之善，则居安逸而志在辛勤，处盈余而身甘淡泊”。[②]“(程君）忍嗜欲，节衣服，与用事同甘苦，克俭克勤，弃取异尚，未几而家温食厚，享奋素封之砾”。[③]“张洲号东瀛，少潜心举业，蜚声成均，数奇蔸偶，抱玉未售。持心不苟，俭约起家，挟资游禹航，以忠诚立质，长厚摄心，以礼接人，以义应事，故人乐与之游，而业日隆隆起也”。[④]新安商人立家创业后依然保持一颗赤子勤劳俭朴的赤子之心，在商海中得以立足。

第三节　乐善好施之风

新安商人由于“贾而好儒”。在经商活动中，绝大多数人比较重视人文精神，讲求理性追求。

洪辑五，(乾嘉时婺源人）幼习举子业，志在观光利用，旋以家贫亲老，遂弃而就商。其为人也，轻货财，重然诺，义所当为，毅然为之，不挠于俗论，有

① 张海鹏，王廷元：《明清徽商资料选编》，黄山书社，1985年，第23页。
② 张海鹏，王廷元：《明清徽商资料选编》，黄山书社，1985年，第66页。
③ 程善述：《褒嘉里程氏世谱·歙西功叔程君传》，康熙十一年（1672）刻本。
④ 曹嗣轩编撰，胡中生，王夔点校：《休宁名族志》，黄山书社，2007年，第372页。

古君子风。故凡乡之鼠牙雀角者，必尽言排解之始快，而于驾骜难顺者，往往解己囊以阴调之，其相持不下，即终不偿弗计焉。以故人咸敬爱之，推为群商领袖及先生策名为上舍生也。卓卓有声太学，一时士大夫交口称誉，咸以经济才许之。[①]

洪辑五从商亦不忘初心，与人友善，多行义事，一心向善，得到大家的敬爱、敬重，做人如此，行商亦如此。虽然致富，但他们依然自奉俭约，克勤克俭。当他们面对国难民困或旱荒水灾时，又秉持着乐善好施的精神。《黟县三志》中的《人物·义行》记载商贾舒遵刚“居家俭而好施，在饶州倡修朱文公书院，倡施钱粥药植，以救水灾疫患，饶人交利之”。新安商人以“以义为利”，在拥有巨额财富之后没有沉迷于享乐和挥霍，更倾向于将自己所拥有的财富用来“济乡里”“修桥梁”“置义田、义冢”等义举。新安商人在追求金钱利益的同时继承了程朱理学“义”的思想。江通跟随父亲一起出外为商，回乡后“尝创建支祠、兴造文昌阁，廉而且勤，凡修桥路及赈贫恤寡，倾褒无难色，有借难偿者焚其券”。[②]《徽州府志》中记载明代歙县岩镇人余文义“好义如饥渴。构义屋数十楹，买田百二十亩，择族一人领其储，人日铺粟一升，矜寡废疾者倍之。丰年散其余，无年益贷补乏，岁终给衣絮。又度地二十五亩，作五音冢于岩溪之堙，听乡里之死者归葬焉。”《岩镇志草》中记载他“置义田以养族之不给者，义屋以居之无庐者，义塾以教族之知学者，又市隙地数十亩为义冢。以利行人，年输八十而义行不衰”“置义田、义屋、义塾、义冢，以赡族济贫，所费万缗。又捐四千金，造石挢于岩镇水口，以利行人，人谓之佘公桥。年逾八十，行义不衰”。[③]同时期休宁人汪社生“嗣后家日隆起，输金于钫以供蒸尝，输田以备粢盛，天寒施粥于路，无衣者赠以棉衣。敦善不怠，举乡饮”。[④]同休宁人吴永亨“乾隆壬寅，漕挽接运，族乏殷丁，众苦赔累，乃独任其事。庚辰，赎军田济屯运，首先捐赀协众赎田。遇岁歉，则平粜以济乡人。”[⑤]《歙县志》的《人物志·义行》中记载巴源立“尝葺祠宇，置祀产，修渔梁至郡治河石栏及紫阳桥诸善举。以于树蕃赠

① 张海鹏、王廷元：《明清徽商资料选编》，黄山书社，1985年，第279页。
② 章绪苗：《西关章氏族谱》卷24《家传》，道光二十九年(1849)木活字本。
③ 张海鹏、王廷元：《明清徽商资料选编》，黄山书社，1985年，第342页。
④ [清]何应松主修：嘉庆《休宁县志》卷14《人物·尚义》，清嘉庆二十年刻本。
⑤ [清]何应松主修：嘉庆《休宁县志》卷15《人物·乡善》，清嘉庆二十年刻本。

通奉大夫”。江灵裕“兄殁，携侄经商，客中寄财物常先嫂氏，并为侄完婚。……尝贾于温州，总理茶务。有恒泰银号沿市籍未销，误兑四千金，裕悉返之。遇友程某，被人诱赌输数千金，欲自经，裕浼亲朋力助摊偿”。道光《安徽通志 · 义行》记载明歙县人汪光晃和清婺源人张添茂“专务利济，族中茕苦者，计月给粟。设茶汤以待行李，制棉絮以给无衣，施医药以治病人，设义馆以教无力延师者，岁费凡数百金。又每岁施棺，行之数十年，所费以万计”。“景镇荒歉，仍命子世令输三百金，买米赈给，远近咸称其义”。①这样的举动不胜枚举，各个地方县志都对新安商人乐善好施有所记载。

以深公，号少渠，倜傥不群。贾天长铜城镇，生殖日饶，义中取利，人服其公。曾助建本地舆梁二处，置义冢、施棺椁、埋骼骼、助婚、存殁，感德于村间，尤多义举。中丞公倡建宗祠寝宝神座未成，公捐二百余缗以竟其事，中丞公推重之。②

就如上所描述，不同于传统儒生的“义”，新安商人最多的做法就是“义中取利”，新安商人的“义中取利”是一种群体性的行为，而且在富裕之后新安商人往往选择“置义冢、施棺椁、埋骼骼、助婚、存殁”等行为来回报家乡。新安商人的“义行”不仅是群体行为，甚至可以说是一种家族行为。

府君姓吴氏，讳锅，字岘山，号嵩堂，歙之丰南人（清康乾间盐商）。……府君平生仁心为质，视人之急如己，力所可为即默任其劳，事成而人不知其德。其或有形格势阻，辄食为之不宁。居，尝语不孝（吴绍浍）等曰：“我祖宗七世温饱，惟食此心田之报。今遗汝十二字：存好心，行好事，说好话，亲好人。”又尝曰：“人生学与年俱进，我觉厚之一字，一生学不尽，亦做不尽也”。③

① [清]吴鹗修，汪正元等纂：光绪《婺源县志》卷32《人物 · 义行》，清光绪九年刻本。

② 江维椿：《济阳江氏族谱》卷9《明处士以深公传》，乾隆四十三年刻本。

③ 吴吉祜：《丰南志》第5册《皇清附贡生诰授资政大夫候选道加四级恩加顶戴一级又恩加一级议叙加六级显考嵩堂府君行述》，《中国地方志集成 · 乡镇志专辑》第17册，第395页。

清康、乾时期，新安商人的财富在全国范围内都是首屈一指的，尤其以盐业、木业为最。但是拥有巨额财富的新安商人，没有随着财富的增加而骄奢。相反，他们始终保持着一颗“仁”心，遵记代代相传的家规家训，并且劝谏后人保持这样的一颗仁厚之心，可称之为“大义”。乐善好施、以义为利的精神一直贯穿新安人的一生，而新安商人更是将这种精神带出了新安江流域。

第四节　诚信为本之风

朱熹有言，“诚是不欺妄底意思”“妄诓欺诈不诚，信是个人所为之实”。《说文》中曰：“诚，信也。”而重诚信的表现就在于重然诺。张洲以“忠诚立质”“而业日隆隆起也”。以诚信之心行义举，毕周通“邻村有故旧王氏病笃，子初喜尚幼，延通至榻前，以六十余金纳通袖，为藐孤计，人无知者。通归，另立一簿记其年月数目。喜长，果苦无生计，日事樵采。通知其克成立，乃置酒约其叔与喜至，出簿，权子母如数畀金”。“无商不奸”这样的俗语似乎在新安商人之中行不通。光绪《婺源县志》中记载：“程焕铨尝与兄业茶，亏折负债数千金，铨鬻已田抵偿。番禺友人张鉴，使宗人运盐二万有奇往海南，属铨管领。比至，鉴已殁，宗人欲瓜分之，铨力争不可，完璧而归，其子感谢。”新安商人之所以能够形成商帮的原因在其待人之诚。新安商人以诚信起家，由于新安商人基本经营的都是小本买卖，以诚信立本，逐渐积累客源。

> 黄龙孙（婺源人）……贸易无二价，不求稾余，取给朝夕而已。诚信笃实，孚于远迩。有借贷者，虽数十里互求居中，不须券约，而彼此自协。口讷讷不能言，未尝就中规利，惟此坦白之怀，始终不移，以为联络。自颜其堂曰彝叙，使子孙顾名思义焉。①

①［清］吴鹗修，汪正元等纂：光绪《婺源县志》卷36《人物·义行》，清光绪九年刻本。

为商者，对客诚信是重中之重。汪源茂“尝有友银数百两，托茂名存店孳息。友暴卒，伙未悉其故，以银归茂，茂不受，召其子还之。堂弟负逋，势将倾产，茂解弃代偿”。人无信不立，国无信不昌。新安商人之所以能在变幻莫测的商海中得以立足，与诚信待人有不可分割的关系。经商的长久之道在于得到百姓与消费者的信任，才能在商场中立足，经营才能得到持续的传承。新安商人重诚信的精神，就是他们在商海中开辟出一番天地的重要支柱。

> 吴鹏翔（清休宁人）……侨寓汉阳，指囷解囊，好行其德。汉阳荐饥，鹏翔适运川米数万石至，计之可获利数倍，悉减值平粜，民赖以安。自大吏至郡县，咸与嘉奖。又尝市椒八百斛，或辨其有毒，售者请毁议。鹏翔卒与以直而焚之，盖惧其他售而害人也。屡举宾筵，不就。年八十一卒。①

从吴鹏翔的行为中可以看到为商以诚信为本。洪迈《容斋随笔》中就有“为商诚信不欺”的故事。为商者以诚信为本，欺人的本质其实是欺骗自己。“章正浩（道光时人），字养然，太学生，加兰翎候选同知。洪扬之乱，年甫幼冲，备尝艰苦。承平后，即往衢州贸易，以信义著闻，基业日隆，家道渐裕”。②“梅庄佘先生文义（歙县人），家素贫，弱冠行贾，诚笃不欺人，亦不疑人欺。往往信人之诳，而利反三倍。中年积著累数千金，居乡以长厚闻”。③也就是这种多数商人鲜有的诚信一直在徽商身上传承，才为徽商积累了财富。正是因为以诚为本，使得徽商在短时间内就有巨大的发展。

一个诚信之人，其感召力是巨大的，就如新安商人的存在，以小本买卖起家的新安商人，最终却形成了一个巨大的商帮。新安商人的诚信之本所产生的生命力是无穷的。这样的新安商人精神，在现当代都是为商者的学习榜样，以诚待人，不仅为自身行商积累人气，同为商者也可相互合作，携手共赢，从而形成良好的行商风气。

---

① [清]何应松主修：嘉庆《休宁县志》卷15《人物·乡善》，清嘉庆二十年刻本。

② 章绪苗：《西关章氏族谱》，清道光二十九年木活字本。

③ [清]佘华瑞：《岩镇志草》，黄山市徽州区地方志编纂委员会，2004年，第103页。

第五节　注重孝义之风

新安江流域的人十分注重宗法思想，而宗法思想作为儒学的根本思想之一，包含了丰富的内容，举其大者，孝为先。《新安月潭朱氏族谱》中记载了朱氏家礼，其中记载徽州社会“用能慈孝敦睦，守庐墓，长子孙，昭穆相次，贫富相保，贤不肖相扶持，循循然，序别而情挚”等习俗，首先就提到“慈孝敦睦”的风俗。在新安商人的祠规祖训中，往往都是孝父母，敬兄长，为首位。白居易诗言“商人重利轻离别”，但是新安商人却一直保留着传统的孝义观，没有被金钱的铜臭所淹没，以敬养父母，亲兄弟为先。如许文广“……时家贫，辟纑礼师以课公，而衣食亦资以出。公一日泣曰：‘吾力人子不能养母，顾使母养耶！我生之谓何？’乃弃儒就商，日夜淬励，惟以母劬劳忧涉，旬岁遂能立门户。……公读鲁论，感‘父母在不远游’之语，故经背江湖，每岁必一归，或再归焉。……尝与兄文卿公合货商游，必居其兄于逸而以劳自任。兄每慰之，公曰：‘服劳弟子职也，愿兄无爰焉’。”[①]《孝经·开宗明义》篇中讲“夫孝，德之本也”。秉持一颗仁孝之心，赡养父母，尊敬兄长，为品德之本。新安商人作为拥有巨额财富的群体，并未轻离别，远亲属，而是以亲孝为先，始终保持慈孝之心。这样的仁孝之心，在继承新安的亲孝传统的同时，新安商人们经商过程中又将其带出新安，使得重情重义的新安商人能够更好地被社会所认可，从而也使他们的经商之路更加顺利。

马禄，字天祥（明祁门）城北人。家贫，父病，尝负薪易值求医药，终夜侍卧侧，不即私寝者数月。长力商，客常州。人以四百金寄禄所，同旅者盗金亡去，禄秘不言，整己贺以偿。后盗败，得所寄金，友人始知初所偿禄金也。访至禄所，邀禄里人，置酒宴会，还前代金，禄终不受。嘉靖戊午修学宫，禄自投牒输三百金佐资。家置祭田，修六世以下茔冢。[②]

① 康熙《祁门县志》卷4《孝义》，按：万历《祁门志》卷3《民行》所载与上同。
② 康熙《祁门县志》卷4《孝义》，按：万历《祁门志》卷3《民行》所载与上同。

传统新安商人对于孝义的理解并不止于对于父母兄弟的孝义，也体现在对于宗族及社会责任的重视。如马禄选择“修六世以下茔冢”，同时反哺社会，关注儒学发展选择“嘉靖戊午修学宫，禄自投牒输三百金佐资”，给自己世代所生长的家乡以相应回报。

> “胡天禄，字慕峰，（明祁门）一都胡村人。幼贫而孝，孺慕终身不忘。后禄操奇赢，家益丰。以族有思本祠祀先祖以下，遂构报本祠祀其亲。先是族人不戒于火，焚其居，禄概为新之。又捐金定址竖建第宅于城中，与其同祖者居焉。又输田三百亩为义田，请缙绅先生序之，订为条例。蒸尝无缺，塾教有赖，学成有资。族之婚者、嫁者、丧者、葬者、嫠妇无依者、穷民无告者一一赈给。大约皆师范希文法。曾孙征献缵绪遗志，亦输田三十亩，盖有余而增未备，厥有祖风。[①]

新安人本就重视宗族的发展以及延续，所以新安的谱牒文化在全国范围内也是首屈一指。新安商人保持着重亲族的品质，将孝义融于对家族整体的一种回报，捐金、赈给、修学堂等义行比比皆是。可见，经商创业以养父母、“垂裕后昆”，亦能“大振其家声”。[②]

新安商人的孝义不止于传统儒学意义上的敬父母，亲兄弟。是一种以家族为重心的孝义，在财富积累之后，多以修家祠、置学官、助祭田等行为。如“李秀，（明祁门）严源人。性好义，少探奇赢术，为贾真州，赀致大千，往往以济人为事。邑学宫圮，议修复，秀捐金佐用，官义之，至今春秋祭扫胙肉。家柯未建，秀独力创成。助祭田，祀祖先。其他为善于乡，济贫乏、赈岁饥、修造桥梁道路，善迹可纪者甚多，细不胜书。”[③] 是一种建立在宗族体系之上的孝义。

---

① 康熙《祁门县志》卷4《孝义》。

② 李晖，李春荣：《三田李氏统宗谱·环田明处士松峰李公行状》，明万历四十二年刻本。

③ 康熙《祁门县志》卷4《孝义》，按：淮南津贴法，指盐船覆溺者，众商津贴之事。见《国朝耆献类征》卷458《鲍志道传》。

第六节 贾而好儒之风

新安商人的乐善好施、诚信、孝义等精神，在新安地区将经商和儒家思想搭建起了桥梁。“新都三贾一儒，要之文献国也。夫贾为厚利，儒为名高。夫人毕事儒不效，则弛儒而张贾；既侧身狳其利矣，及为子孙计，宁弛贾而张儒。一弛一张，迭相为用，不万钟则千驷，犹之转毂相巡，岂其单厚计然乎哉，择术审矣。”[①] 新安地区的商业发展和儒家思想，可以说在新安商人的商业活动中得到了最大程度的平衡。商人们所秉持的理学思想没有与商业思想相互冲击，反而相互促进。

> 古者四民不分，故傅岩鱼盐中，良弼师保寓焉。贾何后于士哉！世远制殊，不特士贾分也。然士而贾其行，士哉而修好其行，安知贾之不为士也。故业儒服贾各随其矩，而事道亦相为通，人之自律其身亦何艰于业哉？……处士讳远，字万里（明成化嘉靖间休宁人）。……公贾而儒行者也，其裕父之志，启诸于以儒，精勤心思在焉。又让所丰于昆季，而自居其瘠者，诸细行不悉数。儒者所谓躬行率先宜乎。其子太学生钰，才美而行懿，次子亦锓锓露□光，夫固有先之者矣。[②]

根据《汪氏统宗谱》中的记载可见，在当时新安地区的很多地方并不认为商儒之间有巨大的差别。相反的是，两者之间有相同。并且以汪万里为例子，其家族之中父子传承，就将儒贾相互平衡，为商行儒学之义；又将经商之道与儒家精神结合传承，使两者之间都有提升。歙县许西皋说：“人之处世，不必拘其常业，但随所当为者，士农工贾，勇往为先，若我则业贾者。”[③] 他认为“四业”皆无本质区别，人不应拘泥于某种工作形态，而是要勇往直前地去从事自己喜欢的行业，并且说出“若我则业贾者也”。这样在家谱中就对鄙夷商业的思想有了纠正，缓解了新安商人的心理压力，形成了“贾而好儒”的社会风气，或者“儒而好贾”的氛围。王世贞说：“徽

① [明]汪道昆撰，胡益民、余国庆点校：《太函集》卷52《海阳处士金仲翁配戴氏合葬墓志铭》，黄山书社，2004年，第1099页。

② 汪同文：《汪氏统宗谱》卷168，明万历三年刻本。

③ [明]方兴：《新安许氏世谱》文集卷3《西皋许公行状》，明隆庆二年刻本。

之地四塞多山，士狭民众，耕不能俗食，故多转贾四方，而其俗不讳贾。贾之中有执礼行谊者，然多隐约不著，而至其后人始，往往修诗书之业以谋不朽。”[①]新安商人在人数和财富上都雄踞一方，这样的新安商人更寻求心灵上的安宁。而这种心灵上的安宁则多数来自于新安商人对儒的追求，他们自内心深处就对儒学有极大的向往，无论在家谱和县志中都有记载。汪道昆说："服贾而仁义存焉，贾何负也。”[②]他认为儒学和经商之间并不存在价值观的不同，更不用考虑贵贱之分，新安商人在经商和儒学之间做到了较好的平衡。许承尧说："商居四民之末，徽俗殊不然。歙之也盐于淮南北者，多缙绅巨族，其以急公议叙入仕者固多，而读书登第、入祠垣跻朊仕者，更未易卜数。”[③]在新安地区，四民之中商末的思想已经有了一定的改变，新安商人的社会地位得到了认可，形成了当时独特的社会风气。“初，处士贫，幼无以学，长服贾，乃始购书读之，然无常师，独从人受章句，既通大义，辄孜孜务躬行。尝会诸贾人举兰田乡约。”[④]“天都程君，讳善敏，字公叔。……弃儒就贾，承祖父之遗业，客廛于舂谷之清江，行白圭治生之术。用是总一乡之约，衡一镇之平，排难解纷，立纲陈纪，秉公扶正。”[⑤]大量史料中都有将经商与儒学的精神结合在一起的记载。

为什么在新安地区经商和儒学能够得到很好的平衡？大概来自于许多商贾的双重身份的存在。从儒转向商的双重身份造就了新安商人虽为商贾，却始终保持着新安地区独特的儒风精神。新安商人“以义为利”，以儒之精神来引导自己从商之道。

> 翁张姓，名光祖，字懋仁，一名勋。……翁少习进士业，从学于先乡进士方君直门下，授春秋三传，领会奥旨。逮壮，屡试主司，弗克展底蕴，寻业商，时或值大利害事，每引经义自断，受益于圣贤心法最多。[⑥]

由该人物传可见，许多新安商人本来的身份即为儒者，他们或一开始就为儒，

---

① [明]王世贞：《弇州续稿》卷116《处士程有功暨配吴孺人合葬志铭》，《景印文渊阁四库全书》，台湾商务印书馆，2008年，第1283册，第631页。

② [明]汪道昆：《太函集》卷29《范长君传》，黄山书社，2004年，第638页。

③ 张海鹏、王廷元：《明清徽商资料选编》，黄山书社，1985年，第39页。

④ [明]汪道昆撰，胡益民、余国庆点校：《太函集》卷47《《明故处士吴公孺人陈氏合葬墓志铭》，黄山书社，2004年，第998页。

⑤ 程善述：《褒嘉里程氏世谱 歙西功叔程君传》，清康熙十一年刻本。

⑥ 张宪：《张氏统宗世谱》卷8《毅斋翁传》，明嘉靖十四年刻本。

或家中有人为儒。如《处士起凤公传》中有记载："海阳（休宁）汪君，讳起凤，宇虞仲，别号翔宇。……少好读书，从父四峰公命以儒服贾。而虞仲廉洁谦让，犹然贾之儒者。与其兄分异，资悉奉兄，而券皆自与，且付之祖龙。客南陵，虞仲发始燥，辄以意气自命，持杯看剑外，绝口不道奇赢，同列甚重之。不言利而自饶，谓鸱夷子复生弗逮也"。[①] 汪起凤就是以儒服贾，经商之中保持儒生之操行，并且致力于儒学的传播与精神之传承。如"（江通）一名廷泰，字汝侯，登仕郎。赋性质直，随父服贾，以义获利，为乡里所重。尝创建支祠、兴造文昌阁，廉而且勤，凡修桥路及赈贫恤寡，倾褒无难色，有借难偿者焚其券。"[②] 又如"江义龄，字舜年，（清歙县）外村人，性正直。少读书，以父老弃儒服贾。博微利以养父，得优游以终。尝贸易芜湖，有误投多金者，却弗受，人称江公道云。"[③]

《明故处士程德鲁墓志铭》中记载：

> （程）得鲁，名参，世家泰塘，居闾右。余尝表得鲁父墓，其先世载表中。父曰子镖，以正德癸酉举得鲁。得鲁独子，父珍之。少从县诸生旸受经。旸，宗人也。……其后，得鲁病，乃从父贾淮扬，父业故饶，至得鲁益息。父任椎直，得鲁逡逡下人，人多附之。……即得鲁善贾，必轨于正经。诸贾人阑出水乡盐，射重利，得鲁独不可，毋捍扦文罔以规利权。及事觉，逮系数十百人，人益以早见多得鲁。得鲁虽服贾，其操行出入诸儒。尝曰："吾父以朴示子孙，即参不贤，愿师吾父朴。"[④]

程德鲁虽为商贾，操行却依旧如儒生，他的操行更是影响后代，为后代所继承。这无不证明，富甲天下的新安商人深受儒家精神的感染。许多商人身份就为儒者，或者家中有人为儒，儒家思想伴随着他们的成长，使他们的成长环境中造就了这样的精神风气。正是如此，在新安地区，商业和儒家思想得到了极大程度的平衡。

---

① 汪澍：《休宁西门汪氏宗谱》卷6《处士起凤公传》，清顺治九年刻本。

② 章绪苗：《西关章氏族谱》卷二十四《家传》，清道光二十九年木活字本。

③ 江登云辑，江绍莲续，康健校注：《橙阳散志》，安徽师范大学出版社，2018年，第78页。

④ [明]汪道昆：《太函集》卷48《明故处士程德鲁墓志铭》，《续修四库全书》第1347册，第351～352页。

> 始（李）仲良（明正德万历间人）在外傅，故以敏给学为儒。及公役烦兴，父大困，仲良乃释业为贾，为俯仰资，居常不竞刀锥，顾工握算。雅以然诺取重，片言可质千金，且善居间，谈笑而两家之难解。转毂所至，乐与诸豪长游，居息日赢，齿于上贾。竞然惧为怨府，务折节下人，市猾以家人产质母钱，久之踞产倍约。仲良笑曰：“是皆傥然而去者也。”听之。……丁年不宜子，既逾四十，遂举子五人。乃举箧中券焚之，置千金勿问。五子岳立，授事各以其材。长应春、次应时皆籍胄子，次应芳受贾，次应和、次应元籍京兆诸生。①

也正是这样的儒学精神与经商之道的结合，使新安商人精神中充斥着重然诺、以义为利的特点。为何新安商人可以在商海中繁荣百年？就是不断地从儒学中吸取经商之义、经商之诚，这两者间相互配合，相互平衡，逐渐形成“贾而好儒”“儒而好贾”的社会风气。如“（江）世禄公，字叔礼，初习儒以恢拓先业，未竟厥志，遂弃儒服贾。虽勤于生，而殖轻利重义。于祠堂祖墓以及庵观桥路恒多，乡人德之”。②就是将儒的精神代入经商之中，重义而轻利，儒学融入了新安精神，而新安精神融入新安商人之中。有许多学者提到，在明清时期“贾而好儒”是一种普遍现象，不仅存在于新安地区，无论晋商，还是其他任何一个传统地域商人群体，定然会有大量“好儒”商人个案存在，所以这不能仅作为新安商人的特点。张明富认为：“学界大多认为‘贾而好儒’是明清时期徽州商人的特色之一。然而，在同时期的江浙、山西、广东，以及陕西、江西等地的地域商人中，这种‘贾而好儒’的习性也甚为流传。事实表明‘贾而好儒’并非徽商的特色，而是较为普遍地存在于明清时期的一般商人群体之中。”③但就现有学者的研究结果表明，其他地域的商人的“好儒”为个案现象，几乎没有像新安地区这样大面积的群体现象，尤其像新安地区这样“先儒后商”或者“先商后儒”现象。新安商人在整个经营活动中面临的竞争是十分激烈的，因为重视儒学而形成的经营特色，对于新安商人在长期的竞争中立于不败之地有重要的作用。新安地区形成了商与儒的良性循环，整合了儒学的新安商人也是

---

① [明]汪道昆：《太函集》卷55《明故处士李仲良墓志铭》，《续修四库全书》第1347册，第421页。

② 江维椿：《济阳江氏族谱》卷9《明处士世禄公传》，清乾隆四十三年刻本。

③ 张明富：《“贾而好儒”并非徽商特色——以明清江浙、山西、广东商人为中心的考察》，《中国社会经济史研究》2002年第4期，第14页。

将这种精神代入自身经营发展所需，相互影响。

> 讳迁曦，字天曜，南滨其别号也（居歙县瀹源）。……励志经营，商于吴梁间。所至交纳豪杰，为江湖望，家业益以丕振。及四十，知长于宸有干蛊能，遂付之而归，专以纲纪宗族为己任，训饬于弟严而有礼。弱不能立者，扶植之；贫乏无以自给者，济之。……常念方氏入国朝以来，宦学继美无间，近世兹寖有愧，乃谋诸族，肇建书屋于金山隈，俾后嗣相聚相观以振儒业。……
>
> 先是瀹潭之北有汪洋港，去郡治十五里，舟道斜迤，下多巨石，善舟茗过此犹或危之。公悯其劳且剧，招工开凿，曲尽筹画，三阅岁而港始通。沿崖无路，则曳舟者尚未脱险。公复伐石筑堤，直抵箬镇。岭麓濒河，建亭以便行人之憩息。……卒于嘉靖乙巳十月十九日，距生成化甲辰十月十一日，得年六十有二。①

无论是哪一种文化都有自身的价值体系。新安商人这一群体的形成并非偶然。新安山水虽好，却不利于民生。吴吉祜说过："新安多名山，少甫田沃壤，输挽钟釜，粟皆外至。"② 就农业而言，新安地区没有什么优势，而农业一直以来都是中国传统社会四业之首。新安的山是闭塞的，但新安的水是开放的。③ 也正是这开放的水，为新安的发现带来了机会，是这开放的水将新安推向了外界，使新安商人走上的历史舞台，并且在商界占据了一席之地。新安商人的形成是新安的地理环境和新安发展状况相结合的必然，也将新安商人的精神带向整个商海。

新安商人和教育被称为新安发展的两翼，而新安商人的崛起，为新安的发展提供了厚实的经济基础。张海鹏先生曾经提出，新安商人是明清徽州社会和文化发展的"酵母"。可见，新安商人对于整个新安的影响之大。新安商人不但影响着新安，更影响着明清时期的经济发展。

---

①《方氏会宗统谱》卷19《明故处士南滨方公行状》，转引自张海鹏、王廷元：《明清徽商资料选编》，黄山书社，1985年，第439页。

② 张海鹏、王廷元：《明清徽商资料选编》，黄山书社，1985年，第48页。

③ 关于"徽州的山是闭塞的，水是开放的"这一观点，已经得到了许多徽学家的论证。

第十二章　新安商人的家谱编修

新安流域内有发达的家谱编修意识与家谱作品，同样新安商人在明清时期更是雄霸全国，这自然会让人联想起两者之间是否有着某些方面的联系。事实上，在一些新安文献中也大量记载了新安商人资助家族修谱的行为，这至少已从一个侧面反映了新安家谱与新安商人之间是有密切联系的。通过对明清新安家谱的考察可以发现，在新安家谱与新安商人之间，不仅新安商人影响了新安家谱，同时更重要的是新安家谱对新安商人产生了影响。下面将分两个方面论述两者之间的互动关系：一是新安家谱对新安商人的影响；一是新安商人对新安家谱的影响。

第一节　新安家谱对新安商人的影响

新安家谱作为一种精神产品，其产生影响是深层次，是观念性的影响，这种影响同样也表现在对新安商人的影响上面。可以这样说，新安家谱在观念方面为新安商人的行为提供了精神支柱；同时，能够进入家谱是新安商人的一种精神追求。另外，在实用层面上，家谱还为新安商人的交际行为提供了保证，是其子孙进入仕途的凭证。

一、“良贾何负闳儒”

明清时期的新安商人已是雄霸天下，从数量上来看，新安商人数众多，对新安地区较为熟悉的王世贞说：“新安居僻居山溪中，土地小狭，民人众。世不中兵革，故其齿日益繁；地瘠薄，不给于耕，故其俗纤俭习事。大抵徽俗，人十三在邑，十七在天下，其所蓄聚则十一在内，十九在外。”① 新安人自己也说：“业贾者

① [明]王世贞：《弇州山人四部稿》卷61《赠程君五十叙》，《景印文渊阁四库全书》第1280册，台湾商务印书馆，2008年，第92页。

十七八。”[①] 从另一方面反映新安商人数量众多的是出现了“无徽不成镇”的局面，新安商人的遗迹更是无处不在，“滇、黔、闽、粤、豫、晋、燕、秦，贸迁无弗至焉。淮、浙、楚、汉，其迩焉者矣”。[②] 从资本的积累看，明中叶时，“新安大贾，鱼盐为业，藏镪有至百万者，其他二三十万则中贾耳”。[③] 到清代，新安商人的资本进一步扩大，“资本之充实者，以千万计，其次亦以数百万计”。[④] 新安商人的强大，在人数上和资金上都可以雄视四方。但是否可以说他们在社会地位，特别是社会心理上也已经占据了优势地位呢？

在儒家思想占据主导地位的社会氛围中，新安商人要想在社会心理上寻求与他们财富相同的力量，在儒与贾之间寻找到平衡点也不是一件易事。从他们对儒学的追求可以反映他们对儒学的追崇，王世贞描述道：“徽之地四塞多山，土狭民众，耕不能给食，故多转贾四方。而其俗亦不讳贾。贾之中有执礼行谊者，然多隐约不著，而至其后人始，往往修诗书之业以谋不朽。”[⑤] 可见，新安商人在内心深处对儒学的向往，还是被他人洞察了。

但从王世贞的话中也可看到，新安“其俗亦不讳贾”。王世贞的好友汪道昆更是说：“大江以南，新都以文物著。其俗不儒则贾，相代若践更，要之良贾何负闳儒，则其躬行彰彰矣。”[⑥] 可见，他不仅不讳言新安商人，而且还提出了“良贾何负闳儒”的观点。新安商人何以能够达到“良贾何负闳儒”这种思想认识，除了新安士人如汪道昆等人的倡导外，新安商人家谱在其中起到了不可低估的作用。

新安家谱的大力宣传与提倡是“良贾何负闳儒”思想形成的基础。新安家谱中关于这方面的记载较多，典型的有明嘉靖年间歙县许秩说：“丈夫非锐意经史，即寄情江湖间，各就所志，期无忝所生而已。”[⑦] 可见“锐意经史”与“寄情江湖”两者都是“各就所志”，并无本质上的区别。其后休宁汪弘也说：“士商异术而同志，以

① [明]李乔岱纂：万历《休宁县志·舆地志·风俗》，明万历三十五年刻本。

② 许承尧撰，李明回、彭超等点校：《歙事闲谭》卷18《歙风俗礼教考》，黄山书社，2001年，第603页。

③ [明]谢肇淛：《五杂俎》卷4，《续修四库全书》第1130册，上海古籍出版社，1995年，第412页。

④ [清]李澄：《淮鹾备要》卷7，清道光三年刊本。

⑤ [明]王世贞：《弇州续稿》卷116《处士程有功暨配吴孺人合葬志铭》，《景印文渊阁四库全书》第1283册，台湾商务印书馆，2008年，第631页。

⑥ [明]汪道昆：《太函集》卷55《诰赠奉直大夫户部员外郎程公暨赠宜人闵氏合葬墓志铭》，黄山书社，2004年，第1146页。

⑦ 歙县《许氏世谱·平山许公行状》，明隆庆刊本。

雍行之艺，而崇士君子之行，又奚必缝章而后为士也。”[①] 歙县许西皋则说得更清楚明白，他说：“人之处世，不必拘其常业。但随所当为者，士农工贾，勇往为先，若我则业贾者也。”[②] 直接说明商与士农工并无本质区别，并且很自豪地说“若我则业贾者也”。这不仅反映了一种良好的心态，也表明了这些成功的新安商人在儒学占主导的社会中寻得了心理上的平衡。

祁门彭龙

经过上述这些舆论宣传，传统儒家思想的儒贾之间的矛盾得到一定程度的调和，新安商人在社会心理上也可获得相应的平衡。新安家谱中一些新安商人关于儒家道德观念在商业行为中的表述，也体现了这种平衡结果。如，歙县《竦塘黄氏宗谱》记载黄公鉴：“公名鉴，字国明，姓黄氏，……世为竦塘人。父应鳞公，殷富好礼。……治猗顿盐业，商游通泰，闻诸贾人设智巧、仰机利，公曰：‘嘻！此辈卑卑取富，益目前耳，大贾顾若是耶！当种德也。德者，人物之谓也。’公之父子相授受以为大贾者，非以德欤？”[③] 大贾“当种德也”的表述，正是儒家思想在新安商人心理上的反映，也说明在新安家谱中不断宣扬的也正是儒家思想与商人心理上的沟通。这一

① [明]汪湘纂：徽州《汪氏统宗谱》卷116《弘号南山行状》，明万历三年刻本。

② 歙县《许氏世谱·西皋许公行状》，隆庆刊本。

③ [明]方信纂修：歙县《竦塘黄氏宗谱》卷5《黄公鉴传》，明嘉靖四十一年刻本。

点从汪道昆的话中可以进一步得到阐释，他说："服贾而仁义存焉，贾何负也。"[①]清楚地表明儒学与经商之间的共同之处，两者在传统价值观上是一致的，并不存在任何矛盾，仅是体现价值观的方式不同而已，并不存在高低贵贱之分。

正因为如此，在新安地区商居四民之末的观念已有所改变，在人们的心里从事商业活动已有了较充实的理论基础。有了这种心理上的平衡，才能更合理地理解为何在新安地区出现"贾而好儒"的社会风气，或是"儒而好贾"的大众行为。

总之，在徽州地区"人庶仰贾而食，即阀阅家不惮为贾"。[②]虽与新安地区地理、人口环境密切相关，但与这种观念的转变是密不可分的。而作为家族历史的家谱在其中的宣扬作用，也是不言而喻的。

二、名垂家史是新安商人的一种精神追求

从历史意识角度出发，名垂青史是中华民族的一种精神追求，也是每一个有成就人的梦想。自司马迁将"不令己失时，立功名于天下"作为一种人生评价标准，并且将素封之家的商人写入《货殖列传》之后，商人入史已成为成功商人的追求。但在"重本抑末"传统思想的影响下，司马迁的编写原则和方法并没有被继承。在传统社会，无法进入史学视野，不能不说是商人的遗憾。但富比王侯的商人，特别是富甲天下且深受儒家思想熏陶的新安商人，如何在历史的长河中为自己定位，自然成为他们思考的问题。在正史中留名，固然是最有吸引力的，但这不是他们所能决定的。然而，利用家谱使自己的大名及德行在宗族内广为传颂是现实可行的。

在新安家谱中规定："凡商而富者，则书曰由商起家；子孙有学者，亦曰公能教。"[③]基于这种原则，新安家谱中保留了大量新安商人的传记、行状。《竦唐黄氏宗谱》卷五中有《处士乐斋黄公行状》《明故处士黄公豹行状》《明处士竹窗黄公崇敬行状》《东庄黄公存芳行状》《云泉黄君行状》《黄公鉴传》及《节斋黄君行状》等多篇新安商人人物传。其中，特别值得关注的是，该家谱中还收入了一名女商人的传记资料。这进一步证明了新安家谱中所表现出来的关于商业观念的转变。该家谱记载：

孺人讳盛，溪南吴氏女，归竦塘黄氏，为处士用礼君之配。……处士少习

① [明]汪道昆：《太函集》卷29《范长君传》，黄山书社，2004年，第638页。
② [明]唐顺之：《荆川先生文集》卷15《程少君行状》，上海书店，1989年，第36页。
③ 吕龙光：歙县《大阜吕氏宗谱·凡例》，民国二十四年刊本。

举子业，已弃去，游广陵淮阴间，以居积起家，家政悉倚孺人。……泉布出入，不假簿记，筹算心计之，虽久，锱铢不爽。处士既得孺人，无内顾虑，专精乘时，致赀巨万。处士卒，子濡继其业，赀益大殖。是时海内平又久，江淮为京南北中，天下所辐辏，擅赢利其间，号素封者林积，而黄氏二世尝甲乙焉。……训孙子使问学，为延名师不厌；数戒饬童仆罔悍泆与人竞，门内外常肃然。故黄氏虽久盛，未尝罹文法，对吏议，得以善富名，孺人力也。嘉靖戊申九月，孺人寿八旬。①

尽管在新安家谱中有许多列女的传记资料，但为一名以经商为主的妇女传写行状，并大加称赞的并不多见。谱中不仅详细记载了她的姓名，还记载了她的商业行为，并称赞"黄氏虽久盛，未尝罹文法，对吏议，得以善富名，孺人力也"。这也是新安家谱重视商人的一种表现，同时也是对传统思想突破的表现。

此外，在新安家谱中记载新安商人资料的还很多。据赵华富先生研究：在徽州谱牒之中，除了乡绅以外，立传最多的是富商大贾。如《新安月潭朱氏家谱》之中，为宗族富商大贾立传多达数十人。婺源《董氏宗谱》中有游山宗族大商人董绳武等数十人传记。②另外，在《绩溪庙子山王氏谱》家传中，还有专门的商人传。这些都表明，在新安家谱中为商人立传是很普遍的事。而这也符合新安商人在精神上的一种追求，这也是新安商人致力于家谱修撰的一种深层原因。

三、家谱是新安商人经营活动中的重要交际手段

家谱对新安商人在经营活动中的直接意义有两方面：一是利用家谱获得族众的支持，形成合力，保持竞争力；另一方面是利用宗族扩大交际，减少不必要的恶性竞争。

---

① [明]方信纂修：歙县《竦塘黄氏宗谱》卷5《黄母吴氏孺人行状》，明嘉靖四十一年刻本。

② 赵华富：《徽州宗族研究》，安徽大学出版社，2004年，第93页。

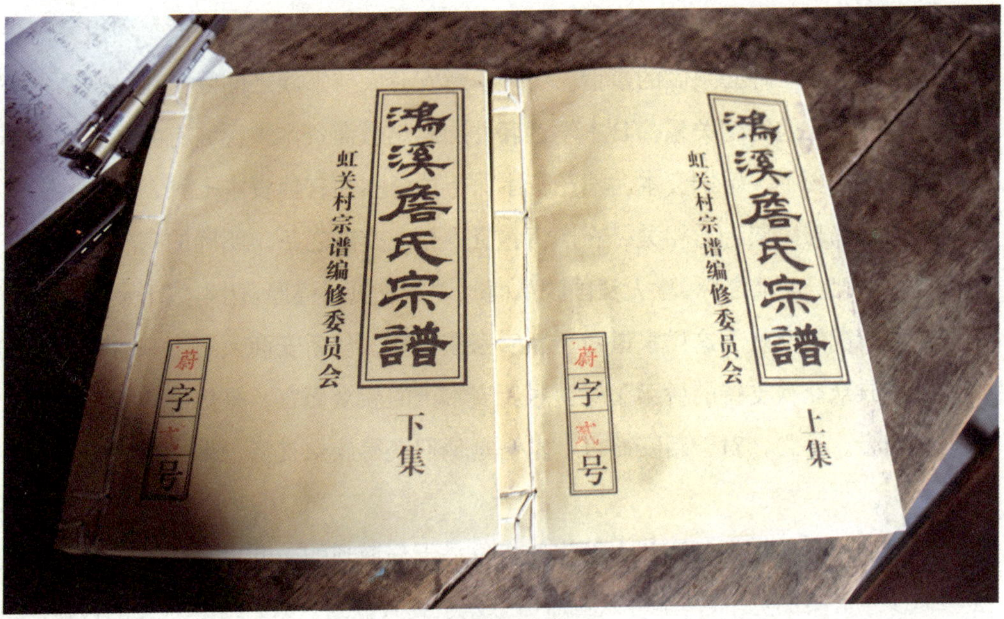

鸿溪詹氏宗谱

由于新安宗族本身所具有重聚族而居的特性，导致了新安商人在外经营时表现了强烈的宗族特点。作为宗族而言，有共同而稳定的居住区域是其主要特征之一。但新安族人因商业行为表现出明显的流动性与分散性，这与宗族要求聚族而居的特点相矛盾。要弥合这种矛盾，利用家谱将“十七在天下”的族众聚合起来就显得尤其重要。只有利用家谱的“收族”的功能，才能将全国各地流动经商的族人联合起来。这也可以从另一个侧面解释，为何在新安地区家谱中不断强调“敬宗收族”的原因。①

新安商人的从经商与宗族利益攸关。明人金声的论述十分明确，他说：“夫两邑（歙、休）人以业贾入，挈其亲戚知交而与共事，以故一家得业，不独一家食焉而已。其大者能活千家、百家，下亦数十家、数家。且其人亦皆终岁客居于外，而家居者亦无几焉。今不幸而一家破，则遂连及多家与俱破。”② 由此可见，新安商人与宗族之间关系密切。

---

① 多数论者论及徽州宗谱“敬宗收族”时都认为与世风日下相关，但徽商的流动性、分散性导致与聚族而居的宗族特性相矛盾，也应是呼吁“敬宗收族”的一方面原因。

② [明]金声：《金正希先生文集辑略》卷四《与歙令君书》，见《四库禁毁书丛刊》集部第50册，北京出版社，1998年，第522页。

正是由于新安商人与宗族之间存亡相关，加上族众业贾人员分散，利用家谱将族众联络起来是一种必须做的事情。另外，新安商人与宗族之间除了血缘联系之外，还有经济利益上的密切关系。日本学者藤井宏总结徽商资本来源，有共同资本、委托资本、援助资本、婚姻资本、遗产资本、劳动资本和官僚资本七种，其中除劳动资本之外，都与宗族势力相关。在亲情、资本相互交融之下，明确的宗族关系是获得信任的基础。明清之际，歙人江国政从商时，“亲友见公谨厚，附本数千金于公”。[①]正是这种情况的反映。这样家谱对于新安宗族而言，从新安商人角度来看，是新安商人维系族众获得支持的桥梁；对留居新安本土的族众而言，是他们获得新安商人资助的纽带。总之，对于新安而言，家谱是他们获得族众支持，保持竞争力的重要手段之一。[②]

新安商人在整个经营活动中面临的竞争是十分激烈的，利用家谱进行联宗可以尽量减少不必要的竞争，甚至可以互通信息以达到共赢的效果。绩溪商人章必泰，“隐于贾，往来吴越间”“尝因收族访谱，遇福建清浦江宗人名汉者于吴门，道及南峰宗柘重建事。于是相与刊发知单，遍告四方诸族”“厥后诣浦城，查阅统宗会谱与西关谱有无异同”。[③]作为一名商人的章必泰“遍告四方诸族”，一方面固然与“敬宗收族”的目的有关；另一方面，其在商业活动中利用宗族的关系减少竞争也是情理之中的事。嘉靖五年（1526），何棐在《方氏家谱序》中说：“新安方君暕富，与其弟显、从子敬、从孙鼎，侨寓于扬。……暕富诸君，方跋涉江湖，贸迁有无，倥偬若不暇接者，乃有役志于此（编修家谱），以不忽人之所忽焉，其亦可谓贤矣。”[④]除去对方暕富等人修谱的道德评价之外，他们不惜时间与财力致力于编修家谱，其功利性的目的应该是有的。这种目的对于一个商人群体而言，通过宗谱形成联合、减少摩擦，应该是存在的。

鉴于上述两点理由，家谱对新安商人的经营活动有直接的帮助作用，是新安商人在竞争中长期立于不败之地的一个重要原因。

---

① [清]江光裕：歙县《济阳江氏族谱》卷9《清故处士国政公传》，清道光十八年刻本。

② 唐力行先生认为，徽商在建立区域性垄断时，联合宗族势力，造成人力、财力上的优势，从而达到对经商之地的商业垄断。参见唐力行：《徽州宗族社会》，安徽人民出版社，2005年，第156页。

③ 章尚志：绩溪《绩溪西关章氏家谱》卷24，民国四年刊本。

④ 方善祖：歙县《歙淳方氏柳山真应庙会宗统谱·方氏家谱家谱序》，清乾隆刻本。

四、家谱是新安商人子弟参加科举的重要凭证

新安商人大量侨居外地，如《五石脂》载“徽人在扬州最早，考其时代，当在明中叶。故扬州之盛，实徽商开之，盖扬州徽商殖民地也。故徽郡大姓，如汪、程、江、洪、潘、郑、黄、许诸氏，扬州莫不有之，大略皆因流寓而著籍者也。”扬州只是新安商人聚居之一处，他处也多如此。新安商人笃力经商、贾而好儒，多希望其子弟能够通过科举考试能够步入仕途。但流寓外地，面临的就是籍贯问题，据记载：“（叶永盛）万历中按视南浙盐务。……山陕新安诸商有子弟者，以外籍不得入试。永盛惜其材，为请于朝，得特立商籍，取入儒学七名。商人德之。”① 可以说，叶永盛在南浙地区确立商籍，对徽商而言是一件大事。当然，他的这一举动与徽商子弟的努力也是分不开的。史载：“吴宪自新安来钱塘，初试额未有商籍，业盐之家，艰于原籍应试。宪因与同邑汪文演，力请台使（叶永盛），设立商籍，上疏报可。至今岁科如民籍例，科第不绝。皆宪之倡也。”② 从浙江设立商籍一事可以看出，新安商人在外经商，其子弟能够在当地参加科举是经过不断努力的结果。

但商籍在执行过程中不断受到指责与批评，主要是“民籍童生亦纷纷改窜入册，乃商籍童生见民既可冒商，商亦无妨于冒民，遂致商民互相冒滥，前后重名往往有一童而冒两籍，一人而考几场，甚或本籍已经取入，将冒考之名卖与他人顶充入试，奸弊百出，相习成风”。针对这种情况，雍正六年（1728）励宗万上奏朝廷说：“商籍子弟不许冒入民籍考试，责成各州县严行查禁外，其运学岁科两试童生，惟准报部，有名商人子弟并从前有锭商人嫡派子孙，查明祖父三代籍贯准作商籍，其别省暂租商锭零星小贩，一概不准冒入商籍考试。至从前冒籍文武各生子弟应令各归本籍考试，不得因父兄现属运学而子弟仍行混冒。如有故犯察出，连父兄一并除名治罪。如此则籍贯可清，积弊可除矣。”③ 励宗万所说之事，虽然指的是山西、河东之地。但这一情况应当也适用其他地区，新安商人所在地域广泛，当然也在他所指责之列。其中，他说的“查明祖父三代籍贯准作商籍”显然对家谱提出了要求。实际上，就是要求新安商人要有明确的世系传承，这一要求正好与宗谱的功能是一致的。乾隆四十三年（1778）也规定：“嗣后止许领有盐引合例，官商之亲子弟侄应考，并

---

①[清]王国安等：(康熙)《浙江通志》卷26《名宦一》，《中国地方志集成》，凤凰出版社，2010年，第641页。

②[清]延丰：《钦定重修两浙盐法志》卷25《商籍二》，浙江古籍出版社，2012年，第687页。

③《世宗皇帝朱批谕旨》卷204《朱批励宗万奏摺》，《四库全书》第420册。

于结内三代下注明现行何地引盐及住居地方，以凭查核。倘不敷，学额宁缺毋滥。”[①]这也可证明科举考试对商人子弟身份要求较为严格，世系清晰是十分重要的。

即使在新安地区对于这一要求也是明确的，如康熙时《祁门县志》载：“自宋元以来，理学阐明，道系相传，如世次可缀。明初士不工鞶，悦为弟子员者，由乡里以刺报，后渐户诵家弦矣。随牒应试，防冒籍严于他邑，以地为经商捷径，流寓多矣。”[②]“随牒应试”正可与励万宗奏折中的建议相吻合，要想做到籍贯明确，确保商人子弟能够顺利参加科举选拔，家谱清晰明了成为重要的依据之一。

五、家谱中的重本业教育的深远影响

明清新安家谱的族规家训谈到择业时，都会告诫和规训族人须从事“本业”，即士、农、工、商四业。对此，诸多家谱均有相似规定，如，“生业有四，曰士，曰农，曰工，曰商”；[③]“生人之道不过士农工商而已”；[④]“何谓本业，士农工商是也”；[⑤]“士农工商四民，各有正业。”[⑥]

值得重视的是，有的宗族明确提出士农工商的区别只是职业不同，皆是本职。休宁范氏《宗规·职业当勤》说：“士农工商，所业虽不同，皆是本职。”[⑦]黟县湾里裴氏《祠规》说：“何谓各安生理？执艺不同，皆有常生之理。”[⑧]馆田李氏《家言》指出四业的选择主要是依据各自的资质：“立心居业，切须就实，视彼子孙资质高下。能嗜学问者，则读；能力稼穑者，则耕；能权子母者，则商；能工奇巧者，则技。人各有一业，不惟事铅椠者苦志钻研，即农工商贾亦各毕力以求擅长。”[⑨]这些都反映出新安地区一方面是恪守传统的四民观，另一方面与传统的重农抑商相比，则反映出较多的四民平等思想。

有些家规家训明确指出从事正业的重要性。仙源岑村汪氏《家规·勤本业》指出：“于农工商贾之中，令各执一艺……一家之中不致有啼饥号寒之苦，岂非各安其本业

①《皇朝文献通考》卷72《学校考十·直省乡党之学四》，《钦定四库全书·史部》，第11a～11b页。
②[清]张瑗：康熙《祁门县志》卷1《风俗》，清康熙二十二年刻本。
③[清]程大鹏：《安徽休子阳程氏支谱》，清光绪元年刻本。
④[清]余建五、余仲元等重修：《余氏族谱》，清乾隆四十六年刊本。
⑤[清]汪立铭：《仙源岑村汪氏族谱》，清光绪二十二年，木活字本。
⑥[清]裴元荣等：《湾里裴氏族谱》，清咸丰九年，木活字本。
⑦[明]范涞：《休宁范氏族谱》，明万历三十三年刊本。
⑧[清]裴元荣等：《湾里裴氏族谱》，清咸丰九年木活字本。
⑨[清]李嘉宾：《馆田李氏宗谱》，清光绪三十三年木刻本。

之故哉。”[①] 歙县鲍氏《规条四则 · 安正业》则进一步阐明不务正业的危害，以告诫族人：“业者，养身之具也。人无正业，不独一人饥寒，而且多方困苦。上事下蓄，寐寤难安，世故人情，礼仪久缺。所谓礼义生于富足，正德利用厚生，信不虚也。”“倘子弟自弃，废业失时，凡盗窃饮博之辈，未必不由无正业故耳。族中子弟当以身家为念，勿致为饥寒之迫，上玷辱祖宗，可也。”[②]

还有些家规家训在要求族人从事本业的基础上，强调要“勤本业”。这是因为，对待本业，勤和惰会导致两种截然不同的结果。如休宁东溪华氏《宗规 · 职业当勤》说：“士农工商四民各执一业，勤则职业修，惰则职业隳。”[③] 休宁范氏《宗规 · 职业当勤》也指出：“士农工商，所业虽不同，皆是本职。惰则职业隳，勤则职业修。内可慰父母妻子倚赖之心，外可免姗笑于姻里。然所谓勤者，非徒尽力，实要尽道。”[④] 余氏族谱《家规 · 宜勤职业》也规定：“勤则职业修，家声振，父母有光；惰则职业荒，身失措，亲族遗哂，是宜勤。”[⑤]《章氏家谱 · 家训 · 尚勤俭》以历史经验为依据，要求族人勤俭：“古言勤能致丰，俭能养德，盖业端于勤，荒于怠，穷奢极欲则丧心失性，家声坠焉。今为族劝，凡属四民俱宜勤俭是务，毋怠荒，毋奢侈，此创业守成之良策也，其无忽。”[⑥] 歙县罗氏《家规 · 敦本业》对勤耕织方面提出的具体要求，“国有四民，人修三事，各能宣力，自足谋生。故囷廛三百，取自民农；鹑貉盈悬，皆由射猎。试问啼饥号寒之辈，尽是隋游？”“愿吾党宁为农、为贾，而勿为游手素飡餐之人，当为俭、为勤，而无为捍网作奸之事，但存本业，自致丰亨。”[⑦] 仙源岑村汪氏《家规 · 勤本业》更是明确而具体指出勤四业的益处：“凡人于子弟之俊敏者，则使之诵读诗书，服习圣贤之业，以期上进，将上之可以跻登皇路，次不失理学儒也。其或姿资愚鲁亦必使之粗，议义理学书数于长工商贾之中，令各执一艺。为农者勤于稼穑，则必有余粟；为工商者，动于市肆则可以积财货。”[⑧]

这里，需要指出的是，新安宗族禁止族人从事四业之外的其他行业，如隶卒、

---

① [清]汪立铭等：《仙源岑村汪氏族谱》，清光绪二十二年木活字本。
② 鲍月亭等，《歙县鲍氏宗谱》，民国三十二年刊本。
③ 祝应斌，《休宁东溪华氏宗谱》，清道光三十年刊本。
④ [明]范涞，《休宁范氏族谱》，明万历三十三年刊本。
⑤ [清]余建五、余仲元(清)等重修：《余氏族谱十卷》，清乾隆四十六年刊本。
⑥ [清]章绪苗等：《章氏族谱》家训十二条，清道光二十九年木活字本。
⑦ [明]罗汝声：《罗氏家谱不分卷》，明钞本。
⑧ [清]汪立铭：《仙源岑村汪氏族谱》，清光绪二十二年木活字本。

书吏，娼优、僧道等。但对于地理、医道等业，不同宗族对此的规定有所不同。绩溪县南关许氏《家训 · 务正业》规定："子孙必务正业，正业只有士农工商四条。至于地理、医道，虽非邪术，恐学之不精，误人不少。切不可图其事之安逸而轻学以害人，受人饮食财物而反害人，不如乞丐。"① 此家规认为地理、医道如果学得不精，反而害人。有的宗族则认为医卜、地理可作为资身备用。祁门中井河东冯氏《家规》指出："男子学业务出于正，凡诸庸下，皆不可为圣经贤传。礼乐、射御、书数，此为正者。其次医卜、地理，或可以资身备用。"② 祁邑苦竹王氏《祠规》说："士农工商为人本业，外则医术星命犹为正务。"③ 放宽了本业之外可从事的领域，一定程度上，反映了新安一些宗族的职业选择呈现出多元化倾向。

关于新安重本业之风的原因，休宁富溪程氏《家规 · 重本业》说："本业所以厚生也。人有此生，则养生送死、婚嫁礼节、赋役交际、衣食器宇，皆民生日用之所不能无此也，苟无以资之，则坐困而无比属矣，故圣人重之。回其势所利导之，教之生道以业之。生业有四，曰士，曰农，曰工，曰商。凡人必业其一以为生，当随其才智而为之。然皆不外于专志坚精、勤励不息，乃能有成。"④ 这里明确指出了新安地区重本业的原因是四业"皆民生日用之，所不能无此也"。因此需"教之生道以业之"，进而强调族人要"专志坚精、勤励不息，乃能有成"。这从民生日用的角度，分析新安地区重本业之风。

从更深层次来看，新安地区重视士、农、工、商四业，反映了当时的社会结构，自有其合理性。一是一个社会不能没有文化，没有教育，国家要发展文化，当然要鼓励读书。因此，读书的重要性不言而喻。在农业社会里，以农为本，对于家庭和国家来说，必须有温饱，从而，耕种自然非常重要。对商业的重视则反映了明清时期商品经济的发展，折射出新安社会发展。二是家谱里必须符合当时社会的要求，故家谱中家规家训的若干的规定和要求，正是反映了这个社会结构。三是最高统治者代表朝廷或者国家，对社会做出伦理约束，要求百姓重本业。因此，诸多家族把明太祖《圣谕六条》放在谱中，其"各安生理"条，即指要求百姓安于从事士

① [清]许文源：清光绪《绩溪县南关许氏惇叙堂宗谱》，清光绪十五年木活字印本。
② [清]冯景铭：《中井河东冯氏宗谱》卷1《家规》，清光绪二十八年钞本。
③ [清]王地山等：《祁邑苦竹王氏宗谱》，清道光二十七年宗德堂木活字本。
④ [清]程大鹏：《安徽休子阳程氏支谱》，清光绪元年刻本。

农工商四业。如《萧江家乘 · 祠规》所说，“何谓各安生理？执艺不同，皆有常生之理。为士者，必安于劝励明经；为农者，必安于耕种田地；为工者，必安于造作器用；为商者，必安于出入经营；为贾者，必安于家居买卖。至若无产无资，不知匠艺，则为人佣作，皆是生理。能安生理，衣食亦自安足，俯仰无累，门户可支，是谓各安生理。”[①] 这反映了族人对这些条文的重视。同时，也表示对皇帝和朝廷的敬重。也让族人明确重本业，不仅是宗族内的要求，也是对全社会的要求。

新安人经商风气浓厚，明清新安商人雄踞各大商帮之首，被视为儒商，是重义轻利的典范。这在一定程度上也反映在家谱的家规家训中：

第一，新安地偏人稠的地理因素，是经商的重要原因。由于新安特殊的地理环境，因此新安地区经商成为主要生业，以贾代耕。济阳江氏《祠规 · 议生理》说：“徽鲜什一，以贾代耕，惰而不贾，必至无生。”[②] 安徽休宁程氏《祖训 · 重本业》说：“噫！吾徽地褊人稠，业商贾，此十居八九。”[③] 反映出徽人经商风气之盛。

第二，新安商人“贾而好儒”的一个重要原因，是家规族训中重视读书。如绩溪县南关许氏《家训 · 重师儒》强调的：“师儒所以明圣贤之道，本不可不重。况一族子弟，无论将来读书成名，即农工商贾，亦须稍读书本，略知礼义。”尽管宗族规定族人资质不足不可读者，再选择他业。但从另一角度来说，这极大地提高商人文化和学识，造就新安地区大量的儒商。

第三，家谱中对商贾行为做出严格规范，其中尤为强调“以义为利”。如安徽休宁程氏《祖训 · 重本业》说：“商贾之道，勤慎是务，顺道而行，义利可取，计术空劳，造化有数。”“当以先贤为心，义利为介，敏于力作，斗智争时，随分为经。毋作伪以损人，毋荡散以倾赀，毋奸险苟得以坏心术，亮之！勉之！”[④] 济阳江氏《祠规 · 议生理》规定：“顾所谓贾者，岂必源大之饶而三倍其息哉。本之大小，量力；地之远近，随缘；利之盈诎，安命。此生理也。夫行险徼幸，害人利己，辱身成家，即幸而资生，终非以理而生者，慎当审之。”[⑤] 碧山李氏《家训 · 务生理而勤本业》进一步指出良

---

① 江元炜、江庚：《萧江家乘 · 祠规》，清道光二十九木活字本。

② 江来岷：《重修济阳江氏族谱》，明万历四十年家刻本。

③ [清]程大鹏：《安徽休子阳程氏支谱》，清光绪元年刻本。

④ [清]程大鹏：《安徽休子阳程氏支谱，清光绪元年刻本。

⑤ 江来岷：《重修济阳江氏族谱》，明万历四十年刻本。

贾的要求："复贩是商贾的生理，持筹握算，待价而沽，勤俭公平，毫不妄取，是为良贾"。[①] 祁门中井河东冯氏《家规》更具体地指出"义贾"的要求："商贾货殖亦治生之一，古人谓之废举，谓物贱则人皆废而不举，我则举之；而停贮之贵则卖之也，又谓之人弃我取。即废举之义，大要先存心地，及于货物之真，勿以水和米、灰掺盐，油乱漆，大秤小斗，轻出重入。如此则坏了心术，纵然得利，而造物者之不饶人也。"[②] 龙池王氏《祠训》也规定："为工商者，毋奇技淫巧以荡人心，毋漫藏诲盗以伤身命，毋轻一物之微而造作滥恶，毋恩一家之望而贪恋邪淫，凡人所当戒者，大略如此。"[③]

可以认为，新安商人贾而好儒、重义轻利等行为及其形象的形成，这与家规家训对此的重视和规诫有密不可分的关系。

上述五个方面，可视为家谱对新安商人之影响。但家谱与新安商人之关系是相互的，家谱影响新安商人，新安商人的行为同样也影响了家谱编修。

第二节 新安商人与家谱

当家谱对新安商人产生影响的同时，新安商人也对家谱的施加着影响。

其一，首先表现在新安商人从道德层面上支持家谱的编修。

在新安人的观念中，即使是富比王侯，若不能致力于家谱，明了自己的先世，也会在道义上被人所轻。如祁门高塘王氏家族就认为："然世俗浇漓，故家名族，祁非不有。但知以货殖为尚，而能尊详其所自出者，曾几何人？"[④] 虽然没有对商人不修谱提出严厉批评，但从其语气来看，编者对祁门商人不能致力于家谱编修是感到十分遗憾的。

上文提到的"(方) 暕富诸君，方跋涉江湖，贸迁有无，倥偬若不暇接者，乃

---

① 李培芳:《碧山李氏宗派谱》,清宣统三年年抄本。

② 冯景铭:《中井河东冯氏宗谱》卷1《家规》,清光绪二十八年钞本。

③ 王全芝等:《龙池王氏续修宗谱》,清道光二十六年木活字本。

④ 王信:《祁门高塘鸿溪王氏家谱·附录》,清乾隆五十七年刻本。

有役志于此（编修家谱），以不忽人之所忽焉，其亦可谓贤矣。”[①] 因为能致力于家谱的编修，所以被称赞为“亦可谓贤矣”，也说明新安商人提倡修谱会受到舆论的好评。又如盐商世家出身的方善祖于乾隆十一年（1746）先编修了方氏支谱，第二年他又向方氏族人发出了《会宗小启》，号召方氏宗族撰修《会宗统谱》，他自己亲自董理总修之职，历时六年，并捐资付梓颁行《歙淳方氏柳山真应庙会宗统谱》。这可以说是方氏宗族中的一件具有重要影响的事，当然方善祖也因此得到较高的声誉与威望。可以说，正是由于新安商人在道德层面上追求家谱的编修，促进了新安家谱的发达。

其二，新安商人对家谱的影响，表现在物质层面上的支持，即为编修家谱提供资金。

家谱的修撰是一件需要大量资金资助才能得以完成的事业，许多人都是心有余而力不足，这种情况在新安历史上经常出现。从历史记载来看，许多人都记录了修谱时的困难，但最后多能得以解决，但也有一些家族支派因无力承担费用而无法修撰家谱。如康熙六十年（1721）周寄寿有言：“康熙乙未，竹里纂修宗牒，荷蒙垂青，屡次邀集，恨余有心无力，有愿难偿。派少丁稀，难于梨枣，欲置之而不忍，欲附骥而趦趄。嗟乎，未与竹里同修者约有数派，不独我派而已也。因志数言如祝版，以虚望于将后之子孙务宜继余之志，黾勉行之勿以余言为谬，是余之厚望也。”[②] 从文中可以看出，周寄寿的无奈之情。虽然他对修谱是有强烈愿望的，但“有心无力，有愿难偿”道出了个中理由，虽然他没有直接说是由于经费不足而无法预修家谱，但其弦外之音是十分明显的，缺少足够的资金当是其主要原因。上文提到的吴氏家族中的吴阀与周寄寿相比就幸运多了，他说：“复念一鸠，厥工费用浩繁，窃恐力不能支，难以岁月计。越异日以事昭石桥族弟秉宏，因述先人之业，欲竟而不得也。秉宏乃慨然许助三百金为倡……夫然非秉宏弟乐助于其始，诸同人协辑于其终，其何以复遗命，奏厥功哉。”[③] 正是由于族人吴秉宏出资相助，吴阀才得以完成自己的心愿。由此可见，经费对于修谱而言是十分重要的事，甚至是头等大事。在新安地区由于新安商人的存在，就使这一问题能够得到合理的解决。从新安家谱历史发

① 方善祖：歙县《歙淳方氏柳山真应庙会宗统谱·方氏家谱序》，清乾隆十八年刻本。

② 周赟：绩溪《绩溪仙石周氏宗谱·旧序三》，清宣统三年刊本。

③ 吴繁华：休宁《左台吴氏大宗谱·吴阀序》，民国二十三年铅印本。

展来看，新安商人对家谱发展产生影响，最主要的一个方面就是经费的支持。

从新安的许多资料记载来看，热心于家谱编修、积极提供资金支持的新安商人在新安较为普遍。如棠樾鲍氏家族中，“（鲍肯园）先生由困而亨，顾恒思于物有济，修宗祠、纂家牒、置田赡族人之不能婚者，举苦节之不能请旌者，则有关于伦纪”。① 另一名鲍氏家族成员“鲍光甸，字治南，蜀源人。幼通经艺，长往扬州营盐策，性俭约而乐于济人。于族中置祠产义田，修谱牒，立家塾于里中，设社田，治坏道，葺废桥，凡有匮乏者，告必应。后以子孙宦，累受封赠”。②

另外，据《婺源县志》记载，当地致力于修谱的新安商人还有：“俞铨，字以湘，龙腾人。幼失怙……后经商赀裕，为支祖立祀田祭扫，修葺本支谱牒，凡先茔未妥者卜吉安葬，费不下千金”；“吴永钥，安金声，梅溪槎坑人……尤笃根本，修祀厅，葺宗谱，所费不下五百金”；“胡正鸿……若修谱牒，葺祖茔，费皆得任”。可以说，在当地捐助修谱已成一种风气。③ 此外，在新安地区的资料中还记载了一些商人对撰修家谱的支持，在这里不一一枚举。

新安商人的发达是由多方因素综合而成，但家谱中关于观念方面的宣扬，无疑从根本上减轻新安商人的心理压力，得以专注于商业行为；因此能够名垂家史，在家族历史上拥有一席之地，同样也是对新安商人商业成就的一种肯定，作为一种精神追求也刺激着新安商人的行为；家谱在新安商人经营中起着不可或缺的沟通、交流作用，从而成新安商人经营活动中必备的手段。另外，家谱证明了新安商人子弟世系身份，使他们在科举考试中有明确的商籍身份，保证了他们能够顺利地进入仕途。而新安商人的发达又通过他们直接参与修谱活动，或是提供资金资助，促进了家谱的编修。

总之，正是由于新安家谱与新安商人之间的这种互动关系，成就了新安家谱的发达，今天新安家谱大量得以留存下来，固是多方面的原因，但新安商人对家谱的利用及支持当是一个重要的方面。

---

① 鲍琮：歙县《棠樾鲍氏宣忠堂支谱》卷21《鲍肯完先生小传》，清嘉庆十年刊本。

② 石国柱，楼文钊修；许承尧纂：民国《歙县志》卷9《人物志·义行》，江苏古籍出版社，1998年，第366页。

③ [清]吴鹗修，汪正元等纂：光绪《婺源县志》卷35《人物·义行》，清光绪九年刻本。

第十三章　新安商人的义行

第一节　新安商人的乡土建设

在经营理念上，新安商人秉承“以义取利”。明清时期，新安商人所处的徽州地区被誉为“东南邹鲁”，在浓厚的儒家文化的熏陶下，作为商人的代表，新安商人在当地经营逐利的同时也积极进行着筑桥铺路、修建祠堂书院，以及捐助义田义仓等多种社会行为，这些行为不仅体现了新安商人独特的经营理念，更反映了他们与地方社会的密切互动。新安商人通过在外经商致富，致力于家乡的基础设施建设，斥资援助乡土建设，在国家资助不足，地方资金不够的基础上予以慷慨资助，成为乡土建设的中坚力量。

一、筑桥铺路

新安江区域山壑林立，地势起伏较大，而诸如路、桥等基础设施却不完善。筑桥铺路是一件乐善好义、造福桑梓的义举，对此，新安商人慷慨资助。翻阅地方县志，有大量关于此方面的记载。在筑桥方面，明代歙县新安商人许岩保“性好善，葺路建亭，不遗余力，时造万年桥，岩保输资三百缗”。[①] 清代乾隆三年（1738），歙县富商汪士嘉独立捐资创建岑山、杨村两石桥；乾隆六年（1741）再次斥资修葺长生桥等公益设施。[②] 歙县北岸与大阜之间的衍庆桥是新安往来江浙的孔道，自明万历三年（1575）北岸商人吴月山独自捐资创建后，历经二百余年，渐有倾圮。于是，在道光十三年（1833），北岸商人吴德基再次斥资50余万缗加以重修。[③] 新安商人不仅捐资建桥，而且还在道路建设上不遗余力地出钱出力。至于市镇乡村之间的山路兴创，新安江商人的捐助记录比比皆是。明歙县商人朱永通捐资开凿浦口至渔梁码头的道路，“以利行人”。[④] 清歙县商人江演热心公益事业，“郡北新岭峻险，行人艰阻，

① [清]劳逢源修，沈伯棠纂：道光《歙县志》卷8《人物志·义行》，清道光八年刻本。

② [清]劳逢源修，沈伯棠纂：道光《歙县志》卷8《人物志·义行》，清道光八年刻本。

③ 许承尧撰，李明回、彭超等点校：《歙事闲谭》卷27《衍庆桥》，黄山书社，2001年，第962页。

④ [清]劳逢源修，沈伯棠纂：道光《歙县志》卷8《人物志·义行》，清道光八年刻本。

呈请当事，独立捐金数万，开通新路四十里，以便行旅”；[1] 婺源商人余源开经商成功后，斥资筑桥修路，“里东韦石岭攲仄难行，独立修平，并置租煮茗济渴。他如创义祭、建石桥及考棚、城垣，均输助襄成”。[2] 新安商人筑桥铺路造福桑梓的义举，有力地推动了新安江区域的乡土建设，促进了地方社会的发展。

歙县昌溪文昌古道

二、助修祠堂书院

(一)敬宗收族，建设祠堂

祠堂是尊祖敬宗活动的场所。尊祖是宗法制的首要原则，“祖也者，吾身之所自出，犹木之根也。有生之道，莫先于尊祖”。[3]《新安歙西溪南吴氏世谱·续刻溪南吴氏世谱序》说：“创建宗祠，上以奉祀祖宗，报本追远；下以联属亲疏，惇叙礼让，其晟典也。”兴建祠堂，正是为了尊祖，以此来追本报恩。

新安江地区的祠堂多是商贾力捐宗族而修建。明清时期新安商人在商业上获得巨大成功后，为扩大宗族影响力，凝聚族人力量，缓和宗族内部矛盾，加强宗族团结，利用自身资本大力捐建祠堂。如，安徽省歙县的鲍氏宗祠，新馆鲍氏宗族自始迁祖传六世未建祠，“神无所依，族无所聚。时则有若集公、概公、乐公、宋公、橐公、檀公、善烨公、善耀公八公，各以盐策致富，皆倜傥有志，相谋捐赀巨万，建立宗祠，并置祭田”。[4] 至清代由侨居杭州的歙县新馆鲍概等八位商人捐资建设。又如，歙县盐商郑鉴元，“修洪桥、郑氏宗祠，又尝修族谱，举亲族中婚葬之不克举者。建亲乐堂于宅后，子孙以时奉祀”。[5] 歙商江之洪对于祖祠坟墓事务，“捐修不吝”；他的

① [清]劳逢源修，沈伯棠纂：道光《歙县志》卷8《人物志·义行》，清道光八年刻本。
② [清]吴鹗修，汪正元等纂：光绪《婺源县志》卷35《人物·义行》，清光绪九年刻本。
③ [明]程一枝：《程典》卷19《宗法志》，万历二十七年刻本。
④ [清]鲍存良：歙县《歙新馆著存堂鲍氏宗谱》卷3《重整祠规序》，清光绪元年刻本。
⑤ 石国柱，楼文钊修；许承尧纂：民国《歙县志》卷9《人物·义行》，江苏古籍出版社，1998年，第384页。

祁门桃源陈氏宗祠

两个儿子江时琏、江时琮，“皆善承父志”。本支祠堂被火烧毁，他们二人亦“捐金重建”。[①] 歙商江希贤对“宗党戚属多所施予”，为家乡“修祠宇，造桥梁”等“懿行”举不胜举。[②] 歙商江政观对于宗族事务“倾囊不吝”，“族有为债所迫者，脱裘代偿之。本支祠毁，倡义重建，并纂谱牒以联宗族”。[③] 歙商江允和倡建宗祠，“营埋历代祖棺”，“捐金不吝”。[④] 歙商江蕃在广陵业盐期间，“尝修宗祠，设义学，创建忠义节孝诸祠”。[⑤]

再以新安商人捐建江村江氏祠堂为例。江氏宗族在明清两代共建祠堂 27 座，这众多祠堂是江村商人鼎力出资相助的结果。[⑥] 据史料记载，江村商人江应全“尝独建合郡节烈祠”；[⑦] 江潚对于“本门支祠之建，不惜多金，以妥先灵”；[⑧] 江彦生尝“修

① [清]江淮椿等纂：《歙北江村济阳江氏族谱》卷9《皇清敕赠儒林郎州司马之洪公传》，清乾隆四十二年刻本。
② 石国柱，楼文钊修；许承尧纂：民国《歙县志》卷9《人物志 · 义行》，民国二十六年铅印本。
③ 石国柱，楼文钊修；许承尧纂：民国《歙县志》卷9《人物志 · 义行》，民国二十六年铅印本。
④ [清]江淮椿等纂：《歙北江村济阳江氏族谱》卷9《清处士允和公传》，清乾隆四十二年刻本。
⑤ 石国柱，楼文钊修；许承尧纂：民国《歙县志》卷9《人物志 · 义行》，民国二十六年铅印本。
⑥ 梁德阔：《儒家伦理与徽商精神——“韦伯式问题”的经验研究》，上海大学，2010年，第127页。
⑦ 石国柱，楼文钊修；许承尧纂：民国《歙县志》卷8《人物志 · 孝友》，民国二十六年铅印本。
⑧ [清]江淮椿等纂：《歙北江村济阳江氏族谱》卷9《明处士潚公传》，清乾隆四十二年刻本。

祁门渚口胡氏宗祠

潜口紫金祠

歙县许村古徽州建筑群

葺宗谱，建乐善堂以奉祭祀”；[①]江以深曾“捐三百余缗”建宗祠“寝室神座”。[②]江希武“偕伯兄输田为基了,并捐资”建宗祠；[③]江承炳曾“捐金助建宗祠，置田为族党祭祀、凶荒之备”；[④]江注曾“偕诸弟姪共捐二千余金，修葺本门支祠”。[⑤]江村商人对宗族祠堂建设做出了重要贡献。

总之，新安江地区的祠堂多是商贾力捐宗族而修建，祠堂的修建巩固了宗族内部秩序，也进一步稳定了新安江地区整体的地方社会秩序。

(二)捐资助学,兴修书院

新安江地区自古以来重视教育，向有“东南邹鲁”和“文献之邦”的美誉，其地理位置和自然条件虽处深山老林、穷乡僻壤，但到处都充满着读书声。[⑥]“十户之村，不废诵读”是这一地区的普遍现象。在这种重视教育的氛围下，新安江地区学校、书院，乃至私塾教育十分发达，书院和私塾等各种学校举目皆是。但是，这些学校的基础设施和办学经费从何而来？官府和宗族的资助固然必不可少，新安商人的捐助和支持，无疑是很多学校和书院赖以维持和发展的一个重要资金来源。

明清时期，新安地区书院的发达有赖于新安商人的大力兴办与捐助。明代歙县

① [清]江淮椿等纂:《歙北江村济阳江氏族谱》卷9《明处士晋公传》,清乾隆四十二年刻本。
② [清]江淮椿等纂:《歙北江村济阳江氏族谱》卷9《明处士以深公传》,清乾隆四十二年刻本。
③ [清]江淮椿等纂:《歙北江村济阳江氏族谱》卷9《明处士希武公传》,清乾隆四十二年刻本。
④ 石国柱,楼文钊修;许承尧纂:民国《歙县志》卷9《人物志·义行》,苏古籍出版社,1998年,第384页。
⑤ [清]江淮椿等纂:《歙北江村济阳江氏族谱》卷9《皇清后候选州司马注公传》,清乾隆四十二年刻本。
⑥ 卞利:《徽商与明清时期的社会公益事业》,《中州学刊》2004年第4期,第82页。

呈坎商人罗元孙，“尝构屋数十楹，买田百亩，以设义塾、以惠贫宗”；休宁商人吴继良，“尝构义屋数百楹、买义田百亩，建明善书院、设义塾”。① 歙县商人汪光晃，“设义馆以教无力延师者”。② 清代两淮盐商歙县棠樾鲍氏宗族，在支持家乡学校教育方面，更是不遗余力。两淮盐商鲍志道响应曹文埴建议，捐银3000两，倡复古紫阳书院；乾隆五十九年(1794)又捐银8000两，并以此银之利息“按月一分起息，每年应缴息银九百六十两，遇闰月加增八十两，由府学教授按年分两次具文赴司请领”，以此为歙县紫阳书院的膏火费。③ 出生于商人世家的曹景宸，“与兄景廷尊祖好义，创建统宗祠，又建竹山书院”。④ 黟县的舒大信，“经商江右……修东山道院，旁置屋十余楹为族人读书地。邑人议建书院，大信存二千四百金助之”。⑤ 婺源的詹隆榜，“幼业儒，资禀过人，父命理财历数十春……天衢书院并输金数百”。⑥ 正因为新安商人经商所积累的巨额财富为新安本土书院教育的发展提供了物质基础，明清时期才出现了“天下书院最盛者，无过东林、江右、关中、徽州”的盛况。⑦

在明清新安江地区方志、宗谱的“义行”“尚义”条目中，大都记有新安商人“修书院”“立义学”之举。新安商人不惜斥巨资在家乡办义学、修书院为宗族子弟和孤寒子弟设立教育机构，不仅不收束修，而且还提供膏火之费，这极大地促进了新安江地区教育事业的发展。

宗族观念浓厚与“贾而好儒”是新安商人的两个鲜明特点。新安商人以经商而富家，积累财富后，为了进一步追求经济利润、扩大家族影响力及攀缘政治势力，他们利用自身资本大力兴修祠堂和书院，这不仅稳定了地方社会秩序，还促进了当地教育事业的大力发展。

三、捐助义田义仓

(一)捐置义田

新安地区宗族重视族田设置。新安地区的人们在朱子《家礼》的影响下认为“祠

---

① [清]丁廷楗、卢询修，赵吉士等纂：康熙《徽州府志》卷15《尚义》，清康熙三十八年刻本。
② [清]陶澍：道光《安徽通志》卷196《义行》，道光十年刻本。
③ [清]劳逢源修，沈伯棠纂：道光《歙县志》卷2《营建志·学校》，清道光八年刻本。
④ 许承尧：《歙县志》卷9《人物志·义行》，民国二十六年铅印本。
⑤ [清]程汝翼，俞正燮：《黟县志》卷7《人物志·尚义》，清同治九年刊本。
⑥ [清]朱元理：《婺源县志》卷34《义行七·人物十》，清道光六年刻本。
⑦ 道光《徽州府志》卷3《营建志·学校》，清道光七年刊本。

而弗祀，与无同；祀而无田，与无祀同”，[①] 提倡和鼓励族众出资出力设置族田。明清时期，新安地区族田的数量很大，远非他郡可比。据叶显恩统计，到 1950 年，族田在新安江徽州地区的有些村中甚至占全部土地的 75%，一般村中的族田都要占总耕地面积的 14%左右。[②]

族田包括义田、祭田和学田。义田主要是为周济鳏寡孤独和贫困族人而设置的田产。新安江地区的许多义田多由商人捐助。道光二十五年（1845），鲍志道弟鲍启运由扬州回乡省墓，倾资力购买田产，名曰“体源户”（鳏寡孤独四穷之人，以及自幼废残，难于活命等六类人）。初置田 540 亩，塘 7 亩 2 分，地 17 亩；道光三十年（1850），又续置田 166 亩，塘 2 亩 3 分，地 2 亩 4 分 6 厘。至此，体源户共有田 707 亩，塘 9 亩 5 分，地 20 亩 1 分，每年共计收时租谷 6457 斗 5 升，硬租谷 7251 斗 2 升 5 合。咸丰初，鲍启运又立“敦本户”，共买田 503 亩，塘 8 亩 5 分。至此，体源户与敦本户田产，仅鲍启运一人就捐置 1200 余亩。[③] 新安商人通过设置义田达到赈济穷困、敦宗睦族的目的。

（二）设置义仓

义仓指旧时地方上储存粮食以备荒年同济公众的粮仓。除了设置义田，新安商人还设置义仓，防患于未然。如歙县岩镇人罗福履在江苏如皋经商，乾隆四十九年（1784），江北大旱，罗福履为了较好地解决难民生计，“建工赈之策，躬督之，活饥民数千”。“嘉庆十九年又旱，平价出所储麦，捐二万余金”。[④] 婺源人齐兆传经商于浮梁，“嘉庆甲戌，大水”，他为乡里人作长久考虑，“独力创置义仓，里无饥人，不惜劳费”。[⑤] 婺源人项国修贫苦出身，“贾于（江西）临川，家渐裕。道光间岁歉，村人告粜无门，修恻然创立义仓，首捐谷百余石，复籍众力输助，得谷二百石。修独孳息 20 年，置田产、建仓廒，岁给贫户”，奠定了乡村社区救济的物质基础。新安商人还积极协助官府建立社会救济机制，乾隆十六年（1751）大旱，徽州知府何达善劝邑绅捐助资金籴米济民，又商请在淮扬的歙商捐输，得六万金，用来买谷积贮，

---

① [明]许光勋纂修：歙县《重修古歙城东许氏世谱》卷7《朴庵翁祭田记》，明崇祯七年刻本。
② 叶显恩：《明清徽州农村社会与佃仆》，安徽人民出版社，1983年，第258页。
③ [清]鲍琮纂修：歙县《棠樾鲍氏宣忠堂支谱·义田》，清嘉庆十年刻本。
④ 石国柱，楼文钊修；许承尧纂：民国《歙县志》卷9《人物·义行》，江苏古籍出版社，1998年，第384页。
⑤ [清]吴鹗修，汪正元等纂：光绪《婺源县志》卷35《人物·义行》，清光绪九年刻本。

建成60多个义仓，为救荒提供了有力的保障。[①]

总之，新安商人捐置土地是义田、义仓的重要来源。新安商人捐助义田义仓在很大程度上有利于敦宗睦族，赈穷济贫，维护族人自耕农的地位，推进地方社会的发展。

第二节 新安商人的慈善行动

明清之际，人口的增长加剧了新安地区的用地紧张，土地对于人民来说十分珍贵，尤其是在群山环绕的新安江徽州，“处万山中，不可舟车，田地少，户口多”。[②]面对这种压力，大多数人最终选择离开徽州，出去做学徒或经商，凭借着良好的文化素质和底蕴，新安商人异军突起成为一支活跃在明清舞台上的不可或缺的力量。傅衣凌先生曾说：“所谓徽商，即徽州商帮，盖指以新安江流域为中心的安徽徽州府

黟县宏村南湖

① 道光《徽州府志》卷3《营建志·仓局》，成文出版社有限公司，1975年。

② [明]彭泽、汪舜民编修：《徽州府志》卷2，明弘治十五年刻本。

的商人。”[①] 新安商人经营盐业、米业、木业等行当，其中尤以盐业为重。“富室之称雄者，江南则推新安，江北则推山右。新安大贾，鱼盐为业，藏镪有至百万者。其他二三十万则中贾耳”。[②]“徽州商帮的一个重要特色就是贾而好儒”。[③] 虽然对于这个词颇多争议，但新安商人“儒”的特色几乎是公认的。新安商人通过经商致富以后，不仅回到家乡，造福乡里，修桥铺路，而且对于邻近有灾难的地区也都慷慨解囊，捐助物资，完善基础设施，尽己所能，致力于家乡建设。同时，为了更好地融入经商地区，与他们拉近距离感，新安商人积极地参与到当地的慈善建设。

一、桑梓之地的慈善事业

(一)灾后救济

自古以来，农业就是人民群众赖以为生的基础。同时，农业具有的脆弱性使其极容易遭到破坏，尤其是自然灾害的影响。新安江上游的徽州位于山区之中，利于耕种的土地稀少，其地“缘地势陵绝，厥土骍刚而不化。水湍急，潴蓄易枯，十日不雨，则仰天而呼；一雨骤涨，而粪壤之苗又荡然矣”。[④] 祁门也是“田少山多，时逢荒歉，皆取给于江西之饶河。邻有遏籴之时，祁民则坐以待毙”。[⑤] 由于政府救济的不及时、不全面，使得遭遇自然灾害的地区往往苦不堪言。而新安商人崛起后，作为一支具有“儒”风，有素质的本土力量，以及对于地域的熟悉和强烈家乡情怀，促使他们第一时间进行展开救济，捐资、捐粮等，将伤害减轻到最小，并致力于灾后重建工作。

歙县商人刘正实、刘丰年，“初，歙有排年总催，积欠逾二万，与弟丰年慨然任捐”；[⑥] 婺源商人胡继芳、胡继熏，“天启甲子岁，遇水荒，煮糜以济饥者三阅月……为善之念弥坚，修桥路、买渡舟、施哀、瘞暴、平粜、赈粥率以为常”。[⑦] 歙县商人汪应庚“在扬则施棺櫘，给絮袄，设药局，济回禄，拯溺舟，育遗婴；海啸为灾，做糜以赈；江湖迭涨，安集流寓；时疫疠继作，更备药饵，疗活无算。复运米数万石，使其得哺以待麦稔，是举计存活九万余人”。[⑧] 歙县程应辰，清初商居淮扬，“时

---

① 傅衣凌：《明清时代商人及商业资本》，人民出版社，1956年，第49页。

② [明]谢肇淛：《五杂俎》卷4，明万历四十四年刻本。

③ 张海鹏：《张海鹏史学论文选》，安徽教育出版社，2006年，第7页。

④ 许承尧：《歙事闲谭》卷18，黄山书社，2001年。

⑤ 倪愚山：《祁门倪氏族谱续卷》卷5，民国刊本。

⑥ 张万寿修，崔华纂：《重修扬州府志》卷52，清康熙十四年刻本。

⑦ 汪正元：《婺源县志》卷31，清光绪九年刻本。

⑧ 汪源清：《新安汪氏家乘·光禄寺少卿汪公事实》卷15，清顺治四年刻本。

值水潦，民大饥，输粟以赈，全活多人”。[①] 乾隆间，婺源戴盛宏在“辛未，乡邻遏籴，贫民难举火”之际，从“江左买米归，尽散之，不取值”。[②] 歙县江承炳，“经营蝎蹶，思有所树立”，“岁已未，丹徒岁大饥，运米六千石，开厂放赈，壬辰，淮右水患，饥民流徙至扬者数千人，量给资斧”。[③] 婺源商人汪肇基说“吾虽未读书，独不闻愚而多财则益其过乎？尽分财以周恤村邻。族夫妇某，供给至老。助王某完婚。凡施棺、救灾诸义举，皆不惜捐赀。年六十，仅存薄田数亩。”[④] 新安商人在灾难时刻救济乡里的例子不胜枚举，以上只是摘取了浩瀚烟海中的几个事例。由于新安地区地形的特殊性和自然灾害的不确定性，使得小农经济没有十足的保障进行稳定生产，有时会面对天灾人祸的影响，而导致生存资料极度匮乏。从文献中可以看出，新安商人通过商业致富以后，并没有遗忘回馈乡里，不惜重金资助和救助困难人群。他们不仅是照顾遭受了自然灾害的群体，对于暂时面对家庭窘境的人员，也慷慨地给予帮助。新安商人在民间社会救济中扮演着重要角色，起着无可替代的作用。

万安码头厝屋

① 程之康：《程氏人物志》卷7，清康熙四十三年刻本。
② 汪正元：《婺源县志》卷32，清光绪九年刻本。
③ 江维智：《济阳堂江氏族谱》卷9，民国二十二年刻本。
④ 程之康：《婺源县志》卷35，清光绪九年刻本。

(二)基础设施

新安江上游的徽州地处山区，道路崎岖不平，在传统时代，由于国家资金的不充分支持，桥梁道路等基础设施不甚完善，群众出行非常不便，隔山如隔世，绕路是常事。因此，新安商人经商致富以后，第一时间考虑到家乡的情况，便不惜斥巨资捐助乡土建设，不遗余力地贡献力量来完善家乡基础交通等设施，成为资助基础建设的中坚力量。

万安码头巷

祁门李秀“为贾真州，赀致大千，往往以济人为事。邑学宫圮，议修复，秀捐金佐用……家祠未建，秀独立创成。助祭田，祀祖先。其他为善于乡，济贫乏、赈岁饥、修造桥梁道路，善迹可纪者甚多”。[①] 歙县江演热心公益事业，“郡北新岭峻险，行人艰阻，呈请当事，独立捐金数万，开通新路四十里，以便行旅”。[②] 歙县吴之骏对于基础设施建设投入巨大的精力，积极捐资修桥，“倡集同人构造，凡两易寒暑始竣工”。[③] 道光二十二年（1842），新安商人程祖治等集资捐助修建的石拱桥，至今仍存在，是安徽省最长的16孔石拱桥太平桥。知府刘汝骥曾说：“婺事之有秩序者，以城乡集善局为最。发起人捐资提倡，赞助人协力维持。手续几经，规模乃具，其助育婴、种牛痘、收字纸、救火灾、施棺木，种种慈善之举，皆能按序实行。”[④] 除此之外，修建大洪岭的路也是新安商人共同集资修建的，也成为一项光荣的范例。同时，新安商人对经商地区和侨居地的建设也起到了重要作用，新安商人捐资的记录数不胜数，体现了新安商人重义轻利，以义为利。

以上所述充分反映了新安商人对于基础设施的重视和对于建设的不吝啬，不拒绝，为父老乡亲考虑，尽力做好慈善事业。这不仅为自己赢得了地方的好名声，同时也体现了新安商人的优秀品质。儒家的核心就是“仁”，新安商人也在努力实现

① 张瑗：《祁门县志》卷4，清康熙二十二年刻本。
② 《歙县志》卷8，清道光八年刻本。
③ 张海鹏、王廷元：《明清徽商资料选辑》，黄山书社，1985年，133页。
④ 刘汝骥：《陶甓公牍》卷12《法制·婺源绅士办事之习惯·属诸事者》。

“仁”。做生意不仅是赚钱，更是要通过挣钱而更好地行仁事，做到不骄奢淫逸，不铺张浪费，在朱熹思想的强烈影响下，他们以仁为己任，勇于承担责任。

二、经商之地的慈善行为

(一)灾后救济

明清时期的中国灾难频仍，大灾小灾不断发生，而政府对于这些灾难的救助心有余而力不足，难以完全落到实处。两淮地区是新安商人在江浙地区的主要活动场地之一，这里河网交错，农业发达，但同时有着洪水、旱灾的隐患。“江淮地区中东部的淮扬运河地处南北大运河的中部，位于黄淮下游，东西地带湖波浩渺，西有管家湖、白马湖、宝应湖、汜光湖、界首湖、高邮湖、邵伯湖等，东有射阳湖；随着明清王朝蓄清刷黄和坚筑高堰措施的实施，高堰时常因黄淮交涨而冲决，运西诸湖受之而面积扩大，运河东西堤防经常破毁，从而使运河上下游地区水患严重而频繁”。[①] 虽然江浙地区是富庶之地，但在救灾抗灾中新安商人作用不可忽视，他们秉承着仁的理念进行人道主义救助和关怀。

“徽之富民，尽家于仪扬、苏松、淮安、芜湖、杭州诸郡，以及江西之南昌，湖广之汉口，远如北京，亦复挈其家属而去，甚且舆其祖父骸骨葬于他乡不稍顾惜。”[②] 休宁人姚柱“议筑堤，因水榜易砖以石，岁久不记，遂成沃壤”。[③] 新安谢药“慷慨捐资抢救青山好堤，纤为三琐外护，好存规赖以全”。[④] 新安商人程维高“出家财，修那沟两岸险工十里”。[⑤] 歙县商人汪允俶，“居扬州，好善乐施。谙药性，施紫雪丹再造丸，一粒千金，弗屑也。岁暮周恤孤寡，世称笃行君子。子廷埏，字度昭。立瓜州普济堂，活几千人。事载《两淮盐法志》”。[⑥] 婺源俞俊锦曾见一堤坝长期无人修葺，人民深受其苦，于是致力于经营商业，筹得资金。后因资金不足，开始募捐。最终修建堤坝，事必躬亲，无怨无悔。汪应庚，“居扬州，家素封，好施与，如煮赈施药、修文庙、资助贫生、赞襄育儿，激扬节烈、建造船桥、济行旅、拯覆溺之类，动以数十万计。与朱与白、吴步李齐名，当事闻于朝，赐光禄寺卿。乾隆五年

① 张崇旺：《徽商与明清时期江淮的荒政建设》，《安徽大学学报》，2009年。

② [清]赵吉士：《徽州府志》卷2，清康熙三十八年刊本。

③ 汪晋徵：《休宁县志》卷6，清康熙三十二年刻本。

④ [清]黄云等修：《续修庐州府志》卷53，清光绪十一年刻本。

⑤ [清]方苞：《方苞集》卷11，上海古籍出版社，2008年，第306页。

⑥ 许承尧：《民国·歙县志》卷9，《中国地方志集成·安徽府志辑》第51册，江苏古籍出版社，1998年，第382页。

(1740)，民饥，两淮立八厂，应庚独立捐赈，活数十万。台省入告，贞珉于蜀冈之巅”。[1]“据嘉庆《两淮盐法志》统计，从康熙十年到嘉庆九年(1671 ~ 1804)的一百多年中，两淮盐商前后所捐输的财物共有：银近4000万两，米2万石，谷33万石。每次捐输，多则数百万两，少则十数万两”。[2]

上述几则史料在一定程度上反映新安商人的贡献，对于基础设施，他们认为并且坚信自己作为富甲一方的商人是有责任有义务去承担这种责任，勇当带头人，深入了解自己经商区域的具体情况，尽自己所能。除了在受灾之中给予帮助，他们还积极地参与建设善堂，如育婴堂、清节堂，组成了一个庞大的善堂联合体。同时在灾后也积极地进行救助，灾后重建工作，以及医疗救助。这种行为不但使得新安商人做到了以仁为本，坚守儒家的信念，使他们在江浙地区获得了良好的声誉，为之后的经商活动打下良好基础。新安商人在江浙地区十分活跃，与当地民众建立了彼此信赖的关系，义行也使得他们在江浙地区拥有很高的信誉，民众愿意相信和支持他们。

(二)善会善堂建设

明朝万历年间，善会成为正式组织，在江南地区迅速发展。但是这一时期的善会规模较小，分布不是非常普遍，资金多靠捐赠，并不丰裕。清代善会规模进一步扩大，资金并不能完全供应，需要更多的支持。时任江南总督的孙士毅云：“访闻江省所属州县，有将普育二堂司事每年一换，折般轮点，如其不愿，必献重资，始准另派。更番取利，岁以为常。甚至将各堂经费侵挪亏缺，每月堂中食用，勒令司事垫应，盈千累百，并不给还。浦满一年，又须更换。前垫尚未取偿，后来又须代垫。年年朘剥，陪累无穷。是使朝廷德意，转成地方厉阶，以致绅士人等，视为畏途。”[3]致力于善会、善堂建设和维持的群体在资金短缺之时，得不到政府的经济支持，所以需要一个群体进行减负。

梁其姿在其《施善与教化：明清时期的慈善组织》一书的附录中，对明清时期各地出现的各类善堂做了一个粗略统计：育婴类善堂有973所，清节类善堂有216所，施棺类善堂有589所，其他综合类善堂有338所，[4]这些慈善组织中多能见到新安

---

① 李斗：《扬州画舫录》卷16，清乾隆六十年刻本。
② 洪千芷：《明清时期徽商在江浙地区的慈善活动》，第34、35页。
③ 苏州市地方志编纂委员会办公室：《苏州史志资料选辑》，苏州史志资料选辑编辑部，2000年，第162页。
④ 梁其姿：《施善与教化：明清时期的慈善组织》(附录)，北京师范大学出版社，2013年。

商人的身影。新安商人一方面为经商赢得良好的声誉，另一方面为社会公益事业做贡献，如扬州的育婴堂，在明末毁于兵燹，清初新安商人吴自亮等创建，其后又由当地乡绅和在扬州的众多商人共同出资续建与维持，这其中大多是新安的盐商，他们积极地投身于资助善堂的发展，维护了慈善事业的稳定发展。明清时期，重视贞洁烈妇的声誉，提倡“节妇”思想，鼓励寡妇守节，不改嫁，但丧失了主要劳动力，寡妇一人难当家庭的重担以及经济支出，恤嫠会应运而生。善会的活动资金以商人每年收入为保障的支出，但这种收入存在着不稳定性和不确定性。新安商人汪问云“集诸同业,增捐二厘为岁暮匀分外给,尔时附册,一嫠给银二两”。嘉庆十七年(1812)冬，杭州恤嫠集“附册盈千，补缺益难，分项愈薄”。[①] 清节堂规定：“凡郡中贞女节妇、青年无依、矢志守贞者，报于官，入堂养之终生。年例应旌，则代之请。所携幼子女，一同收养，女择人为之嫁，男十岁出就所立义学，名集英书塾，延师授读，愚顽不成诵者,俾就匠艺学一技,以养其生。”[②] 清节堂的活动资金来源于官府的资助，以及民间商人的捐赠，其中尤以新安商人为重。

新安商人在江浙地区对于善会、善举的资助，一定程度上促进了江南地区的发展，基础设施的完善，并且为其日常运作和发展奠定了基础。商人们践行仁的理念，实现义的理想，同时认为这种事情是为后代积德，攒福报，这与商人的信仰有一定联系。捐资善会善堂的建设还在另一种层面引领了时代，促进其他商人踊跃捐助，资助民间善举的发展。

新安商人作为明清时期的活跃力量，在社会发展中起着不可替代的作用。对于家乡的灾后救济，基础设施建设贡献自己的力量，不遗余力地为家乡做贡献，救济家乡，建桥铺路，施粥赈济等。同时，对于经商地区也努力做到帮助，对于当地的水灾、旱灾，也在尽自己所能地参与社会救济中，尽量为他们解决生活的难题，保障最基本的生活资料，对于当地善会善堂的建设也积极参与，成为主要捐赠群体。但同时我们也要承认新安商人捐赠的另一个原因，就是在当地赢得名声，利于进行商业活动，得到民众的支持，这是无可厚非的，毕竟只有拥有财富，才能更好的使用财富，取之于民，用之于民。

---

① 《恤嫠集·序》,引自[日本]夫马进:《中国善会善堂史研究》,商务印书馆,2005年,第334页。

② 涂宗瀛辑:《江宁府重修普育四堂志》卷6,清光绪十二年刊本。

第十四章　新安商人的精神财富

新安商人其在数百年的发展历程中，形成了独有的精神财富，这些精神直到今天依然有重要的价值。

第一节　欣然赴义的家国情怀

新安商人自明形成以来，就带着一种欣然赴义的爱国精神，这种精神跨越时代长河，成为新安商人留给后人宝贵的精神财富。

明初，新安商人响应运粮输边的政策，将个人逐利与赴国急难相结合。

明朝建立后，明朝政府在北方设立九个边镇，驻军二三十万，抵御外族的进攻。为了巩固边防，明政府又实行相应的“开中法”。想要经营食盐买卖的商人需要先将粮食运送到边镇，换取盐引，凭借票引才能到内地盐场支盐行销，这对盐商的发展有促进作用。尽管北方九边离新安十分遥远，但还是有不少新安商人克服困难，将粮食运往边镇换取盐引。如此看来，新安商人虽然是在追逐个人利益，但确实也成为保卫国土中的一部分。

明中后期，新安商人积极参与抗倭斗争，表现出强烈的爱国精神。明中叶，富庶的东南沿海成为倭寇的主要进犯地，明人对此多有描述。张时彻说道：“东南为财赋具区，而留都（今南京）乃根本重地，数年以来，吴浙之间横被倭患，所在伤残。”① 沈一贯也有记载：“自嘉靖壬子来，寇蹂躏我浙直山东，以至福建、广东，沿海万里，直入腹里维扬徽太杭嘉金衢之间，至窥南京，裂国家幅员之半而焚掠之，所在为墟。”②

---

① [明]陈子龙辑：《明经世文编》卷243《芝园全集》，中华书局，1985年，第2542页。

② [明]沈一贯：《请许套虏求款揭帖》，陈子龙等：《明经世文编》第6册卷435《沈蛟门文集》，中华书局，1962年，第474～476页。

于是，东南元气大伤，激发起东南沿海人民轰轰烈烈的抗倭斗争，新安商人也积极参与其中，主要表现在以下几方面：

第一，捐资筑城，募勇抗倭。明中叶沿袭明初附郭不城的定制。各地无城可守，十分不利于抗倭。为此，很多地方纷纷筑城自固。由于明中叶明政府处于财政危机，各地的筑城费用一般由地方自筹，实力雄厚的新安商人在其中起到很大的作用，他们积极响应当地，为抗倭捐资出力。如，休宁县巨商程锁受县大夫委托，捐资修城。休宁商人汪福光也主动应邀，花费数千金筑城，“即日鸠工伐石，首建城洞一所，寻造城楼及城若干丈，计费凡数千金”。① 再如，面对当地营建新城抗倭的需求，歙商吴烈夫“欣然赴义”。② 嘉靖三十四年（1555），有司提前为抗倭做准备，“募民出粟筑城郭”，③ 歙商汪忠浩即“应募不辞”。④ 新安商人不仅为家乡的抗倭贡献自己的力量，而且旅居外地的新安商人也为当地抗倭出资出力。如，贾于松江的休宁商人邵鸾，为御倭患，在当地捐资筑城，“输财筑城若干丈”。⑤ 再如，嘉靖年间，倭寇围攻嘉城，当时正贾于嘉定的休宁商人程元定，“捐金募勇士，为诸室先”。⑥ 正是得益于他的募勇抗倭，嘉城最终逃过一劫。还有游吴楚间的休宁商人汪新，主动助饷抗倭，“捐金数百助军饷御倭难”，⑦ 还被朝廷以恩例拜以南昌卫大挥使。这样的例子还有很多，明代大学士许国就曾指出旅外新安商人为当地抗倭做出的突出贡献：“曩东南诸郡，缮兵筑城，所籍客户，十九皆徽。”⑧

第二，出谋划策，领导抗倭。明中后期，政治腐败，地方官员大多昏庸无能，一旦倭寇来袭，不是坐以待毙，就是惊慌而逃。反而是部分新安商人临危不惧，挺身而出，既能制定对策，又能组织抗倭。

嘉靖年间，各地纷纷筑城以备倭患，而歙县还未行为。对此，新安商人许谷向县令提出应急三策：一是筑歙城自固；二是置监司，监察当地权力的行使；三是置练才官，训练抗倭的临时兵勇。筑城、设置监司和练才官都是对抗倭寇十分必要的，

---

① [清]汪澍等纂修：《休宁西门汪氏宗谱》卷6《益府典膳福光公暨配金孺人墓志铭》，清顺治十年刻本。
② 吴吉祜：《丰南志》第5册《存节公状》，《中国地方志集成·乡镇志专辑》第17册，第373页。
③ [明]汪湘纂修：《汪氏统宗谱》卷31《行状》，明万历三年刻本。
④ [明]汪湘纂修：《汪氏统宗谱》卷31《行状》，明万历三年刻本。
⑤ [清]徐卓：《休宁碎事》卷12，清嘉庆十六年徐氏海棠书巢刻本。
⑥ [清]邵棠撰：《徽志补遗》，清嘉庆十九年刻本。
⑦ [清]《休宁西门汪氏大公房挥佥公支谱》卷4，清乾隆三年刻本。
⑧ [明]许国：《许文穆公集》卷9《与林宪副》，1924年无锡孙氏简素堂刻红印本。

但却并未被县令采纳。嘉靖三十四年，倭寇来袭，歙县无城可守，无险可据，守令为了防止倭寇用火攻，竟下令拆毁民房。许谷坚决反对，并组织民众严守东门，恰逢县令奉老母于城下，许谷以筑城之事和县令对峙，直到县令答应筑城之后，许谷才开门放行。另一方面，许谷也时刻为抗倭做准备，“盛军容，昼旌旗，夜火鼓，践更者以期至，失期有诛”。[①] 最终，倭寇“闻先声而退三舍”。后来，歙城也成功被建。人们称赞许谷“城议兴，始谷策，终谷功也”。[②]

再如，嘉靖三十五年，倭寇准备进攻无城的芜湖，就在县官也束手无策之际，歙商阮弼挺身而出，倡议捐资募勇，募得数千勇士抗倭，最后倭寇被击退，芜湖得以保全。后来，人们将芜湖西门称作“弼赋门”，用来纪念阮弼对芜湖的保卫之功。还有徽州巨商程锁，在徽州以孙子兵法训练里中少年，以备倭患的事迹等。

第三，弃贾从戎，杀敌立功。休宁商人程良锡带着建功立业的抱负，放弃经商之路，开始戎马生涯。在成为宣州卫指挥佥事后，程良锡勤加训练。在被调往苏松前线抗倭，途中突然与倭寇相遇，他临危不乱，“抽矢先登”，[③] 并指挥将士发起攻击，杀死倭寇十几人，“城危遂解”。[④] 之后，程良锡又被调往多地抗倭，深得总督胡宗宪的重视，一直转战于浙江、福建沿海一带，屡立战功，被称为“古名将风”。[⑤]

清末民族危机，新安商人也以各种方式表达自己的爱国热情。如，道光年间，为抵御英国侵略者，清政府在虎门修建炮台时，旅广的徽州茶商就积极捐款。当时户部给歙县茶商江氏捐款后出具的收条，至今还保存在歙县文管所。再如，为抵抗中亚浩罕国阿古柏和沙俄对新疆的侵略，光绪元年（1875），左宗棠奉命率军西讨阿古柏，并将后方重要的军需补给委托给徽商胡光墉，任命他担任上海采运局务。最终胡光墉不辱使命，顺利完成军需补给的任务。这次战役取得了胜利，后方军需供应对此起到至关重要的作用，胡光墉自然有着不可磨灭的贡献。

---

① [清]许登瀛纂修：《重修古歙东门许氏宗谱》卷9《许未善传》，清乾隆十年刻本。
② [清]许登瀛纂修：《重修古歙东门许氏宗谱》卷9《许未善传》，清乾隆十年刻本。
③ [明]程良锡修：《休宁率东程氏家谱》卷11《明威将军程天庞甫小传》，明万历元年刻本。
④ [清]许登瀛纂修：《重修古歙东门许氏宗谱》卷9《许未善传》，清乾隆十年刻本。
⑤ [清]许登瀛纂修：《重修古歙东门许氏宗谱》卷9《许未善传》，清乾隆十年刻本。

第二节 百折不挠的“徽骆驼”

新安商人在商场称雄五百余年，与晋商并称为明清两大商帮。说到新安商人成功的原因，其“徽骆驼”精神是必须谈及的。“徽骆驼”之谓，最早可能源于屯溪、休宁两地的方言“老大”。新安商人称雄商界，故不少商人以老大自居，其中又以休宁商人为最。因休宁、屯溪方言中“老大”与普通话中的“骆驼”发音相近，故被称为“徽骆驼”。另一方面来说，新安商人创业艰辛，克服各种险阻，一步步走出深山，成为富甲天下的大商帮，就如同骆驼一般，坚韧，能吃苦。

一、“徽骆驼”精神产生的原因

“徽骆驼”是新安商人精神中的重要组成部分，是对新安商人不惧艰辛，艰苦创业的精神的总结。产生“徽骆驼”精神的原因，主要可以归纳为以下两点：

其一，是源于新安商人对于儒家思想的推崇。儒家思想历来讲求“劳而不怨”，将勤劳艰苦看作是成功道路上必须经历的一部分，孟子曾曰：“天将降大任于斯人也，必先苦其心智，劳其筋骨，饿其体肤，空乏其身，行弗乱其所为。所以动心忍性，曾益其所不能。”对于儒学的崇拜，使得新安人自然地将儒家经典作为自身的座右铭，并把这种精神带到商业活动中。

其二，是源于新安恶劣的生产条件，新安人多是因生计所迫经商，“以为糊口之谋”。新安山多田少，农业时代生活贫苦，这种艰难的生活条件磨砺了新安人的意志品质，也刺激着新安人希望改变生存现状。而想要改变现状，经商是一个很好且行动成本较低的途径。“穷则思变”使新安人怀揣着立志改变贫穷的愿望走出深山闯荡。

二、“徽骆驼”精神在新安商人中的体现

新安商人的商业活动遍布中国，岭南塞北，都有其足迹，远离家乡经商，其困难是可想而知的。嘉靖时，歙县人许尚质为了采购木材而深入蜀地，常年奔波于西南的深山老林中，十分艰辛，其晚年对儿子讲述经商经历时说：自己冒着艰辛去经商，并不是为了满足自己精神需求。每当想起在蜀地迷路时，在悬崖上攀爬，在冰雪中行走时，依然会感到毛骨悚然。并叮嘱子孙要记住创业的艰辛。为了使子孙铭记，他将创业史刻成碑立在厅堂的侧边，以作勉励。许侔先在创业成功致富后，难忘自

己的创业经历，告诫子孙不要过分地追求自身的职业，做自己该做的。无论士农工商，最重要的都是敢于尝试。如果畏惧创业所面临的艰险，很难成就大事。[①]

新安商人，大多数从小便外出经商，从做学徒开始。新安有俗语道："前世不修，生在徽州。十三四岁，往外一丢。"幼时便外出经商，直至事业有成，期间历经千辛万苦。《豆棚闲话》中记载了一则故事，新安商人汪华在十五六岁，便远离家乡，给人当伙计，学习走江湖卖东西。简朴是新安人刻在骨子里的习惯，汪华四处卖货，永远都是穿着布衣草鞋，徒步挑着扁担。这是新安人从小就外出做生意情状的真实写照。这种刻苦勤奋的进取精神确实是很感人，且难能可贵。

创业是经商中最为艰难的一段时间。为了创业，往往需要"重利轻别离"，远离祖居地，远离父母，甚至是刚刚新婚的妻子。新安商人经商，往往一走就是几个月、几年，甚至十几年、几十年才会回家一次，以至于会出现"归则孙娶妇，而子或不识其父"的现象。《新安女史征》记载了一则故事，有一名新安商人娶妻三个月就离开家乡外出经商，妻子在家乡，以刺绣为生，每年将结余下来的钱买一颗珠子。等到丈夫返乡，妻子已经去世三年。打开妻子存放珠子的箱子，里面放着二十多颗珠子。这种现象在新安商人中非常普遍。更有新安商人，客死他乡，却无法归葬故里。新安商人的成功的背后，是数以万计商妇的牺牲和付出。

新安商人做生意，有着打不倒的精神，在遭遇种种打击之后，依然能站起来，重新创业。所以，祁门倪氏在宗谱中写道："徽之俗，一贾不利再贾，再贾不利三贾，三贾不利犹未厌焉。"[②] 清代《留仙外史》中记载了一段名为"一文钱"的故事，十分感人。"一文钱"是苏州一家著名的布店，其来历具有传奇色彩。最初，有甲乙两名新安客商，两人合伙凑了一大笔钱到苏州做生意。可是，到了繁华的城市，两人却迷失了自我。二人各自找了一名当地的名妓，挥霍无度。两位名妓也皆是奇女子，暗地里劝说二人。妓院里的老鸨可不是什么好人，你有钱时奉你为上宾，但资财耗尽时就会翻脸无情。这二人日渐窘迫，本来是背井离乡挟重资以求财的，现在如此耗费钱财，有何面目见家人。二人虽觉得两位名妓说得有道理，但却沉迷于温柔乡里不能自拔。最终因"典质既罄"，被扫地出门。两位风尘女子有情有义，赠

① [明]方兴：《新安许氏世谱》文集卷3《西皋许公行状》，明隆庆二年刻本。
② [清]倪望重等修：光绪《祁门倪氏族谱》卷下《诰封淑人胡太淑人行状》，清光绪二年刻本。

予两人各五十两白银，希望他们振作起来，以图东山再起。两人懊恼地到酒店喝酒，对酒浇愁，感慨不已，没想到过于忧闷，竟然酒后弄丢了携带的银两。最后两人落得“日则行乞，夜则寄宿古刹”。不知不觉到了除日薄暮，二人拾得枯枝，就地燃火，相对欷嘘。

> 甲从腰中摸到一钱，直接扔地方上说：“重资散尽，留此一钱何益，不如抛去。”乙忽心动，急拾取曰：“此硕果也，天幸存此一脉生机，安知非剥极而复之兆？”过了一会，乙捡回来一堆竹片、草茎、败纸、鸡鸭毛等物品。甲疑惑地问干什么？乙一边笑，一边用面粉调成浆，然后将草缠竹片上，蒙以败纸，又偏粘鸡鸭毛，做成一只只各种造型的禽鸟。甲曰：“君处此愁城，尚何作此儿戏？”乙但笑不言，竟夕约成二三百具。平明，以半付甲，邀同至元妙观，自有料理，甲姑与俱往。观为姑苏游观之薮，春日尤盛。比至观，士女云集，妇孺见甲乙所携禽鸟，以为酷肖，争来购买，顷刻俱尽。每具十数钱，共计五千有奇。甲至是始叹乙心思灵巧，乐不可支。因问：“一钱何用？”曰：“竹片、草茎、败纸、鸡鸭毛等物皆系拾诸市上，以一钱市面粉，岂不惬敷所用耶？”相与大笑。自是购添各色纸张、杂鸡鸭毛，以肖人物、花草等状，两人夜间分制，日至观求售。自春徂夏，才百日，计敛钱三千余缗矣。因变计，居积货物，无往不利，不两年积资数万。遂千阊门开设布店，大书“一文钱”三字榜于门，志不忘所自也。乃各具千金，为两姬脱籍。姬各出私蓄相助，经营不数年，财雄一方。爰遣人至徽，迎取眷属。两家相约，世为婚姻，迄今二百有余岁矣。阊门外泰伯庙前“一文钱”三金字大如栲栳，犹煌煌照人目云。

这则故事，是现实中新安商人在逆境中不气馁，不被现实挫败，勇于进取精神的集中体现。

新安商人不仅在逆境中百折不挠，在家财万贯、功成名就之后，抑或是垂垂老矣的时候，依然没有忘记奋斗。嘉靖年间的许秩，外出经商近二十年，从渤海到珠江，都留下了足迹，成为大名鼎鼎的商人。在一次返乡中，乡人劝许秩，你已经老了，且已经功成名就，不如就在家乡享受田园之乐吧，何必再外出经商，历尽艰辛。许秩却说，先秦的端木赐通过经商使诸侯王都得对他礼敬三分，我要效仿端木赐的壮举。于是，又买船出发，往成都经商。[1]

就是这种精神，推动新安商人不断奋进，并逐渐成为富甲天下的大商帮。今日来看，虽说有部分行为略显不合时宜，在当下社会很难找到共情之处，理解其中内涵。但是其吃苦耐劳，勇于拼搏精神的核心，却是无法改变的，并在数百年后的今天，依旧熠熠生辉，催人奋进。

第三节　同舟共济的协作精神

中国有一句古语，叫作“众人拾柴火焰高”。正所谓“一根筷子容易折，一把筷子难折断”。明清两朝，新安商人在其巅峰之时，曾展现出“海内十分宝，徽商藏三分”的盛况。究其原因，新安商人内部同舟共济的协作精神首当其冲。这种精神将新安商人集体拧成一股绳，统筹各类优势资源，团结一切可以团结的力量，使之高效极速地运转，从而称霸中国商场。那么，新安商人这种同舟共济的协作精神是如何养成的呢？

首先，新安商人经商很少有人是一个人单独出门去经商的，他们大多是以家或者是族为单位。家族之内的人大多数都是从小到大、成天生活在一起，大家之间极其熟悉，有着非比寻常的默契。大家又有着同一个祖宗，一脉相承的血统，相互之间便有着一种高度的认同感和归属感，这就是新安商人能够高效协作、并在困难时期能够同舟共济的前提和基础。

但到了后来，随着经营领域的扩张，以及生产规模的膨胀，团队人数急剧扩大。此时，传统亲族之间的原始协作逻辑已经无法适应新情况的需求，更加复杂的内部关系让新安商人不得不以新的处理方式去面对了。

其次，他们知人善任。顾炎武曾经说：“大贾辄数十万，则有副手，而助耳目者数人……故大贾非一人一手足之力也。”[2] 休宁商人汪福光在江淮地区从事盐业贸易，

① [明]方兴：歙县《新安许氏世谱》》文集卷3《《平山许公行状》，明隆庆二年刻本。

② [明]顾炎武：《肇域志·江南十一·徽州府》，《续修四库全书》第588册，上海古籍出版社，1995年，第361页。

善于“择人任时”。[①] 相传他的旗下有运盐船千余艘，所经营的盐业生意之大占淮盐一半。同是休宁人的孙从理在吴兴经营典当业极其红火，为了继续扩大经营，便在各地开设分店，选得力之人担任分店主，获利颇丰。汪道昆曾赞誉孙从理曰 ：“以质剂起家，宜莫如处士。”[②]

知人善任是新安商人能够扩大经营的重要原因，而雇主与员工间的和谐相处也是新安商人成功的因素之一。新安商人对他们的员工有着推心置腹、关心生计的人文关怀。例如，歙商郑月川“下至臧获（奴婢）之贱，处处亦有恩信”。[③] 不少商人还能做到“与僮仆同苦乐”。如此，员工们也就心甘情愿地为老板打工。大家的心齐了，劲儿也就往一处使，利润就越来越多，生意也就越做越大了。

新安商人的这种同舟共济的协作精神不仅体现在每个新安商人个体身上，同时也体现在新安商人之间的良性竞争，相互扶持之中。相传，汪琴当年在广东经营茶叶买卖的时候，听说有一个同乡茶叶还没卖出去就意外去世。虽然汪琴并不认识这位同乡，但还是为他殡殓安葬。并帮逝去之人把茶叶全部卖出之后，将卖出去的钱带回家乡还给逝者家人。婺源的木材商人黄振甲将木材运至常州时，看到此地因遭战火民生凋敝的惨状，说一句，“别让他们的子孙再因此而受累了”，就一把火把这些债券全部烧毁。

得意的时候助人为乐固然可敬，但在失意的时候还能帮扶更失意的人一把，就显得弥足珍贵了。而这，正是新安商人的传统。相传咸丰年间，茶叶行业不景气。茶商齐彦钱投资五千两银子只收回了五百两，但他看到其他同乡更窘迫，甚至没有钱归乡时，他便把这五百两银子“慨然愿与分，俾皆旋里，其敦气谊尤人所难”。[④]

作为足迹遍及全国、领域涉及各行各业、数量庞大的新安商人，他们之间需要一个的稳定的联络点。这种情形下，徽州会馆建立了。嘉靖四十年（1561）在北京建立的歙县会馆及歙县义庄开其先河，徽州会馆风靡全国。其时会馆之盛况，从徽人许承尧的话语中可见一斑，“吾徽人笃于乡谊，又重经商，商人足迹所至，会馆义庄，

① [清]汪澍等纂修 :《休宁西门汪氏宗谱》卷6《益府典膳福光公暨配金孺人墓志铭》，清顺治十年刻本。
② [明]汪道昆 :《太函集》卷52《南石孙处士墓志铭》，《续修四库全书》第1347册，第389页。
③ 佚名 : 歙县《郑氏族谱》，清光绪二十八年抄本。
④ [清]吴鹗修，汪正元等纂 : 光绪《婺源县志》卷38《人物 · 质行》，清光绪九年刻本。

遍行各省”。[①] 而这些徽州会馆的作用也是相当明显的，它们为新安商人提供了商议事情之所，又具有为来此地的徽商排忧解难的功效。这些徽州会馆在增加新安商人之间的凝聚力，广大其同舟共济、以众帮众的协作精神方面，起到至关重要的作用。

吃水不忘挖井人，新安商人在发达以后从来都没有忘记回馈生养自己的故乡，没有忘记正是由于家乡父老乡亲们的支持，自己才能一步一步地走向成功。新安商人对家乡怀有深厚的感情，他们在家乡推广教育、免费医疗、救济穷人，还为家乡筑路修城，建桥建学校。

同时，在他们经商所至之处，也大力兴办公益慈善事业，慷慨解囊，从不吝惜，赢得了当地老百姓一致的赞誉。

这些便是新安商人同舟共济的协作精神。

第四节　富而益朴的勤俭精神

勤俭是中华民族的传统美德，也是徽商精神之一。勤为竭力劳作，广开物源；俭为谨身节用，量入为出，勤与俭相辅相成。[②] 古人有训“克勤于邦，克俭于家”，“不勤不得，不俭不丰”，已成为世人信奉的箴言。李商隐的《读史》说：“历览前贤国与家，成由勤俭破由奢。”儒家对勤俭极为重视，其理论对于中华民族勤俭持家的优良传统起到了酿造与强化的作用。贾而好儒的新安商人不仅把勤俭融入到族规家训中，还贯彻到日常生活中。顾炎武说“新都勤俭甲天下，故富亦甲天下”，[③] 尽管新安盐商的奢侈骇人听闻，但我们应该看到，奢侈无度只是少数极其富有的大盐商，他们既不能代表盐商全体，更不代表整个新安商人。就绝大多数新安商人而言，他们是能够做到勤俭的。

一、勤俭在新安商人《家训》《家规》中的体现

儒家对勤俭极为重视，不仅要求人们以勤俭教育子弟，使他们的道德意志在勤

① 许承尧撰，李明回、彭超等点校：《歙事闲谭》卷11《北京歙县义庄》，黄山书社，2001年，第357页。
② 梁德阔：《儒家伦理与徽商精神——“韦伯式问题”的经验研究》，上海大学博士学位论文，2010年，第225页。
③ [明]顾炎武：《肇域志·江南十一·徽州府》，《续修四库全书》第588册，上海古籍出版社，1995年，第361页。

劳节俭中得到锻炼，还要求人们克勤克俭，勤俭并举。“勤而不俭，枉劳其身；俭而不勤，甘受其苦。俭以益勤之有余，勤以补俭之不足。若夫贵而能勤，则身劳而教以成；富而能俭，则守约而家日兴。”① 勤与俭，两者不可偏废。

贾而好儒是新安商人的一大特色，新安商人对儒学的热爱及勤俭的遵从更反映在其历代的《家规》《家训》中。新安族规家法要求宗族子弟勤奋努力，自强不息。休宁宣仁王氏宗族《宗规》中“职业当勤”条记载：

士农工商，所业虽别，是皆本职，惰则职惰，勤则职修。父母妻子仰给于内，姻里九族观望于外，系非轻也。②

绩溪县华阳邵氏宗族《宗规》中“勤业”条规定：

业精于勤，荒于嬉。耕读男子职也，移于游读而男作荒矣。纺纴女子职也，移于艳冶而妇作荒矣。此则十人耕之，不能食一人；十女绩之，不能衣一人，而家何由裕？吾宗男女当务勤。③

婺源《武口王氏统宗世谱·王氏家范十条》“勤生业”条记载：

天下之事，莫不以勤而兴，以怠而废。……子弟辈志在国家者，固当奋志向上，自强而不息。其不能者，或于四民之事，各治一艺。鸡鸣而起，孜孜为善，励陶侃运瓮之志，作祖狄起舞之勇，必求其事之成，艺之精，然后可。④

崇尚节俭也是新安族规家法的一条重要规定。《茗洲吴氏家典》明确规定：“子孙以理财为务者，若沉迷酒色，妄肆费用，以致亏陷父兄当核实罪之。”绩溪《华阳邵氏宗谱》“节俭”条记载：

① [明]王刘氏：《女范捷录·勤俭篇》，转引自李楠：《中国古代家训》，中国商业出版社，2015年，第118页。
② [明]王宗本：《休宁宣仁王氏谱·谱祠》，明万历三十八年刻本。
③ [清]邵玉琳、邵彦彬等：绩溪《华阳邵氏宗谱》卷18《宗规》，清宣统二年叙伦堂木活字本。
④ [明]王铤等：婺源《武口王氏统宗世谱·王氏家范十条》，明天启四年刻本。

财者难聚而易散也，故一朝而可以散数世之储。苟服饰而工丽都，燕会而极鲜浓，物力无由取给，乃倾囊倒廪，以希观美，而不知有穷之积，难应大穷之费也。若赌博宿娼，其倾家尤为易焉。吾宗子弟当崇俭。①

歙县《金山洪氏宗族家训》“尚勤俭”条规定：

古言勤能致丰，俭能养德。盖业专于勤，荒于怠，穷奢极欲，则家声坠焉。今为族人劝，毋怠荒游，毋好骄奢；凡属四民，俱宜孜孜汲汲，惟恒产是务。此敦本崇实之良谋也，无忽。②

歙县《仙源吴氏家谱·家规》记载：

夫冠婚丧祭，礼所当行；宫室器皿，势所必用。惟俭则可久，而奢则不可继也。……凡我子侄，娶妇嫁女，量家之丰约，毋盛往来之礼。而鬻产以赏之徒，自贻穷乏之嗟。不幸值父母之丧，惟衣食棺椁必诚必敬，以自尽其心，若繁仪缛饰，亦当减去。至于款宾待客，宗族随家丰俭，不致失礼可也。宫室惟要其坚固，毋为壮丽。器皿惟欲其坚朴，毋为华靡，庶不致于苟费而亦可以裕财。③

顾炎武也说：“新都勤俭甲天下，故富亦甲天下……青衿士在家闲，走长途而赴京试，则褔衲，至芒鞋跣足，以一伞自携，而吝舆马之费。闻之，则皆千万金家也。徽人四民咸朴茂，其家以资雄闾里，非数十百万不称富也，有自来矣。”④

新安商人编写的《士商类要·贸易赋》指出：“贸易之道，勤俭为先，谨言为本。”⑤做贸易，勤俭是第一位的，这是新安商人闯荡商海多年的经验总结。勤能立业，勤能致富，这是一条规律，新安商人如果不能做到勤，或者稍有所成就惰性十足，坐

①[清]邵玉琳、邵彦彬等：绩溪《华阳邵氏宗谱》卷18《宗规》，清宣统二年叙伦堂木活字本。
②[清]洪承科修，洪必华纂：歙县《金山洪氏宗谱》卷1《家训》，清同治十二年刻本。
③[清]吴永凤等：歙县《仙源吴氏宗谱·家规》，清光绪五年刻本。
④[明]顾炎武：《肇域志·江南十一·徽州府》，《续修四库全书》第588册，上海古籍出版社，1995年，第361页。
⑤[明]程春宇：《士商类要》卷2《贸易赋》，见杨正泰：《明代驿站考》，上海古籍出版社，1994年，第300～301页。

享其成，怎能会成为富甲一方的大商帮呢？

二、勤俭在新安商人日常生活行为的表现

新安商人不仅在创业初期勤劳，就是“家业隆起”以后，他们仍能坚持勤劳不息。歙县商人程致和“能薄饮食，忍嗜欲，节衣服，与同事僮仆同苦乐……凡十年而素封”。若问他何以能致此，同乡人评论为，“公既能左画圆，右画方矣。而又能仰有取，俯有拾，敏而给之，勤而据之”。①勤是重要一条。歙县商人许尚质早期“负担东走吴门，浮越江南，至于荆，遂西入蜀”。备受辛苦，勤劳备至。致富后“犹竞竞力作，衣敝食蔬，强步五六十里如其贫时”。②歙县商人汪希贤“弱冠偕诸伯仲绍祖父业，贾北关溪滨，资日饶裕”。但仍“挟资游二浙三吴，不辞艰劳，贵贱赢绌悉中心计”。③歙县商人鲍尚志平日“业灶时，尝宿灶所，虽冬夜必三起巡视出门。尝持盖徒步，不轻施舟楫”。④黟县商人余逢盛经营盐业，“凡整纲裕课，杜弊昶销，一应章程，悉息心妥置几五十年，口岸同业赖之”，⑤可知他勤劳一生。休宁商金文海少贫，长大后，贷款经营一份濒临倒闭的商业，“于是以勤持己，以俭率诸人，以和联日来相贸易者。厉气作力，资遂日起”。祁门商张元涣“始末来游吴，篚厥绮纨，通于豫章；惟勤惟俭，是勉是师，遂赀雄旅辈”。⑥

一个人在穷困时，做到节俭并不难，难的是虽富犹朴，可以说大多数新安商人都做到了这一点。祁门商倪炳经“少承父业，窑栈云连，畎亩鳞接”，显然是个大富商了。但他仍然“守以淡泊，布衣暖，菜根香，俨然一寒素子”。⑦绩溪商人章必芳“（经商）不数年，增资累万，勤俭不改其初”。歙县商人吴荣让“自致百万”，“居常衣大布衣，饭脱粟，比厮养之最下者”。⑧明代歙县商人汪伯龄经商致富后，“顾独摄敝衣履，终身不鲜。袁（汪妻）亦以纤俭佐翁，椎布刀作如故”。⑨

---

①[清]程善述、程尔明等：歙县《褒嘉里程氏世谱·奉况致和程老先生六十荣寿序》，康熙十一年刊本。

②[明]方兴：《新安许氏世谱》文集卷3《朴翁传》，明隆庆二年刻本。

③[清]江光裕：歙县《济阳江氏族谱》卷9《清故处士国政公传》，清道光十八年刻本。

④[清]鲍存良：歙县《歙新馆鲍氏著存堂宗谱》卷2《皇清诰赠奉直大夫盐提举衔上寿覃恩钦赐帛七品顶带曾祖考尚志公行状》，清光绪元年刻本。

⑤余攀荣、余旭升：黟县《环山余氏宗谱》卷21，民国六年木活字本。

⑥祁门《张氏同宗世谱》卷3《张元涣传》，转引自汪明裕：《古代商人》，黄山书社，1999年，第214页。

⑦倪愚山：民国《祁门倪氏族谱》卷续，民国十四年木活字本。

⑧祁门《张氏同宗世谱》卷3《张元涣传》，转引自汪明裕：《古代商人》，黄山书社，1999年，第214页。

⑨[明]汪道昆著，胡益民、余国庆点校：《太函集》卷52《处上王隐翁配袁氏合葬墓志铭》，黄山书社，2004年，第1117页。

明嘉靖婺源木商李祖玘，“既饶矣，而公之拮据无减贫时，其食粝衣苴，一窭人子不若也。所居庐极卑隘，后指繁不能客，然终不兴造。常服一布衣，历十余年如新，人有以身帖之者，则频拭之，恐污腻也。云履一双，客至，穿以见，去则阁之，其俭率如此”。① 正德、嘉靖间休宁商人汪狮致富后，仍然“粗衣粝食泊如，而周急通匮，未尝有难色”，② 在个人生活方面始终不失俭朴的本色。明代休宁商人汪岩福“务为节约，与家人同艰苦，大布之衣，大帛之冠，脱粟之饭，身自甘之”。③ 入清以后，虽然财力剧增的徽商大有人在，然而其中仍不乏在饮食与服饰方面保持节俭本色者。譬如，歙县巨商江演，“处家至俭，一布袍屡浣不易，一茧被数十年不更制，非筵宴，尝蔬茹，无脓鲜之奉，有齐晏子风”。④

尤其难能可贵的是一些在扬州业盐的新安大盐商，面对他人踵事芬华、挥金如土的奢侈生活，毫不为动，不仅自己自奉俭约，而且教育下人也要节俭。⑤ 明万历间婺源商人李大鸿在资产“足当上贾”后，又去扬州业盐。当时扬州盐商竞相奢靡，李大鸿却告诫他的掌计说：“闻贾由积纤而巨者，未闻委约趋侈而不反丧故有也。”⑥ 掌计们遵照他的吩咐，保持节俭作风。大盐商鲍志道更是节俭的典型。鲍志道，字诚一，“诚一拥资巨万，然其妻妇子女，尚勤中馈箕帚之事，门不容车马，不演剧，淫巧之客，不留于宅”。他不仅自家俭朴，还能对别人“以俭相戒”，在他的影响下，扬州“侈靡之风至是大变”。⑦

不仅商人能俭，而且商人妇犹称能俭。康熙《徽州府志》记载：“（徽商）善识低昂，时取予，以故贾之所入视旁郡倍厚。……然其家居也，为俭啬而务蓄积。贫者日再食（日吃两餐），富者三食（日吃三餐）。食惟饘粥，客至不为黍，家不畜乘马，不畜鹅鹜……女人犹称能俭，居乡者数月不沾鱼肉，日挫针治缝纫闱……徽俗能蓄积，不至卮漏者，盖亦由内德矣。”⑧ 康熙朝，新安商人正处于兴旺发达时期，“贾之所入视旁郡倍厚”，但他们仍能保持着俭朴的生活，实在不易。新安“女子尤号

① [明]李晖纂修：婺源《三田李氏统宗谱·长皋钟三十二两源公行实》，明万历四十二年刻本。
② [清]汪澍等纂修：《休宁西门汪氏宗谱》卷6《乡善狮公墓志铭》，清顺治十年刻本。
③ [清]汪澍等纂修：《休宁西门汪氏宗谱》卷6《岩福公暨配金孺人墓志铭》，清顺治十年刻本。
④ [清]江光裕：歙县《济阳江氏族谱》卷9《清诰赠光禄大夫演公原传》，清道光十八年刻本。
⑤ 梁德阔：《儒家伦理与徽商精神——“韦伯式问题”的经验研究》，上海大学博士学位论文，2010年，第231页。
⑥ [明]李晖纂修：婺源《三田李氏统宗谱·恩授王府审理正碧泉李公行状》，明万历四十二年刻本。
⑦ [清]李斗：《扬州画舫录》卷6《城北录》，中华书局，1960年，第148～150页。
⑧ [清]丁廷楗、卢询修，赵吉士等纂：康熙《徽州府志》卷2《风俗》，清康熙三十八年刻本。

能俭，居乡者数月不见鱼肉。黟县之俗，织木棉，同巷夜从相纺织，徽俗能畜（蓄）积，盖亦由内德焉”。[①] 万历《休宁县志》这样描述新安商妇的勤俭：“女人能攻苦茹辛，中人产者，常口绝鱼肉，日夜绩麻挫针，凡冠带履袜之属，咸手出，勤者日可给二三人。丈夫经岁客游，有自为食，而且食儿女者。贾能蓄积，亦犹内德助也。”[②] 在日常生活中，新安商人的勤俭已蔚成风俗，成为一种可贵的精神了。

新安族规家法要求宗族子弟勤劳节俭，自强不息，对游手好闲子弟大都作了严厉惩治的规定。顾炎武说：“新都（徽州）勤俭甲天下，故富亦甲天下。”《士商类要·贸易赋》也指出，“贸易之道，勤俭为先，谨言为本”，这是新安商人闯荡商海多年的经验总结。新安商人无论在创业初期还是致富后，都能保持勤俭节约的生活作风。“徽骆驼”正是新安商人吃苦耐劳、勤劳节俭精神的象征。

---

①[清]吴甸华修，程汝翼、俞正燮纂：嘉庆《黟县志》卷3《地理》，清同治九年刊本。

②[明]李乔岱纂：万历《休宁县志·舆地志·风俗》，明万历三十五年刻本。

第十五章　传奇的新安商人

第一节　杰出的两淮总商鲍志道

一、出身名族，世业传承

鲍志道（1743 ~ 1801），原名廷道，字诚一，自号肯园，歙县棠樾人。鲍志道出身于徽州名族之一的棠樾鲍氏，鲍氏在早期以孝道闻名。《宋史》记载："有鲍宗岩者，字傅叔，徽州歙人。子寿孙，字子春。宋末，盗起里中，宗岩避地山谷间，为贼所得，缚宗岩树上，将杀之。寿孙拜前，愿代父死。宗岩曰：'吾老矣，仅一子奉先祀，岂可杀之？吾愿自死。'盗两释之。"又有《棠樾鲍氏宣忠堂支谱》记载："其母余氏，年七十余，足患疡，腐秽不可近，濒于危。公露立泣祷，旦夕跪吮其疽疾，豁然愈。"[①]

鲍氏作为徽州望族，人才辈出。明代初期，鲍氏子弟接连入仕。十六世族鲍象贤，嘉靖八年（1529）中进士，授四川道监察御史，后擢南京兵部右侍郎。不久，在云南平叛、抗击倭寇中屡有功绩，累官至兵部右侍郎。死后，加赠工部尚书，予祭葬，崇祀乡贤。鲍象贤之孙鲍孟英于万历年间入仕，历任河南开封府通判，山东都转运盐使司同知。天启时，为朝议大夫。

鲍氏的辉煌不仅体现在官场，在商海中也闯出了自己的天地。鲍氏的经商，最早可追溯至明洪武年间。自十二世祖鲍汪如开始，鲍氏开始经营盐业生意。至十六世祖鲍象贤、十八世祖鲍孟英时，因做官，鲍氏的商业活动一度停止。而此后至清末，鲍氏的谋生重心一直在经商上。鲍志道即为鲍氏第二十四世。

二、历经坎坷，终成大业

鲍志道 7 岁读书，11 岁因家道中落被迫弃家去鄱阳学习会计，从此开始了他的商贾生涯。数年后，转客浙江金华，经营浙盐，不久移居江苏栟茶场，这是两淮泰州分司的主要盐场之一，[②] 当时两淮盐商，"凡商有二，曰场商，主收盐；曰运商，

---

① [清]鲍琮纂修：歙县《棠樾鲍氏宣忠堂支谱》，清嘉庆十年刻本。

② 刘淼：《徽商鲍志道及其家世考述》，《江淮论坛》1983年第3期，第58页。

主行盐”。所谓场商，是指在盐场向灶户购盐的商人；所谓运商，就是指认引行盐的商人，又称为纲商。鲍志道在栟茶场主要从事最易获利的行盐行当。20岁时，他定居清代盐业集散中心扬州，起初辅佐维扬吴太守经营盐业，“后自操其赢，所进常过于所期，久之大饶。遂自占商数于淮南，不复佐人故事”。此刻正值两淮行商极盛时期，显著者“有数百家”，清政府为便于催缴盐课，在运商中设总商，总商之任务，“凡盐业之消长赢缩，以逮公私，百役巨细，无所不当问”。这些总商，大都由“资重引多”或“家道殷实者”担任。鲍志道任两淮总商二十年，是继徽籍盐总汪应庚之后最为干敏者。例如，“乾隆末年、福建盐阑入江西，其势蜂拥不可止，淮南颇困，而事体重大，莫能撄也。先生（即鲍志道）身任其事，支拄两载，其患始平。盐艘或有沉溺，例当补运，或受累至破家，先生倡议使一舟溺，则众舟助，至今为永利”。淮商称此为“津贴”，这对当时促进盐运是起到一定的积极作用的。①

三、品德优良，仁心济世

鲍志道在商业上取得了巨大成就，但是他本人主张去奢崇俭，扶困济贫，表现出远超同期大多数商人的格局。

乾隆时期，盐商的发展到达顶峰，在获取了巨额财富的同时，奢侈无度的恶习也在盐商中大规模蔓延。扬州作为盐业中心，自然也存在了大量盐商奢靡的现象。李斗《扬州画舫录》中记载，有人花费3000银两，将扬州城中所有的不倒翁全部买到后，“流于水中，波之为塞”。鲍志道极为反对这种生活作风，对家人以及亲朋好友，要求“以俭相戒”。在鲍志道的倡导下，使扬州盐商“奢靡之风，至是大变”。

鲍志道热心于公益事业，尤其是书院的建设。歙县有两座名书院，分别是城内的紫阳书院和城外的山间书院。鲍志道号召歙县本地士绅捐资修缮紫阳书院，使紫阳书院焕然一新；并捐资银3000两，用于书院生员的灯火费用。后，又捐赠银3000两，用作修复山间书院的本金。在地方慈善方面，鲍志道同样热心。扬州城内，康山以西至钞关北抵小东门一带，地势低洼，雨天容易积水，行人行动不便。鲍志道捐资将地面垫高，将石路改建成砖路。鲍志道在扬州城内修建十二所义学，专供贫家子弟读书，解决了部分贫家子弟因家贫而荒废学业的问题。鲍志道在京师修建了扬州会馆，为商客的存货，住宿提供帮助。各类的善行，不胜枚举。

① 刘淼：《徽商鲍志道及其家世考述》，《江淮论坛》1983年第3期，第59页。

在鲍志道的影响下，鲍志道的亲属也积极参与到慈善中来。其原配汪氏助资修建房舍用以族人的农具储备，购置田产，租赁所得的收入给予族内的妇女，主持修建道路等。鲍志道之子鲍漱芳，在嘉庆十年（1805）、十一年的两次大水中，捐米、麦共计 10 万石，设粥铺，赈济灾民。因此，获得嘉庆皇帝嘉奖，赠“乐善好施”牌匾。

四、官场逢源，贾儒相替

新安商人的一大特色是红顶商人。鲍志道在经商中非常重视钱势之交，在担任总商的二十多年中，凡是政府需要赈济、酬饷等用钱财的时候，鲍志道总是积极响应，带领商人们积极捐输，以此来取得政府的信任和庇护。因鲍志道的积极报效，清政府先后敕封鲍志道为“文林郎内阁中书”“候选道”“奉直大夫内阁侍读”“朝议大夫刑部广东司郎中”“中宪大夫内阁侍读”“朝议大夫掌山西道监察御史”等衔，虽然都是虚衔，但是可以体现出清政府对于鲍志道的恩宠和重视，这些头衔也使得鲍志道的声望与社会地位大大提升。凭借着这些身份及自己雄厚的身家，鲍志道与大量的名流显贵相结交，如大学士刘墉，户部尚书朱珪，两江总督陈大文，礼部尚书纪昀，两江总督铁保等，都与鲍志道相交莫逆。这些人脉也成为了鲍志道稳固自身商场地位的保障。

新安商人的另一大特色是贾而好儒，认为经商可以获利，但是只有取得功名，才能光耀门楣，鲍志道也不例外。鲍志道育有二子，长子鲍漱芳，次子鲍勋茂，长子继承鲍志道的家业，继续经商，后成为两淮总商之一。其次子作为徽州廪膳生员，后由举人、内阁中书历官至通政使司通政使，位列九卿，至乾隆五十五年（1790）进入军机处学习，成为了鲍氏族中最为显贵之人。鲍勋茂官运通达之后，给予了鲍氏巨大的帮助，嘉庆九年（1804），鲍志道的弟弟鲍芳陶被巡盐御史佶山告“抗签误课”罪，要求政府严惩．在鲍勋茂的斡旋下，嘉庆皇帝下谕，使鲍芳陶得以缴纳 5 万银两了解此案。可以想象，如果没有鲍勋茂在其中的奔走斡旋，鲍芳陶将会受到多么严厉的制裁，或许会是一次灭顶之灾。嘉庆之后，随着对两淮盐商政策的变更，两淮盐业衰败，鲍氏子弟也更多地走上了业儒的道路，这其中如鲍勋茂之子、鲍志道之孙鲍时基，在道光年间官至贵州黔西州知州；鲍时基之子鲍彤轩官至工部郎中。另有鲍德桴、鲍劭楷、鲍东植等人，都在官场取得功名。这标志着鲍氏完成从商人家族到士人家族的转型，从而在道光时期两淮盐法改纲为票，两淮盐商一蹶不振的时代背景下，保证自身门楣得以继续光大。

第二节 墨业传奇胡开文

明清时期，新安商人的经营领域曾经几乎遍及国内的每一个角落，但到清朝末年，新安商人逐渐衰微。而新安商人的故乡徽州，盛产各种墨品。从南唐时开始，徽州的墨品就已经享誉天下。值徽商式微之际，胡氏家族却利用这一徽州传统的强势手工业墨业，撬动了大半个中国的墨业市场，撑起了“徽商帝国”最后的辉煌，打造出了一个中国历史上传奇的商业品牌——“胡开文”。

一、天注创业，开文立基

乾隆七年（1742），胡天注出生于徽州绩溪县上庄村。当时，徽州人大多从商，新安商人的势力遍及天下。上庄人也大多从商，这大概就算是一种地区风俗吧。在家乡人的影响下，小胡天注也逐渐走上从商的道路。最初，他在十几岁的时候来到屯溪镇的一家墨店当学徒，一干就是好几年。这家墨店的名字叫作“采章墨庄”，其前身是歙人程正路开办的悟雪斋墨店，在康熙年间也算是相当出名的墨品作坊。在这里，天资聪颖的胡天注勤奋好学，深得主人的器重喜爱。胡天注依托采章墨庄的有利资源，对墨业逐渐有了深入的认识。多年以后，胡天注将采章墨庄租赁下来。

都说婚姻对一个人的发展轨迹一定会有着很深刻的影响，胡天注亦不例外。在租营采章墨庄期间，胡天注偶然间结识了休宁制墨大商人汪启茂。当年的徽州墨家林立，但最知名的有四人，即歙县曹素功、汪节庵，绩溪汪近胜，休宁汪启茂。汪启茂见到当时还是小伙子的胡天注十分满意，胡天注也对汪启茂的女儿一见钟情，胡天注很快就成为汪启茂的乘龙快婿。“汪启茂墨室”位于休宁城内，但婚后，胡天注依然在屯溪镇租营着采章墨庄。

乾隆三十年（1765），岳父汪启茂在与同行的竞争中惨败，“汪启茂墨室”濒临破产的边缘。都说英雄出少年，这时年仅 24 岁的胡天注做出了一个他人生中最重要的决定：放弃租营采章墨庄，全力复兴汪启茂墨室。自此，胡天注开启了独立经营墨业的商业传奇生涯。

初生牛犊不怕虎，尽管胡天注雄心勃勃，但他所面临的形势却是极其严峻的。然而，在采章墨庄经营多年，对于墨业行情他早已了如指掌。这些宝贵的经验，就是此时胡天注最大的资本与财富，他决心在墨业上建立自己的一番作为。而“汪启茂墨室”在商场的残酷竞争中已然失败，胡天注看着岳父老泰山为自己留下的这些烂摊子，他想着这名儿可能不太好，要不换个名字吧。

相传，胡天注为他自己的墨店起名也有个小故事。汪启茂墨室位于休宁，而胡天注的墨业根据地是在屯溪镇。那一天，他从休宁出发，准备回屯溪镇找一位故友帮他的店起个名字。途中经过一座石亭，正逢亭内有人为来往的旅客售卖茶水，此时赶路的胡天注疲渴交加，进去将桌上的茶水一饮而尽，抬头见，猛然看见亭中有一方石匾，上面赫然有着“宏开文运”四个大字。其笔法，遒劲有力，潇洒不凡。只见胡天注低头沉思了一会儿，突然起身大叫三声“开文！”“开文！”“开文！”胡天注大喜，踏破铁鞋无觅处，得来全不费工夫。这不就是我要取的名字吗！于是，他也不去麻烦那位故友了，调转马头，回家！没过多久，“胡开文墨庄”的招牌就挂出来了。

休城胡开文总店

为老店起了个新名字，固然是有着希望能博取一个好兆头的愿望。但所有的事情靠虚的东西都没有用，必须得脚踏实地。未来的路要怎么走？还是得胡天注拿主意。胡天注以为，要想在竞争激烈的墨业市场占据自己的一席之地，就必须要有自己的核心竞争力。而他所关注的核心竞争力，就是墨品的质量。岳父治下盛极一时的“汪启茂墨室”之所以失败，就是因为墨品的质量已经满足不了市场的需求，在与同行的竞争中经常处于劣势，从而导致民众失去对于汪启茂墨室墨品的信任，如此焉有不败之理。

“胡开文墨庄”从立庄之日起，就集中精力进行新产品研发。他检阅了汪启茂墨室原有的墨模精品，却惊奇地发现其中只有三副称得上符合市场需求。因此，他又不惜斥巨资购买上等原材料，聘请优秀工匠，精心制模、做墨。同时，“胡开文”还致力于广泛开拓市场，打造品牌效应，以便在与同行的竞争中抢占先机。

不久，第一批“胡开文”墨品上市了。第一批“胡开文”有着自己的商标，叫作“苍珮室”。由于“苍珮室”“漆欲其净也，烟欲其精也，胶欲其和也，香欲其烈也。涵而揉之，以视其色泽之匀也；捶而坚之，以视其肌理之细也；范而肖之，以视其意态之工也”。[①] 受到广大用户的一致好评。于是，“胡开文”的生意开始一天天红火起来。不久，便于屯溪镇开设了一家分店，但此店只销售不生产，墨品由休宁城胡开文墨庄统一批发供应。

自此，“胡开文”一炮而红！

二、余德承业，开拓创新

嘉庆十四年（1809），正当“胡开文”蒸蒸日上之时，老家主胡天注突然一病不起，没几天就走了，享年 68 岁。他于弥留之际，遗命次子胡余德“统持家政”。从此，“胡开文”进入胡余德时代。

胡余德其人，生于乾隆二十七年（1762），父亲去世的时候，他时年 48 岁。其时，他早已成为父亲治理“胡开文”的左膀右臂。胡余德在十几岁的时候就跟随父亲在墨店里帮忙，都说兴趣是人们最好的老师，年少的胡余德对制墨产生了浓厚的兴趣，没过多久他就对制墨的流程了如指掌。加上父亲为他打下的基础，为父亲料理墨庄，积累了很多经营管理的经验。对于胡余德的能力，父亲胡天注是极其认可的。胡天注在遗嘱里说道“十数年来，一切店务藉次子余德掌持，克俭克勤，颇有进意”。胡余德也不负父亲信任所托，在他的带领下，“胡开文”如日中天，进入黄金时代。胡余德从商深受父亲的影响。跟着父亲一同创业的胡余德，深知父亲创业的艰难，也清楚自己肩上担子的重量。但他也坚信，父亲能够做到的，我胡余德也可以，甚至我可以比父亲做得更好。

墨品质量永远是“胡开文”在市场上的第一竞争力，这一点从父亲那里继承，深深地刻在了胡余德的骨髓里。要想把墨庄做大做强，产品质量的提升应永远放在首位。

首先，在制墨工艺上，胡余德始终坚持自唐末李超、李延珪时流传下来的“易水法”。此法因李氏父子本居于易水（今属河北）而得名，后因战乱南迁至江南，“睹歙中可居造墨”，便定居于此。其墨天下闻名，宋淳熙年间的《新安志 · 卷十》中有载，

① 见胡开文墨店材料手抄稿，现藏安徽师范大学徽学研究中心资料室。

“今人得而藏者，亦不下五六十年，胶败而墨凋，其坚如玉，其文如犀，写逾数十幅，不耗一二分也。”为了制出高级的墨品，胡余德花重金购买高级原料，坚决按照“易水法”制造墨品，从不为了蝇头小利偷工减料，或者粗制滥造，而使得其墨庄制品质量降低，所以“苍珮室”墨品在市场上一直以质量超群著称。

胡余德还在形式上大胆创新，他认为质量和实用性固然是墨品立足市场的根本，但这只是基础。高级的墨品还必须要有艺术感，让其在具有实用价值的同时，还应该具有艺术欣赏的美感，让这些墨品在抛却其书写功效之外，也可以被人们当成艺术品呈放在茶几、桌头，以做装饰。出于这样的设计考量，“胡开文”相继推出了“棉花图”（全套16笏）、“十二生肖图”（全套12笏），以及“御园图”（全套64笏）。这些作为“胡开文”的独家产品，深受老百姓的推崇喜爱。

在古时候，一家墨品店要想发展，让消费者知道墨品质量好自然是最重要的，但如果其墨品成了贡墨，可想而知其身价就会水涨船高。相传，志向远大的胡余德曾经制出“御制文渊阁诗墨”（集锦墨）进呈给皇帝，其墨品墨式奇特，正面镌有乾隆进士、工部尚书、协办大学士彭园瑞的御诗，背面镌有描摹的文徵明等名家的画作。这套作品可以说是用了当时最好的原料、最精的工艺制作而成。进呈皇帝以后，皇帝对此墨大加赞善。

如果说起“胡开文”成功的原因，其创始者胡天注为其定下的“雅俗均有、高普并举”的经营方针首当其冲。在制造高级墨争名誉、创品牌、求高利的同时，利用普通墨抢占市场，求得薄利而多销。在经营方式上也采取批发与零卖双管齐下，不拘泥于某一种形式而显得经营灵活多样。因此，“胡开文”虽然只是一家家族式的墨业品牌，却在清末的商场取得了空前的社会效益，也攫取了巨额的经济利益。

胡余德于“胡开文”蒸蒸日上之际，在着手进行墨业规模扩大的同时，也将经营进入金融领域，他开办了“启茂典铺”。但他的商业帝国还不止于此，“启茂茶号”和“和太枣栈”相继设立。多条商线同时进行，使得胡余德的商务越做越大，财富越积越多。

商人在积累财富之后，往往都会有一个共性特征，就是希望在政治领域能够找一些“存在感”。这个特征在胡余德身上体现得还是挺明显的。他曾斥巨资捐得了“议叙盐运司知事、覃恩累赠中宪大夫、晋赠资政大夫”等官爵，胡余德利用这些虚衔提升了自己的政治地位。由于有这些虚衔的加持，对于他以后商业的发展是有些好处的。

胡余德的远见不仅仅体现在其经商的才华，更是在他对教育事业的执着与重视。胡余德是一位真正的儒商，“富而教不可缓”。他有九个儿子，在其教导下，六个儿子成为国子生，一个儿子成为岁贡生。在同乡士人倡议建立“东山书院”时，胡余德慷慨解囊，捐赠白银1000余两。新安商人“贾而好儒”“重学兴教”的美德在胡余德身上体现得淋漓尽致。

三、家店有规，起桌更名

所有家族产业的掌门人，在年老时如何立遗嘱，如何在自己身死之后确保未来家业不会被不肖子孙挥霍殆尽而使家业能够继续得到发展，对于历代的家主都是个老大难的问题。胡余德亦有此忧虑，他有九个儿子，儿子们的品格能力良莠不齐，自己死后如何分家才能让“胡开文”继续发展呢？

当年从父亲手中继承“胡开文”的时候，由于他的几个弟弟有的已经亡故，有的病魔缠身，还有的太过于年幼，他们都需要家里有个支柱为他们撑着家业，故而那时并未分家。但现在自己已然年迈，当年还在蹒跚学步的幼弟如今也已成人，儿子们也到了成家立业的年纪。

道光十四年（1834），已经73岁的胡余德“须眉尽白”。自己一手建立的“胡开文”帝国所经营领域之广，每天要事之多，都使已经年过古稀的胡余德深感力不从心。于是便在父亲胡天注所订遗嘱的基础上，又立下了一份分家的契约文书。胡余德对自己的弟弟还是很好的，他依父嘱托，将财产分为八等份。休城“胡开文”老店和屯溪镇的分店分别归二房胡余德和七房胡颂德（胡余德的弟弟）执业经营。父亲所定，孝子遵循。胡余德此次分家还将自己从父亲那里所继承的休城“胡开文”老店指定给了次子胡锡熊来经理。

为了保证在自己死后，“胡开文”经分家析产而不至于衰落，能够继续发展自然是最好。胡余德在分家的契约文书里立下了一个重大原则，即：分家不分店，分店不起桌，起桌要更名。

分家不分店，就是指除了休城“胡开文”老店和屯溪镇“胡开文”分店以外，其余所有产业和财富扣留部分“养老”和“酬劳”，一律按8股均分。而休城“胡开文”老店和屯镇“胡开文”分店依父亲胡天注遗嘱分别由二房和七房执业，不再分产。这样，家虽然分了，但是墨店却没有分，分家并不影响墨店的正常生产经营。

避免了家族内部因墨店经营理念的分歧，而导致墨店内耗最后衰落的不良后果。最大限度地保存了胡余德时代“胡开文”墨店的资本、技术，以及生产工具的高度集中。而在休宁城与屯溪镇的“胡开文”店面均由二房与七房单传执业，这也有利于他们在后代里面选择贤明能干的人作为家业的继承人，使店业不至于出现诸如“九子夺嫡”，或者因所托非人之类的问题而导致衰落。

而分店不分桌，则是指制墨权由休城“胡开文”老店独家持有，位于屯溪镇的“胡开文”分店只有经营贩售的权力，而不允许起桌制墨。这是当年胡天注还在世时候便已规定，屯溪镇分店所售的墨品均由休城老店统一供给。对此，胡余德“悉遵遗稿”，在分家的契约文书里重新申明、强调这一原则，并要求后世遵循。

起桌要更名，是指倘若后代子孙不尊祖法，硬是要起桌制墨时所行之道。“倘屯店起桌自造，更换‘胡开运’招牌，不得用‘胡开文’字样”。这是胡天注遗嘱中所订立的规矩。因为起桌制墨利润巨大，胡余德主家时期依托其威望对家族控制力巨大，故而没有出现族人另外起桌制墨的情况，但难保子孙后代不会。“胡开文”之名早已名扬海内，后世子孙如有机会谁不愿意借用这块金字招牌呢？若都以“胡开文”之名制墨，总保不齐会有几个商业败类出现，为牟取暴利，顶着“胡开文”之名，不遵祖法，制作过程中偷工减料，导致最后制作的墨品粗制滥造，进而有损“胡开文”之声誉。为了防止这种情况出现，胡余德重申了父亲留下的“起桌要更名”的规矩。

墨业是“胡开文”品牌的支柱产业，胡余德在分家时尤为重视。而至于其他产业，诸如典业、茶号、枣栈，胡余德在分家产的时候就比较宽松了。除了将枣栈交由七房经营以外，还将典铺、茶号让其他几房“合同执业开张”，共同治理。但是经营方法一百个人有一百个方法，不可能每次都能够完美调和。为了防止族内矛盾激化最后导致家产衰落，胡余德又做了其他的一些规定安排。比如，在共同经营典业的各房中，倘若有哪一房对原本订立的规则有所违背，亲房则可以将他的资本抽出来，写个字据，其中写有“典业永无分（份）”。这样，违反规则的那一房便永远同胡家典业脱离关系了。这项规定在茶号的经营中仍然适用。如此，便最大限度地避免了争端，大家求同存异，也确保了胡家产业在很长时间内继续正常高效地运转。

事实证明，胡余德分析家产时所做出的诸项规定是相当智慧的。此后，胡氏子孙基本遵循着这一“祖宗之法”，在清末动荡的政局与商界中，“胡开文”不仅没有走向衰落，反而焕发出了新的生机，事业发展更上一层楼。

道光二十五年（1845），84 岁的胡余德与世长辞。遵其遗嘱，休城“胡开文”老店由次子胡锡熊接管。其时，鸦片战争已经摧毁了大清朝天朝上国的幻梦，中国的发展又一次走向大动荡大萧条的时代。

四、锡熊善谋，乱世独秀

胡锡熊出生于 1803 年。父亲辞世、正式接手“胡开文”墨店时候，他已经 43 岁了。然而在此之前，如前文所指出的那样，胡余德在 1834 年订立分家契约文书的时候就已经“须眉尽白”，有记载称他那时已经“亦倦于勤”，感到“事益纷繁，难以照拂”了。如此便不难做出如下推测：在胡余德订立分家契约文书以后，休城“胡开文”的实际掌舵人就已经逐渐转变成胡锡熊了。据此，胡锡熊在正式接管“胡开文”之前，已经有了十多年的管理经验。这为他之后正式接管“胡开文”，使其事业继续发展，有着至关重要的作用。

在古代，社会地位士农工商，商排最末。因此，商人要想在商场上长久地立足，就必须利用其手中的财富，撬动政治的杠杆，为自己的生意寻求庇护。就如同父亲胡余德所作的那样，胡锡熊亦捐得“覃恩通奉大夫、晋封资政大夫”等头衔。这些虚衔在为他带来巨大经济效益的同时，亦成为沟通政界的重要媒介。“胡开文”能够在清末纷繁复杂的政治经济环境的夹缝中生存发展，与胡锡熊在政坛上有一定地位是密不可分的。

胡锡熊执掌休城“胡开文”时正值多事之秋。1840 年鸦片战争爆发，中华民族危机逐步加深。1851 年 1 月 11 日，洪秀全举起反清的大旗，历时十余年的太平天国运动爆发。由于徽州地区曾是清军与太平军争夺的重要战场，常年的战乱对于徽州的破坏巨大。曾经妄图在江河日下的大清朝能够独善其身的新安商人们携资返回家乡，其财富却以各种理由被反复劫掠。很多新安商人甚至在这场浩劫中失去了生命，新安商人自此元气大伤。

在如此艰难的时局下，胡锡熊惨淡经营。为了得到曾国藩的庇佑，他趁曾国藩率军驻扎祁门的时候，通过各方渠道向曾国藩示好，终于得到了这位“两个半圣人”的一块手书招牌——“胡开文墨庄”。在那个战乱的年代，曾国藩亲笔手书之招牌对“胡开文”来说就如同“护身符”一般，曾国藩麾下的清军将士是决计不敢靠近的。

也借此庇佑，“胡开文”在那个兵荒马乱、商业大萧条的年代并未受到多大的损失，甚至还能于此间“独逞一时之秀”。相传，当时“胡开文”老店仍有职工 200 多人，年产墨品达 300 担。

曾国藩题“胡开文”匾

至于位于屯溪镇的“胡开文”分店，起初由胡余德的七弟胡颂德掌理，但颂德不久病逝，其子胡锡环还未成人，无法独立经营分店，所以一度由胡余德代为经营。等胡锡环可以独当一面以后，胡余德亲手将权力交到了侄子的手中。但胡锡环是一个不安分的主儿，他眼馋于休城老店制墨的巨大利益，迫切希望打出“胡开文”的招牌，开桌制墨，产销兼营。但由于胡锡熊的坚决反对，加上祖命难为。胡锡环又掂量掂量此时不稳定的时局，脱离族兄的庇佑单凭自己恐难成事，故而作罢。

五、贞观善营，迅速扩张

1862 年，胡锡熊去世。其长子胡贞观接手“胡开文”。胡贞观极善经营，在他执掌“胡开文”期间，“胡开文”的发展焕发第二春，进入一个全新的大发展时期。

胡贞观是一个真正的兼具政客与商人双重角色的人。他是咸丰朝时的恩科举人，诰授奉直大夫、覃恩晋封通奉大夫、户部贵州司员外郎兼广东司。他官商两兼，既周旋在政坛、又驰骋于商界，可谓左右逢源。

胡贞观极善于用人。随生产规模的扩大，胡贞观知道自己的力量是有限的，必须委派得力的助手进行管理。为此，他重金聘请了管事汪鉴堂、副管事金节甫、点烟房总管吴纯卿。个个精明能干，尤其是汪鉴堂，由他全权代表胡贞观管理的生产到销售的各个环节从未出现过任何失误，可谓尽职尽责。有这些得力助手的帮忙，胡贞观就可以腾出手来，思考更重要的问题。但他绝不是对店里的事务撒手不管，做甩手掌柜。相反，他对墨品质量极尽苛求之能事。只要不外出，他天天都会前往作坊视察，一旦出现问题，及时处理。所以，在胡贞观执掌“胡开文”期间，其墨品质量一直保持着上乘的水平。

胡贞观在继承祖辈经营方式的基础上，还能够做到不墨守成规，勇于开拓。制墨的主要原料是松烟或者桐烟，而原料的好坏直接关系到墨品质量的高低。“胡开文”原来制作原料的地方是在当地鱼亭里的一所小型点烟房。但随着生产规模的扩大，鱼亭点烟房制造的原料无法满足庞大的市场需求，所以建造新的大型点烟房刻不容缓。胡贞观将房址选在了重庆，同时委派吴纯卿作为总管，就近充分利用四川丰富的松树资源，自行制造油烟。这一举措收获了巨大成功，靠近松树资源产地自行生产，不仅解决了生产原料的资源问题，更是减少了中间商赚差价，重庆点烟房所生产的多余原料还可以出售给其他同行，又是一条利润丰厚的商业渠道。

胡贞观还特别擅长扩大“胡开文”的商业影响。墨，作为文房四宝之一，有其独特的艺术价值和收藏价值。尤其是能够产生高额利润的高级墨品，更是被喜好附庸风雅上流人士所钟爱，用以粉饰门面。因此，胡贞观利用其官商双兼的身份优势，尤其注重在这些文人雅士、达官贵人中推销“胡开文”。例如，歙人柯铭就曾经定制过“一瓣香”墨,赠予李鸿章的胞弟李鹤章。金石学家胡澍、赵之谦也曾联名向“胡开文”定制墨品，甚至浙江仁和的谭献在出任歙县县令的时候也曾两次前往休城老店制墨。胡贞观对这些生意格外重视，而这些人在拿到精制上乘的墨品以后，又在各种场合广为宣传。如此这般，“胡开文”的影响便越来越大。

在胡贞观天才般的经营管理之下，“胡开文”的发展规模进一步扩大。高级墨品的年产量达数万斤、其资产高达 20 万元（银圆）。这使得“胡开文”在当时徽州墨业的同行中，一直独占鳌头。

在胡天注创立“胡开文”之日起，就定下了“分家不分店，分店不起桌，起桌要更名”的祖制。所以到了第四代传人胡贞观这一代，制墨的权力被老二房垄断已历时百年。随着胡氏子孙人数的增多，其他房派的子孙也纷纷要求起桌制墨，并且还要打着“胡开文”的招牌。

胡贞观眼瞧着族内矛盾日益激化，但始终不愿违背祖制。他提出了一个大家都愿意接受的折中之法：如果其他各房后人坚持起桌制墨，并坚持打“胡开文”的招牌，务必要在之后加上“某记”。同时，“苍珮室”商标为休城老店所独有，其余各店杜绝使用。这条折中之法得到了各方面的认同与接受，由此可以看出，胡贞观既坚守原则又不失灵活的天才般的管理才能。

在此法推出后，很快就收到了反响。首先是老六房（胡天注六子胡懋德）之孙胡贞益在光湖设立“胡开文源记”墨坊,后来又相继在九江开办“胡开文亨记”分店，在汉口开设“胡开文贞记”分店。“胡开文源记”发展势头迅猛，年产墨品达 5000 斤左右，营业额在 26000 元（银圆）上下。另外，胡氏后人还将休城“胡开文”分店开到了扬州、杭州、上海、安庆等地。

至于胡氏子孙内部也不是所有人都服从胡贞观的统一调遣。新六房胡锡瑄（胡余德六子）的儿子胡贞全就喜欢和胡贞观闹别扭。同治初年，胡贞全企图在老二房一脉经营多年的休城开设“胡开文”分店，但奈何胡贞观势力太过于强大，“祖制”影响根深蒂固，所以无疾而终。失败的胡贞全没有气馁，另起炉灶，开办“胡子卿墨店”，公开与“胡开文”竞争。由于胡贞全制墨总是另辟蹊径，推出新品，却从不沿用胡开文老店款式，故而销路亦很通畅。

至于在屯溪镇的“胡开文”第一家分店，由胡锡环掌管后，先是希望与其他房派所设墨店一样制墨，但被胡贞观以“祖制”所阻止。其后，胡锡环转而开设“屯溪胡开文墨庄”，同时将“苍珮室”的“珮”改成“佩”，使用新商标“苍佩室”，以与休城老店相区别。由于其店为胡氏正朔，一脉相传，墨庄所产墨品的质量也实为上品，销路自然也很好。“屯溪胡开文墨庄”以普通墨为主要生产对象，兼做高级墨品。

总观胡贞观总管胡氏家业期间，不仅休城“胡开文”墨庄持续高速发展，而且新的经营之法推出以后，胡氏子孙将“胡开文”的影响力扩及全国，各地分店林立，“胡开文”墨业影响力空前扩大，“胡开文”墨业进入极盛时期。

六、落日余晖，传奇落幕

清末民国时期，列强入侵给中国人民带来极大苦难，国内政局更是一片混乱。列强入侵使国内原有的经济平衡被打破。对整个墨业冲击最大的，当属西方的自来水笔的传入。自来水笔以其独有的优势迅速抢占了中国市场，使老百姓对于墨品的需求急剧下降。加之清朝和国民政府腐败无能，导致国内通货膨胀严重。日本悍然发动的全面侵华战争，更是让中国民族企业的发展雪上加霜。在此大环境的影响下，整个墨业行情可想而知，无论从原料采购还是到品牌销售，步履维艰，“胡开文”亦不能幸免。但由于胡氏子孙的不懈努力，“胡开文”仍在颓势中艰难奋进。

1879 年，胡贞观在杭州“胡开文”分店病逝，留下遗嘱休城老店由二房（次子祥符）继承。但胡贞观不知道的是，祥符此时已经过世十二年，而且没有后人。因此，休城老店暂由四房（四子祥禾）代管，等四房长子过继给二房以后再将墨店归还二房。自此，胡祥禾作为休城老店的第五代传人执掌店业。

总体而言，胡祥禾主事期间的“胡开文”墨业还是在不断发展的。一方面，他用重金聘请了一些技艺精湛的墨模刻工和制墨高手，其中最有名的就是王绥之和曹观禄，故而在此时也还有不少高级精品问世，诸如“圆明园”“黄山图”“西湖十景图”等集锦墨。由于技艺精湛，这一时期，“胡开文”还为诸多的社会名流显宦监制过墨品。另一方面，经营规模进一步扩大，休城老店继扬州、杭州、上海、安庆开设分店之后，还将分店开到了苏州、长沙、汉口、歙县、芜湖等地，销售由休城老店生产的“胡开文”墨品。

胡氏墨业的另一支胡锡环开办的“屯溪胡开文墨庄”，于此时也有进一步的发展。胡锡环晚年将店业交给了儿子胡贞奎和三子胡贞堤管理。光绪末年，他们将墨庄改为股份制经营，由隔房兄弟分“俊记”和“寿记”联合经营。由于资本的扩大，他们年产的墨品可以达到三四千斤。而且他们还善于创新，他们从李时珍《本草纲目》中读到“墨能和小便，通月经、治痈肿”，由此而受到启发，采用多种名贵中药制成“八宝五胆药墨”。此墨具有豁痰开窍、平肝息风、镇惊安神、清热解毒的功效。虽然“八宝五胆药墨”价格十分昂贵，但依然为喜好墨品的人们所追求，受到广泛的欢迎。据说，浙江人到休宁齐云山拜佛，归程时一定会购买此墨带回家乡。

1908 年，过继给二房胡祥符的胡祥禾长子胡洪椿依约掌管店业，成为休城“胡开文”的第六代传人。他主事前期，曾创造过“胡开文”最后的辉煌。1915 年，“胡开文”所造“地球墨”在巴拿马万国博览会上荣获金奖和南洋劝业会优质奖章，而此墨的制造者就是当年胡祥禾主事期间重金聘请的制墨高手曹观禄。此外，于万国博览会上，“胡开文”所造“百寿图”集锦墨亦有所获奖。

可惜这却是“胡开文”最后的辉煌。好似落日的余晖，十分绚丽却又极其短暂。1931 年 9 月 18 日，日本帝国主义挑起九一八事变，东三省沦陷。1937 年 7 月 7 日，卢沟桥事变爆发，日本帝国主义彻底卸下伪装，为一己之私，弃中日两国人民福祉于不顾，在全世界爱好和平的人民一片唾骂声中，悍然发动了全面侵华战争。

这场战争，对于中国民族企业的伤害是巨大的。覆巢之下安有完卵？“胡开文”墨业受到极大冲击。胡贞观时期开设的重庆点烟房由于无法供应松烟，所以在全面抗战爆发前夕被迫停业。胡洪椿在休城另造点烟房，准备试制桐油烟，又因为全面抗战爆发，交通中断，桐油无法运抵休城，计划被迫搁置。与此同时，原本从广东运来的制墨用胶也因为其产地沦陷而货源断绝。无奈之下，只得从太平买进牛皮胶，因此墨品的质量大大下降。休城“胡开文”墨庄自此一蹶不振，拥有制墨权的休城老店都在风雨飘零之中,其余只负责销售的休城“胡开文”分店的情形更加悲惨。除少数分店勉强支撑以外，大多也因战事而宣告歇业。少数分店熬到 1949 年变成公私合营。至于休城老店，则一直独自经营到了 1957 年停业。1961 年，胡洪椿去世。

休城“胡开文”墨庄，从清乾隆时期胡天注初创，至 1957 年胡洪椿宣告停业。在徽商式微，国家动荡的背景下，前后传承六代，延续近二百年。其缔造的墨业帝国强盛期达一百余年，可谓是一个商业奇迹。至于缘由发人深思，至今想来，对于我们的生产生活仍有着重要的借鉴意义。

第三节 “以布衣上交天子”的江春

“天下三分明月夜，二分无赖是扬州。”隋唐以来，扬州一直是中国经济文化中心之一。清康、雍、乾三朝政局稳定，扬州出现了前所未有的繁荣局面。作为南北东西的水陆交通要道，又是两淮转运使的驻地，漕运与盐运成了扬州经济文化的支

江春老家祖宅七间房

柱。当时两淮盐商大多聚居在扬州，他们垄断盐运，大发横财。商人本是四民之末，然而盐商却非比普通商人，他们依附官府，广交显贵，有的甚至仰攀皇帝。清乾隆年间就有一位被时人誉为“以布衣上交天子”的新安大盐商，他就是江春。

一、盐商之冠，贾儒传家

江春，字颖长，号鹤亭，又号广达，徽州歙县江村人。生于清康熙五十九年(1720)，卒于乾隆五十四年(1789)，终年69岁。乾隆六年(1741)，江春“以五经应试未第遂出，其才治盐业”。[①] 当时其父江承瑜为两淮总商，江春随侍父侧，学习经营之道，耳濡目染，潜移默化，逐渐对国家的盐业政策、制度了然于胸，成为其父重要的帮手。乾隆十四年(1749)，江承瑜病故，江春因“练达多能，熟悉盐法”，[②] 深得两淮盐运使赏识，以及群商器重和信赖，遂被推举为总商。乾隆十六年（1751），乾隆首次南巡，江春“创立章程，营缮供张，纤细毕举。”乾隆二十二年（1757），乾隆第二次南巡，乾隆“亲解赐金丝荷包，授内务府奉宸苑卿”。乾隆三十年（1765）南巡，修治虹桥东之净香园，蒙御书“怡性堂”额，赐福字金玉如意。修筑康山草堂，乾隆四十五年（1780）、四十九年南巡，“上喜平山之外得近处小憩，遂再幸其地，赐额赐诗”。江春担任两淮总商的四十余年中，六次接驾乾隆南巡、三次代表两淮盐商恭祝太后寿辰、两次迎驾乾隆东游天津、河北，最后入京赴千叟宴。担任总商期间，江春不仅“每发一言定一计，群商张目拱手，画诺而已”，[③] 官府也“凡重事皆与擘画”。[④] 他获封颇多，被赐内务府“奉宸苑卿”布政使的官衔，加级诰封至光禄大夫，并赏戴孔雀翎，以至于当时有“盐商之冠，时谓以布衣上交天子”的说法。[⑤]

江春出身于盐业世家，自曾祖父江国茂连续四代都以业盐为生，至江春时家族财力发展到顶峰，繁衍旺盛，或盐策为业，或科举入仕，或醉心艺术，发展广泛且均衡。

曾祖父江国茂，商人江希贤之孙，生于明万历二十五年(1597)，字公乔，一字承甫，

---

① [清]阮元：《淮海英灵集·戊集》卷4《江春传》，清嘉庆三年小琅缳仙馆刻本。

② 许承尧撰，李明回、彭超等点校：《歙事闲谭》卷18《江鹤亭·江橙里》，黄山书社，2001年，第618页。

③ [清]焦循辑，许卫平点校：《扬州足征录》卷11《诰封光禄大夫奉宸苑卿布政使江公墓志铭》，广陵书社，2004年，第205页。

④ [清]阮元：《淮海英灵集·戊集》卷4《江春传》，清嘉庆三年小琅嬛仙馆刻本。

⑤ 民国《歙县志》卷9《人物志·义行》，《中国地方志集成·安徽府县志辑(51)》，江苏古籍出版社，1998年，第366页。

号二如，郡学诸生。“性忠孝，与四方名士结社论文”。① 《明遗民诗》中收录其诗多首。明亡后，他“弃儒服理盐策业”，② 开始重操祖辈旧业，遂占籍江苏仪征。虽未取得经营上的成功，但对后代经营盐业打下了很好的基础。

祖父江演（1637 ~ 1710），字次羲，号拙庵，太学生。清初随父迁居扬州，以盐策起家”，③ 遂致大富，深得官府和众商支持，被推为祭酒。他“处家极俭，然扶危济贫，一掷千金。曾捐银数万两，开凿绩溪县镇头至孔灵约 30 里道路；重修金陵燕子矶关帝庙；捐金疏浚扬州下河等。康熙南下，奏对问答，领受赞赏。由太学生考授同知，赐宸翰，敕封征仕郎、内阁中书”。④

江承瑜，江演四子，江春之父，生于清康熙三十四年（1695），年少时便开始协佐其父处理盐务。雍正三年（1725），“择家道殷实者，点三十人为总商，承瑜以其财力雄厚，点为总商。未久，总商设置有所改变，两淮设四大总商，十二小总商”。⑤ 承瑜又以资引多成为四大总商之一，每年运销盐引 15 万引。

江承玠，江演次子，字搢五，号拙庵，歙县附生。历任浙江嘉兴知府、台州知府，雍正五年（1727）八月开任浙江盐驿道，造授中议大夫。“多惠政，爱民教士，天台齐次风侍郎为公所识拔，故侍郎终身执弟子礼甚笃”。⑥

江昉（1727 ~ 1793），江承玠之子，江春的堂兄弟。字旭东，号砚农，号橙里，候选知府，诰授通议大夫。寓居扬州，性情伉爽，喜爱交游，嗜好书画，擅长诗词，一时名士均与酬唱。家有紫玲珑馆，“名士之至扬州者，无不解屦。兴化任进士成，公之师也。任公子侍御大椿，以经术品行为公友。天台齐侍郎召南，为诸生鼓箧，敷文书院，观察遇之极厚，为观察门人，与公亦以学相长；钱塘厉太鸿鹗、嘉兴王穀原又曾暨鹤亭公诸宾客多主公家，湖舫山舆，联吟句，殆无虚日，一时文谦之盛，称‘二江’。”⑦ 著有《随月读书楼词钞》《练湖渔唱》《晴绮轩诗集》等。

江春家族几代，出现了诸多学问匪浅的知识人，他们或经商，或入仕，或著书

① 许承尧撰，李明回等校点：《歙事闲谈》卷18《橙阳散志 · 忠节传》，黄山书社，2001年，第618页。
② [清]佶山监修、单渠总纂、方浚颐续纂：嘉庆《两淮盐法志》卷46《人物 · 文艺》，清嘉庆十一年刊本。
③ [清]佶山监修、单渠总纂、方浚颐续纂：嘉庆《两淮盐法志》卷44《人物 · 才略》，清嘉庆十一年刊本。
④ 戎毓明：《安徽人物大辞典》，团结出版社，1992年，第27页。
⑤ [清]王定安：《两淮盐法志》卷10《王制门》，清光绪三十一年刻本。
⑥ [清]阮元：《淮海英灵集 · 戊集》卷4《江承价传》，清嘉庆三年小琅嬛仙馆刻本。
⑦ [清]阮元：《淮海英灵集 · 戊集》卷4《江昉传》，清嘉庆三年小琅嬛仙馆刻本。

立说，但都具有颇高的文化素质。江春生活在这样一个文化氛围浓厚的家庭中，长期耳濡目染，熏陶吸收，汲取了丰富的文化养料，为后来担任两淮总商，处理复杂盐务打下了厚实的文化基础。

二、长袖善舞，士商咸交

江春出任总商后，利用自己特殊的身份地位，广泛结交显贵名流、扩大自己的社会影响。

清政府为了加强对盐商的管理，在各大盐场纷纷建立了盐商组织，其首领被称为“总商”。清康熙十六年（1677）十一月开始，在两淮设立商总。总商一般在盐商中间选财力雄厚、精明强干的大盐商充当。其主要任务是“上传下达”，即向上有联络官府，代表盐商愿望和利益的义务，向下有执行官府盐政、催征盐课的权利。总之，总商就是由众盐商推选，官府任命的具有半官半民的盐商组织首脑，是官府与盐商的中介。江春身为两淮八大总商之一，由于总商性质的特殊性，自然要经常与官府打交道。江春经常组织参加一些高品位的娱乐休闲活动，邀得官府人员一起参加，既能满足官员士大夫的虚荣心，又易于拉近官商关系，对他成功处理繁难的盐业事务无疑提供了某些保障和便利。

江春结交最深的自然是盐政官员，包括盐运使和巡盐御史。盐政官员是直接代表皇帝管理盐政事务的，他们多是皇帝的亲信和宠臣，能够直接影响并参与盐业政策的制定，更能决定总商的命运，所以历来总商与盐政官员结交深厚。一个有权，一个有钱。一个要以权谋利，一个是以钱买安，从而形成互相利用的钱势之交。如，两淮盐运使卢见曾雅好交游，曾“筑苏亭于使署，日与诗人相酬咏，一时文盛于江南”。[①] 江春常借赏花观戏之名，积极攀附卢见曾。乾隆二十四年（1759）、二十五年（1760）江春园亭中芍药盛开，“……枝皆五色。卢转使为之绘图征诗，钱尚书陈群为之题‘袭香轩’扁”。[②] 除了结交官员外，江春还热情邀请文人雅士，常与之交游，如蒋士铨、金农、方贞观、沈大成、金兆燕、吴献可等，都是他的交游常客。常与他们一起游园赋诗，饮酒作乐，还免费提供住宿，有的文士常年“馆于家”。江春就是凭借这些交游公关手段，拉近与官员的距离，取得官员信任。同时，也拉拢了一大批文人

① [清]李斗撰，汪北平、涂雨公点校：《扬州画舫录》卷10，中华书局，1960年，第228页。
② [清]李斗撰，汪北平、涂雨公点校：《扬州画舫录》卷12，中华书局，1960年，第274页。

雅士，扩大了他的社会影响，取得了很大的社会效应。

三、上交皇帝，恩宠有加

江春与皇家关系密切，其目的无非是要找到经商和家业的靠山。乾隆帝六次下江南，江春都在场伺候，徘徊接驾，跑前跑后，花钱如流水。但同时朝廷也待他不薄，他也受了乾隆帝的许多恩赐。

为巴结政府，每逢军需、河工、灾济之时，两淮盐商都踊跃捐输报效。“乾隆、嘉庆间，王师征大小金川，荡平台湾，勘定川楚教匪，淮商踊跃输将，成为极盛”。① 作为两淮总商，江春积极“均输国计，军饷河防”。据嘉庆《两淮盐法志》统计，从康熙十年(1671)至嘉庆九年(1804)的一百多年间，盐商以各种名义捐输朝廷的银近4000万两，其中以江广达的名义捐输银总计1000余万两，可谓是“百万之费，指顾立办”。这些银两，固然大多摊派众商，但江春自己也掏出不少，以致于后来“身殁之日，家无余财”。

江春不但“乐输报效”朝廷，而且还积极仰攀封建皇帝。乾隆二十七年(1762)，江春因“盘获内监逸犯有功，晋秩布政使衔”。对此，《橙阳散志》也有记载，“内监张凤盗销金册，畏罪南逃，公踪迹遂得之”。乾隆时期，多次南巡，扬州为锦绣繁华之地，温柔富贵之乡，实为南巡必至之地。每次南巡，两淮盐商为迎接圣上，实心报效，以效犬马之劳。江春“四十余年，凡张供南巡者六”。扬州还流传着“一夜堆盐造白塔”的传说。说是一次乾隆帝在瘦西湖中游览，船到五亭桥畔，忽然对扬州陪同官员说：“这里多像京城北海的琼岛春阴，只可惜差一座白塔。”第二天清晨，皇帝开轩一看，只见五亭桥旁一座白塔巍然耸立。身旁太监连忙跪奏道：“是盐商大贾，为弥补圣上游西湖之憾，连夜赶制而成的。”尽管只可远视，不可近攀，但乾隆不无感慨地说：“人道扬州盐商富甲天下，果然名不虚传。”据说，这塔就是当时八大盐商之一的江春用万金贿赂乾隆左右，请画成图，然后一夜之间用盐堆成的。虽然这一夜塔成之事可能有所夸张，但从中的确可看出江春仰攀皇帝的良苦用心。

乾隆对江春的回馈也相当优厚，曾赐予他“内务府奉宸苑卿”的官衔，赏戴孔雀翎，是当时盐商中仅有的一支孔雀翎。他先后被赐御书、福字、貂皮、荷包、数珠、

① 张海鹏，王廷元：《徽商研究》，人民出版社，2010年，第313页。

鼻烟壶等物。乾隆二十七年（1762），江春因功被乾隆帝赐予“布政使”衔。其后又授予“正一品光禄大夫”头衔。过去，商人的地位不高，一介商人能有如此政治荣耀，并不多见。[①]

乾隆三十三年（1768）发生两淮盐引案，是新任的两淮盐政的一封密奏，揭开了两淮地区掩盖了22年的盐税亏空的大秘密：即从乾隆十一年（1746）起，两淮地区因为食盐需求量大，就申请预提下一年的食盐销售额度，盐商要交额外的利息。但在地方盐政与盐商的勾结下，原本该上交国库的银税，或拖欠，或“孝敬”盐政，亏空达1000万余两。江春因此被革去职衔，分担损失的赔偿，“家产消乏”。这时，乾隆帝赏借他30万两皇帑（相当于皇帝的私房钱），以资助他营运盐业；乾隆五十年（1785），乾隆帝又赏借25万两皇帑给江春，按一分起息。江春把这笔银子借贷给官员王履泰，月息1.8分。江春用皇家的银子生利，一年净赚了25000两银子。一介商人，竟得到如此多的殊荣与恩宠，这在中国古代历史上，实属罕见。

四、盐商神话，随风而逝

江春的祖父江演一生处家至俭，被誉为“有齐晏子风”。然而传至二代江春时，这种勤俭家风已被丢失殆尽，巨额的财富使江春的生活愈益奢侈。

江春大造园林，作为自己游憩之所。据李斗《扬州画舫录》载：江春居扬州南河下街，建有“随月读书楼”；楼对面又筑“秋声馆”；徐宁门外又购买一大块空地辟为校射场，人称“江家箭道”；又在附近建有亭榭池沼、药栏花径，名曰“水南花墅”。另外，在扬州东乡有“深庄”别墅，在北郊有江园，在重宁寺旁建东园，因家与康山比邻，又构筑“康山草堂”，如此等等，不一而足。这些别墅名园在当时堪称名胜，但还比不上他的另一名园“净香园”。乾隆帝曾四次游幸此园，吟诗题联，流连忘返。康山草堂也两次成为乾隆帝驻足之地，并御笔题诗、题联、题额，一时传为美谈。

江春广蓄名伶，以为消遣交游之用。他不惜重金，招聘名角，建立德音、春台两个戏班，仅供家宴演出，岁需三万金。江春常常举行家宴，款待达官显贵、文人骚客，“食顷已毕，或曲剧三四部，同日分亭馆宴客，客至以数百计”。[②]江春私人所蓄戏班，荟萃了各地著名优伶，推动了徽剧艺术的发展，后来随着徽班进京，又

① 廖保平：《历史中沉浮的大盐商》，《黄金时代》2015年第3期，第65页。

② 小横香室主人编：《清朝野史大观》卷十二“清代述异·南巡杂记”，上海书店，1981年，第96页。

对京剧的形成和发展起了重大的促进作用。

江春作为总商，他和其他新安商人一样，热心公益和慈善事业。阮元曾说过，"（江春）周急济贫，加意于书院、养老院、育婴堂诸事，每发一言，画一策，群商拱手称诺而已"。扬州的安定书院、梅花书院、敬亭书院、维扬书院，以及几所义学，大多为徽商捐资修建，办学经费也由盐商捐助，其中也有江春的一份力量。另外，扬州的育婴堂、普济堂等地方慈善组织的建立和运行，江春也有"发言""画策"及赞助之功。

盐商是在清政府的羽翼下发迹致富的，同样也在清政府的盘剥下破产亡家的。江春就是一个缩影。江春任总商期间，凭借种种特权，攫取了巨额财富，但是无穷无尽地报效捐输，以及他奢侈无度的生活，挥金如土的交游，也消耗了他的大量资本，随着整个盐商的衰落，他也陷入了"贫无私蓄"的困境。晚年江春已经由于"家产消乏"而无力营运了，还是乾隆五十年（1785）赏借"帑银"25万两"令其作本生息，以为养赡之计"。但是"帑银"有借必还，既不能拖欠，更不能短少。江春此时已无力偿还本银，只得靠"鬻产及金玉玩好以足数"，不然就难免被清政府追缴"帑银"而抄家没产。乾隆五十四年（1789），江春病死，身后几乎未留下什么家产，使得其唯一的继子江振鸿"生计艰窘"。江春旧有康山园一处，几成瓦砾场，但无力修葺。乾隆帝传谕，令众商出银5万两承买此园，作为公产，其银两赏给江振鸿营运，毋庸起息。再拨借"帑银"5万两，照例起息。江振鸿就是靠这借来的10万两银子作为资本，维持生计。

在两淮盐业史上，江春是一位纵横捭阖，叱咤风云的人物。他为清朝廷效尽了犬马之劳，成为清乾隆朝显赫一时的盐商代表。[①] 江春的一生，从发迹到衰败，恰恰是包括新安商人在内的两淮盐商兴衰的缩影。

第四节　芳坑江氏富甲一方

南宋理宗宝祐年间，有一人名为江斗，自婺源举家迁徙至徽州歙县南乡的芳坑

① 朱宗宙：《略论清代两淮盐商江春》，《盐业史研究》1991年第3期，第28页。

村，开始在这片土地上繁衍生息，人称芳坑江氏。明朝中后期，芳坑江氏已经有越来越多的人开始经营各类商业，不断积累资本。清乾隆年间，芳坑江氏开始主要从事茶叶经营，四代人接续经营茶业，一度成为当时的巨富茶商。但是因为十分不利的国内外形势，芳坑江氏的茶业几遭冲击，最终不可避免地走向没落。

一、累世经营，终成巨商

芳坑江氏的经商历史，最早可追溯至明朝中后期。据《萧江氏家乘》记载，明万历中期，江氏的第二十四世祖江天稳就是一名商人，“因贸易而寄居平岛”。其后也多有经商，其孙江可涧肩挑走贩于乡村间，“用策肩贩”。江可涧之子江梦梧不仅继承父业，而且“谋创行业”。

芳坑江氏茶业贸易开创于江梦梧之长子江起焕。乾隆初期，江起焕开始从事内销茶，长达十年而返，“策茶业泛海辽东，经历十年……由锦州至北京，陆路到家”。江起焕的弟弟江起辉业茶之外，还经营有酒店。受父辈的影响，江起焕的儿子江有科和其子江文缵也走上业茶之路。

芳坑江氏茶业贸易兴盛于江有科父子，他们以经营外销茶致富。大约道光七年（1827），35 岁的江有科开始从徽州贩茶入粤，转销外洋。通过十来年对成品茶的销售，积累了一定的资金和经验，也推动茶业贸易进入一个新阶段。江有科父子利用资金在芳坑附近开设了“江祥泰茶号”，茶号就地收购茶叶，并对茶叶进行加工制作，然后运至广州，转销国外，从茶叶的收购、加工到运销的各个环节都被控制在自己手中，茶叶中间环节的成本大大降低，赚取利润也更多。

首先，江祥泰茶号派人从各个茶庄收购毛茶。据道光二十五年（1845）江祥泰进广誊清账册》记载，江祥泰茶号一年收购毛茶两万六千多斤，有相当的规模。其次，收购的毛茶要及时进行抖筛、减簸、拣茶、焙茶、风扇等工序，制成内用锡罐密封，外用彩色板箱包装（每箱约装 40 斤）的各种成品茶，包括“松萝”“雨前”“圆珠”“皮茶”“眠生”等品种。

最后，江有科父子将箱茶运至广州，对外销售。运送路途遥远，且艰难。翻山越岭，水路与陆路交替，全程近两个月，十分不易。他们往往先将茶从歙西篁墩运至屯溪；完税给引之后，雇船将茶运至黟县渔亭；再雇三四百个挑夫走过 60 余里的山间小道，将茶运至祁门；又雇驳船或竹筏顺阊江运茶至江西饶州，再沿赣江运至南安；在南安雇数百名挑夫、保镖，翻越大庾岭至南雄，再雇船至广东韶关，最后抵达广州。

虽然茶叶贩运艰难，但是相较一年中花费的两三个月的时间和丰厚的利润，还是值得的。据道光二十六年（1846）的资料记载，茶号经营外销茶当年的纯利润有1500银圆。有近十年的生意最为兴隆，保守估计利润应在一两万左右。从江有科父子的生活也可看出，业茶为他们带来不少的利润。他们在故乡购置土地，建筑宅第，购买缙绅名衔。江有科还在广州建造别墅、娶姨太太，为儿子买妾等。

国内形势的变化使得茶号的经营不可能一帆风顺。咸丰元年（1851），太平天国运动爆发，太平军迅速从广西北上，占领江西，茶号贩茶入粤，转销外国的路线中断，大大冲击了芳坑茶业贸易的经营。咸丰四年（1854），江有科选择返回故乡，半年后病逝，年仅52岁。而江文缵选择在五口通商之一的上海进行茶叶外销，但洋商又不断压价收购，导致连年亏本。同治元年（1862），年仅42岁的江文缵在贩茶途中病逝，芳坑江氏的茶业贸易迅速衰败。

二、后起之秀，重振家业

江文缵去世后一年，其夫人也病故，其子江明恒只有15岁。明恒上有两位姨祖母、一位不善经商的叔父，下有一个未成年的妹妹，家里只能靠变卖田产度日，他也开始以打工谋生。他先在一家茶号当专司过秤的秤手，后因为工作负责、理账清楚，深得老板赏识，很快升任为管账先生。当了几年的管账先生，积累了一些资金后，便离开茶号，自立经商。

起初，江明恒在苏州拙政园开了一家零售新安茶叶的小茶铺，为经营外销茶积累资金。一天，两江总督李鸿章微服来到此店，江明恒觉察此人不一般，大献殷勤，博得其欢心。在得知江明恒想做外销茶而没有资金的情况后，李鸿章便将他介绍给上海谦顺安茶栈大老板唐尧卿。当时外销茶必须通过茶栈转售给洋商，而茶栈从中赚取佣金。一方面，茶栈需要更多的茶叶生意，才能赚取更多的佣金。另一方面，徽州茶商销售外洋茶必须选择茶栈进行合作。因为江明恒的中间作用，新安茶商的生意与唐尧卿的茶栈联系起来，各取所需。此外，该茶栈还有放贷的功能，向茶栈贷款意味着不仅要按月付息，而且还得把茶叶交给该茶栈销售。由于业茶需要大量资金，加之刚经历过咸同兵燹的浩劫，新安茶商急需贷款。在江明恒的推动下，新安茶商顺利向唐尧卿茶栈取得贷款，进一步加强双方的联系。

江明恒不仅是唐尧卿茶栈的大红人，也是新安茶商拉拢的对象，凭借中间作用，迅速积累了大量资金，并开始经营茶号。从清同治到民国初，江明恒开设的茶号有“永盛怡记”“张鼎盛”“德裕隆”“福顺和”“谦顺昌”“谦恒泰”“永义公”“合兴祥”“泰兴祥”“德声和”“萃声和”“启源”“裕丰祥”等。这些茶号多数设立于徽州茶叶集散中心的屯溪，方便茶叶的收购、加工和外运。江明恒经营茶号的资金大多采用合资和贷资，经营规模较大，职工多达数百人，甚至千余人。每年收购的茶叶少则数万斤，最多达20万斤。

江明恒茶号的成功经营，与他本人善于学习，以及丰富的经验分不开。从茶叶的收购、加工到运销的各个环节，他都非常讲究，为此还亲自撰写册子。他撰写的《买茶节略》《做茶节略》是分别对茶叶收购和加工过程中的注意事项的专门论述，很可能是向工人进行传授的底本。及时获得市场信息对茶叶的销售十分重要，通过唐尧卿的关系，他能够最先了解到洋商行情，以及一些商业信息，有助于高利润的获得。从后人保存的账簿来看，正常情况下，江明恒一年能获得三四千两银子的业茶利润，最多达8000余两。

江明恒做茶叶生意获得的资金，一部分用来购买田地，建筑房屋，日常开销。他在家乡建造华丽的“芳溪草堂”，配备高档的红木家具，陈设珍贵的古玩字画。一部分投入到其他商业的经营，如，在汉口开设卖洋货的怡丰裕洋货号、经营江瑞茂糕点店、与别人合资经营苏州恒大油行、裕泰米铺、薛坑口杂货店等。还有一部分用在攀附权贵、经营关系。他与李鸿章、洪钧、王文韶及两淮盐政官员都有密切来往，对便于茶叶销售的翻译洋人也不忘大献殷勤。

三、时运不济，彻底没落

好景不长，自清末至民国初年，江明恒的茶业生意便每况愈下。随着印度、锡兰、日本等国对国际茶叶市场的占领，中国茶的国际地位严重下降。而且，中国茶由于技术落后，仍处于手工制作阶段，相较机制洋茶，质量和成本都处于劣势地位；再加上洋商的压价操纵，只能连年亏本。江明恒对每年亏耗有专门记录，账册《历年亏耗》反映出从光绪二十六年（1900）到民国十一年（1922）的连年亏耗的情况。弃业归乡后不久，其夫人、长子、长孙、几个女婿接连病逝。民国十年（1921）冬，一场意外大火又将芳溪草堂化为灰烬。四年（1925）后，江明恒也随着芳坑江氏茶业的彻底没落走到人生的终点。

第五节　浆染巨商阮弼

新安商人的经营行业中，向以盐、茶、木、典为主业。但其实善于捕捉商机的新安商人在各个领域都有很好的建树，其中阮弼就将浆染业的发展推向了一个新的高度。

一、生机所迫，立志求变

明弘治十七年（1504），阮弼生于歙县岩镇一个富裕而有声望的地方大族。年幼时，他便进入学堂学习，“日记数千言”，与后来成为大司徒的鲍道明为同窗，而学业更优。遗憾的是，他家祖业良田数百亩，到了他父亲这一代，因缺少有效经营已呈衰落之势。加之，他父亲是“孜孜务振人急”的儒生，对亲朋好友的帮助有求必应，更有甚者有人利用他的仁心，竟然骗取他的钱财用于借贷，终至耗尽家产，欠下大量债务。阮弼也因无法支付学费而辍学。为谋求生路，他改学医术，可惜学医也不顺利。面对如此困境，阮弼自己也感慨，“欲为良士”，却无经费拜师学习；“欲为良医”，却得不到历练，终是无法获取成功。

如何摆脱困境，阮弼有自己的想法，那就是寻求治生之路。时值明代中叶，正是新安商人发迹开始崭露头角的时期。阮弼见“郡人率以贾代耕”，或沿新安江顺流而下，或沿蜿蜒山路走出大山，纷纷走上了经商之路。阮弼便劝其父亲，与其守着田地收获有限，无法偿还债务，不如给他一些本钱，让他外出“贾于四方”。见阮弼态度坚决，他父亲便同意资助他。由此，阮弼迈出了外出经商的步伐。

二、扎根芜湖，浆染显名

究竟去哪里经商，有鉴于芜湖，“盖襟带一都会也，舟车辐辏，是可以得万货之情”，是一个交通十分便利的城市，加之芜湖水运发达。作为长江下游的重要码头，芜湖还有青弋江和长江的交汇之便，而青弋江则发源于徽州的黟县，这无疑是阮弼选择芜湖的一个重要原因。

因交通便利，加之与南京及长三角相邻，至明中期，芜湖已从元末战乱中恢复过来，成为重要商业集散地。阮弼到了芜湖后，他“雅以然诺重诸贾人，不言而信，其言可市”，在商人中间有极高的威信。当时在芜湖的众多行业中都存在着牙行，“独赫蹄莫之适主”，经过一番考察，阮弼决定从事染色纸牙行生意。于是在家乡商人帮助下，阮弼获得了经营染色纸的牙贴。有了官方许可后，阮弼便开始展露自己的商业才华。他不仅做牙商，还与同伴一起集资经营，自己亲自运货到南京，更加便利商人。这样他的经营规模不断扩大，信誉也越来越好，是以获利也是之前的数倍之多。

阮弼同时也是一位有智慧、善于动脑筋的商人，他发现尽管贩卖染纸能获得利润，但真正获得高利润的是浆染商，阮弼认为“非独染人能白可采也”。于是，他又决定进军浆染业。他便在芜湖开染房，在长期的染色纸交易中，他深刻地认识到染纸质量的重要性。他聘请了浆染高手指导浆染，从而保证了浆染纸的品质。打通了浆染—分销的环节，不仅省去了运费，关键是降低了成本，获利倍增。各地的染色纸商人云集芜湖，阮弼的染纸得以“遍于吴、越、荆、梁、燕、豫、齐、鲁之间”，行销大半个中国。为了更好地进行销售，他还在交通要道及大城市设立分局，一时间，阮氏染纸销售网密布各地。随着阮弼在染纸业的成功，他又进军染布行业，并再次获得成功。可以说，阮弼的在浆染业里取得了绝对的支配权，他也被公推为“祭酒”，在浆染业内创造了商业神话。

三、急公好义，家国情深

在自己功成名就，成为知名的富商后，阮弼开始回馈自己的亲人。他先是决定将父母接到芜湖，安享晚年；然后又决定将自身的巨额财产一分为三，自己只留下三分之一，其余部分由自己的两个弟弟平分。阮弼的行为让父母弟弟极为感动，但是他们也害怕，在分割财产之后，阮弼在商界的地位会受到影响，失去竞争力。父母告诫阮弼说：“兹尔一人胼乎胝足之烈也，二介幸及于糊口足矣，胡为乎鼎分？”言下之意，是不赞成均分财产的。两个弟弟也说，自己两人能有现在的生活，都是因为受到了哥哥的庇佑，自己两个不愿意坐享其成，怎么敢要大哥你的财产。但是阮弼的态度非常坚决，认为自己走出深山的目的，就是为了成就一番事业，庇护亲友，自己分割财产，也是为了不忘本心，于是毅然分割了自己的财产。后来，正好有客人来阮弼家，听闻此事后，也劝他说均分财产固然很好，但需要考虑到他们并不具有从事商业的才能，也不能像他一样能够勤俭持家，而且继续创造财富，因此只要给他们一定的资助就可以了。阮弼坚持认为，庇佑亲人，是自己创业的目的之一，分割家产，让兄弟之间没有贫富差距，这可以使得家庭和谐，财产分属于兄弟三人，那么兄弟们就可以共同守卫财产。

阮弼父亲急公好义，常接济旁人，阮弼继承了父亲的这一品质。在两个兄弟去世后，把二弟两个儿子视同己出，还带着他们一起经商；三弟的女儿出嫁，则把三弟的资产作为陪嫁。阮弼对于宗族亲戚也“推赤心而纳之交”：能读书，就资助他们读书；有才能可以经商的，就引导他们经商；能够自己独立经营的，就提供低息贷款给他们作为资金；愿意和他一起经营的，就出资支持盼望他们成功。阮弼为人宽容，族人有人做了错事，阮弼会规劝，而不是责罚；族人做了善事，阮弼会鼓励嘉奖；族人生活困苦，阮弼便施以救济；族人有冲突，需要打官司，阮弼会替他们说和。

阮弼在商界取得成功之后，也开始逐渐承担起更多的社会义务。明代嘉靖年间，东南沿海时常受到倭寇及海寇的侵扰。嘉靖三十四年（1555），倭寇来犯，从浙江向徽州进攻，逐渐逼近芜湖，芜湖的官员束手无策。阮弼利用自己在芜湖的声望，招募大量商人子弟和土著壮丁数千人组成民团。为鼓舞士气，他杀猪宰羊，举行誓师大会。他疾呼道：“寇邪？虎邪？虎而喁手可搏，虎而翼矢可加，如其寇也，则业已穷，虽张，吾侪直醢之以谢天子”。经过精心准备，民众上下一心，斗志昂扬。倭寇上岸之后，见芜湖守备严密，只好连夜逃走。为了表彰阮弼的御敌之功，朝廷下章服以奖励。但阮弼却推辞，并说：“贾竖子，何敢以此钓奇。有如异日者，寇至亦将倚办诸贾人，则吾为之俑也。”[①] 表现出一位商人在面对国难时的大义。

第六节　三世五任盐总商

明代盐业在实行纲运制以前，盐的运输和销售都是由每个个体盐商独立承办的。盐商凭借着官府开具的盐引支盐，然后运往各地进行销售，“人自为战”。但自从纲运制实行以后，无论是支盐还是运销均以“纲”为单位进行。“纲”中，又分为总商与散商。总商是众盐商的代表，亦是盐政衙门的代表，他们“上交运司，下统散商；散商根据自愿附于总商名下结纲运营”。总商们自然成为沟通盐商与官府之间的桥梁。要想成为总商，特别是世代因袭，可不是简单的事，巨大的财富基础是必不可

① [明]汪道昆：《太函集》卷35《明赐级阮长公传》，《续修四库全书》第1347册，第214～216页。

少的。这其中歙县的稠墅汪氏一家竟有三世五人接连担任总商，成为盐业史上的一个传奇。

一、“天狗”之命，首成总商

歙县历来有外出经商的传统，明代开始便有以宗族为单位在外打拼的大量商人，而稠墅汪氏也是这众多的宗族之一，他们主要经营的是盐业，并成为新安盐商的领袖。明万历年间的《歙志》就说新安商人经营的行业“特举其大，则莫如以盐策之业贾淮扬之间而已”，而且“邑中之以盐策祭酒而甲天下者，初则有黄氏，后则汪氏，吴氏，相递而起”。汪道昆在《太函集》中也说：“新安多大贾，其居盐策者最豪。”“稠墅汪”便是居盐策中的富豪，而且历任总商。

盐业，一向是受到官府严格控制的。自古，便有“盐业之重，重于泰山”的说法。而新安商人从事盐业的契机，是明初太祖皇帝时所颁行的“开中制”。那时，因为战事必须保证军饷、军粮充足，便允许商人以输纳粮食换取专卖的盐引。新安商人抓住这一机遇，加上徽州地区又有着距离两浙、两淮盐场较近的地缘优势，许多新安商人便集中在两淮从事盐业贸易。这帮人里面，又以歙县人为最多。歙县稠墅汪氏第一代盐商总商汪允信的祖父汪镳是“稠墅汪”加入两淮盐纲业盐的第一人；到了他父亲汪景星时，稠墅汪氏已居家扬州，利用经营盐业取得了“甲第为淮南之冠”的成就。汪景星育有三子，汪允信、汪允俶、汪允篪，汪允信成为“稠墅汪”的第一代盐商总商。

汪允信，字资政，号交如。相传，汪允信身材魁梧、声如洪钟，大叫一声，位于数里以外的人们都可以听见他的声音。他的双眼目光如炬、炯炯有神。穿透力之强，甚至使黑夜之中的人们都可以看见他眼睛里的光亮。究其原因，江湖上的算命先生说他是“属天狗命”。虽说这种解释有夸大之嫌，但汪允信威武雄壮的形象却可从中窥得一斑。

汪允信虽然家产万贯，却“孝友尤笃，一门五世同居共爨无间言”，成为楷模。他始终坚持勤俭持家，守得住钱财，故而在他主持家业期间，家族事业更上一层楼。俗话说，家和才能万事兴。汪允信身为盐业总商，一举一动无不被外人注视着，家里面任何一点不和谐的小事情都可能被拿到社会上以讹传讹无限放大。但汪允信却能做到家庭和睦，五世同堂其乐融融，没有纷争与闲话。后来，汪允信过世了，享年 80 岁，人们称他的家族为“铁门限”。汪允信有两个儿子，长子汪廷璋、次子汪觐侯，汪廷璋成为稠墅汪的第二位盐业总商。

二、廷璋承命，仔肩重荷

儒、商两修是新安商人的传统，因此纵横明清商海的新安商人一直有着儒商的雅称。汪廷璋，字令闻，号敬亭，汪允信长子。汪廷璋幼时，就深受儒学影响，13岁能吟诗作文。但他并不刻意科举之业，而是“喜读经史，论衡古今”。

为什么说新安商人都有一种浓厚的家族情怀呢？就这么一个富有儒者之风，且颇具怡情逸致的风雅少年汪廷璋，人们一般以为他会走科举、入仕途，在政坛之中施展抱负、有所作为。可他却因家族生意和发展的需要，毅然投身于家族的两淮盐业经营之中。当时两淮盐业的收入甲于天下，诸如转饷、捐赈、兴工等事关国计的大事都与之息息相关，而担任总商“必资业盐数大家才堪任事”。汪廷璋20岁时，“即承父命，仔肩重荷”，挑起了总商的大任。

自古以来谦虚是儒者最优良的品德之一。汪廷璋是商人，亦是儒者。他将儒家行事之道融进了他的行商业盐的活动之中。正所谓“兼听则明”，汪廷璋能够且善于听取众散商的意见，后人称他的处事风格为“谨慎坦白，无所矫激”。而他所采取的“赞襄举措”，都能够获得很好的效果。因此，汪廷璋在众盐商之中有着很高的威望，得到大家的拥护和赞扬。

天才般的经商手段，加上担任总商为其加固的威信，稠墅汪家族愈发显赫，也更加富有，财富已超千万两。自古，所有能够称得上儒商的商人都兼具着一个优秀的美德，那就是在获得了巨额财富以后，能够反哺社会、反哺国家、反哺人民。将财富“取之于民，用之于民”，“穷则独善其身，达则兼济天下”。汪廷璋想着，此时两淮盐税已经“甲于天下”，众盐商已经相继富裕起来，到了回馈人民、报效国家的时候了。于是，在汪廷璋的倡议、带头下，两淮盐商们做了一系列助饷、捐赈，以及兴办工程等为人民谋福祉的善事。使得两淮盐商的善举名扬天下。同时，身为总商，他又能做到“量入计出”，与盐政衙门积极合作，竭尽全力做到既有利于国家和人民，又能够顾及众盐商的利益，而不至于使其负担过重而拖累众盐商。他做事兼顾各方面利益，往往能令各方面的人都很满意，十分和谐，这使得他的好名声在各地区各阶级的人们之间皆广为流传。之前说过，汪廷璋曾“以布衣结交天子”，这又是什么回事呢？

乾隆十六年（1751），乾隆皇帝第一次下江南，南巡至扬州。在蜀冈御码头，汪廷璋作为总商，与两淮巡盐御史、其他几位盐业总商，带领着一众盐商，恭迎乾隆圣驾。待到乾隆第二次南巡时，汪廷璋又是带头接驾的几人之中。这么一来，乾隆皇帝便记下了这个颇为儒雅的盐业总商。为示表彰，同年冬天，在皇太后寿辰之际，乾隆皇帝下旨邀请了汪廷璋在内的六位商人进京庆贺。殊荣之外,还“赏貂皮三十张，内纻六端”，可谓极尽恩奖。

为让乾隆皇帝有更好的游览感受，汪廷璋于乾隆二十二年（1757），出资修建了“熙春台”，以备乾隆第二次南巡时游览观瞻。汪廷璋的用心和细心，深得乾隆皇帝的赏识，在扬州高旻行宫设宴赏赐众盐商和官员们的时候，还特地赠送给了汪廷璋一笔御书“福”字。同时，盛赞汪廷璋做事踏实、急公好义。故而，下诏：“宜沛特恩，以示嘉奖”，并赐职衔“奉宸苑卿”。

为示恩宠，乾隆二十七年（1762），乾隆皇帝还恩准汪家在老家歙县稠墅修建一座牌坊，名曰“褒荣三世”坊。其荣耀不仅赐予汪廷璋，他的父亲汪允信、祖父汪景星也一同获益，受到后人的尊敬。其时，稠墅汪的事业达到了一个高峰。

汪廷璋却不恋盐业总商为他带来的巨大的权力和尊崇的地位，反而是“谦谨愈励，办事益勤”。晚年，他修建了“六浅村舍”以安居，反映了他远离商场之后闲云野鹤般的心境，真是超凡脱俗，世间少有，值得后人反复思索、借鉴。汪廷璋有两个儿子，长子汪熙，次子汪焘。

三、持筹握算，汪焘继起

汪焘，便是稠墅汪的第三位盐业总商。他字宇周，号式溪。都说“虎父无犬子”，就像他的父亲汪廷璋一样，汪焘自幼聪慧过人，习儒明理。若是投身科举，定能有所建树，可是他没有。

汪焘自小便是一个孝顺的孩子，看到爷爷汪允信在垂暮之年，仍在不遗余力地协助父亲，为家业操劳，心中便难以平静。为了减轻爷爷肩上的负担，也为了替父亲分忧。汪焘放弃了走科举之路，行入仕之道。与兄长汪熙一起，协助父亲，经营盐业，成为了父亲的依靠。

乾隆二十五年（1760），随着汪允信、汪廷璋的相继辞世，失去主心骨的稠墅汪氏家中一片混乱，家业几近崩毁。这个时候，需要一个人站出来，将已经塌了的稠墅汪氏的事业之天重新顶起来，家族选择了汪焘。

于此危难之际，稠墅汪氏家族共同推举汪焘继任盐业总商，以其兄长汪熙为辅助，共同经营家业。兄弟齐心，其利断金。加上汪焘曾经辅佐父亲时所积累的经验，使得他在主导经营盐业的时候能够轻松上手，驾轻就熟。身怀儒者之风的汪焘，因时制宜、公私交济，时人皆称赞他才能出众。自汪焘继任家主以后，迅速稳定了汪允信、汪廷璋辞世后家族内部出现的混乱局面，同时也让家业走出困境，继续发展，继续“富至千万”。

稠墅汪与乾隆帝的情分在汪焘主家时还一直持续着。乾隆二十七年（1762），由汪廷璋出资、已经建成五年的熙春台，终于迎来了他们期待已久的贵客乾隆皇帝。乾隆帝对该园的建制及风格十分满意，可谓龙心大悦，遂以恭办帝驾南巡大差有功，赐 28 岁的汪焘以按察使衔，允其进入官场。按察使在清时虽是虚衔，但实为皇帝钦赐，汪焘的社会身份与地位因此大大提高。

但就在这个人事业以及家族产业形势一片大好的情况下，一向身体孱弱的汪焘终于经不起繁杂的盐务及琐碎的家事烦扰，于乾隆三十四年（1769）突然病逝，年仅 36 岁。这确实是稠墅汪氏的一大损失，但一个大家族能够兴旺数十年绝不仅仅只依靠一个人便能做到。稠墅汪氏虽然失去了汪焘，但还有许多优秀的人挺身而出。其中，甚至还有一位奇女子在汪家危难之时挺身而出，人称“汪硕公太太”。

四、巾帼总商，再续传奇

汪焘死后，接替盐业总商位置的是堂弟汪坦。汪坦是汪觐侯的儿子，汪觐侯是汪允信的次子，汪廷璋的亲弟弟。与儒雅的汪廷璋不同，汪觐侯痴迷武力，对经商一窍不通。而汪坦与他父亲不同，有一定的商业头脑，身上流着的又是纯正的稠墅汪氏的血液。故而在堂兄汪焘病逝后，汪坦继任总商没有遭到太多反对的声音。汪坦成为稠墅汪的第四位盐业总商。

汪坦就任总商以后，虽然没有显示出如同堂兄、伯父及祖父那样超凡出众、独树一帜的经商能力，但其行事也算兢兢业业，家业的繁荣也因为他的努力而没有衰败。当所有的人都觉得稠墅汪已经回归正轨的时候，命运又给汪家一个打击，汪坦在担任总商仅仅数年便撒手人寰。此时，稠墅汪氏已无有能力主持家业的男丁。然天无绝人之路，一位奇女子站了出来，救汪家于危难之中，挽颓势于覆巢之下。

这个人，便是汪坦之妻张氏。汪坦死后，她继任盐商，成为稠墅汪的第五位总商，也是两淮数百年来唯一的女性总商。在那个思想极其僵化、女子无才便是德的时代，张氏排除种种阻拦，继任总商，仅凭此一点，她的能力便足以令人惊叹。由于其夫汪坦字硕公，故人称她为“汪硕公太太”。

汪硕公太太为人豪爽大方，豢养了许多的食客。对于有求于她的人，大多如愿以偿。她还在家中蓄养了许多优伶，平时喜欢听他们在家中唱唱小曲儿，也经常借此邀请扬州城各名人雅士来此观戏交往。汪硕公太太还特别喜欢小孩子，扬州城每当灯节来的时候，城里的孩子们都会制作花鼓灯笼在扬州街头游戏。汪硕公太太每每观之，都会热情地邀请他们来家里进行表演，结束以后还会给他们丰厚的赏赐，孩子们争相前往。所以每逢灯节，扬州汪府门前总是分外热闹。她的能力和传奇主要表现在她接待乾隆帝南巡的过程中。

早在乾隆皇帝第五次南巡之前几个月，听说皇帝又要南巡到扬州。由于有了熙春台接待的经验。汪硕公太太又在扬州城北郊购置了一片数百亩荒地，仿造杭州西湖，修建了一系列的亭台楼阁，以备皇帝御览。这中间还出了一个小插曲，在乾隆已经出发快到扬州的时候，有人提出园中没水缺少灵气。汪硕公太太听闻之后，觉得有理。但时间已经十分紧张了，她表现出异常的冷静和魄力，以数万重金连夜召集工匠，一夜之间打造出一个美轮美奂的三仙池。等到第二天，乾隆帝来的时候，对此园大加赞善，赏赐给汪硕公太太许多珍贵的东西。也因此，汪硕公太太在两淮的名声更加响亮。

在乾隆皇帝第六次南巡的时候，在扬州的天宁寺行宫驻跸。天宁寺行宫距离小金山仅三里路程，所以乾隆皇帝经常过去游览。他分外喜欢从小金山望向不远处的一个城楼的远眺美景，但感慨在小金山与城楼之间，却空无一物，显得十分寂寞。汪硕公太太听说以后，连夜集合城内数千人，将城内大屋成建制地拆除，移建其地。如此巨大的工程，在汪硕公太太的统筹下，竟一夜之间建成了。第二天，乾隆帝再登小金山，看着这眼前焕然一新的景象，不禁对着侍卫感叹道：“何其速焉？！”又问这是谁的杰作，在得知是汪硕公太太所建之后，慨而叹曰：“富哉商乎！朕不及也！”

窥一斑而知全豹，汪硕公太太有如此气魄、办成如此创举，可见她在经营家业和执行总商之权上一定也是颇有作为的。

第七节　红顶商人胡雪岩

胡雪岩（1823 ~ 1885），名光墉，字雪岩，徽州绩溪县十都湖里村人。也是中国近代历史上一位富有传奇色彩的人物，实业家、政治家，新安徽商的杰出代表，晚清唯一官居二品、头戴红顶花翎、身穿黄马褂的商人，个人资产曾达数千万两白银，号称“红顶商人”，被后人称为“一代商圣”。

湖里村的胡雪岩祖居

一、白手起家，积累经验

清嘉庆十九年（1814），胡雪岩出生于安徽省徽州绩溪县湖里村。幼年时候，家境十分贫困，以帮人放牛为生。清道光十五年（1835），胡雪岩12岁那年，父亲不幸病逝。清道光十六年（1836），生活窘迫的他不得不孤身一人向南闯荡，先后在杭州的杂粮行、金华火腿商行当过小伙计，尝尽了人间冷暖，遍阅世情百态。后到杭州信和钱庄当学徒，从扫地、倒便壶等杂役干起，因聪慧机敏、勤劳踏实，三年满师后换得伙计身份，常常单独外出催款收账，从未有纰漏，遂被升为“跑街”（相当于今日商业银行之客户经理）。他主要负责放款和兜揽存款等业务，需与各色客户打交道，不久竟在同业中有了点小名气。正是这些经历，使得才十几岁的胡雪岩已熟知世事人心，为日后在官商两道游刃有余奠定了基础。清道光二十二年（1842），19 岁的胡雪岩“跳槽”到杭州阜康钱庄当学徒。由于掌柜没有子女，便将脑子灵活、办事有序的胡雪岩视为己出，弥留之际将钱庄托付给他。于是，这估价 5000 两白银的钱庄便成了他人生中的“第一桶金”。①

二、机缘巧合，慧眼识人

胡雪岩个人事业的起航从结交王有龄的那一刻开始。王有龄，字英九，号雪轩，福建侯官人。在道光年间，王有龄的父亲为他捐了候补浙江盐运使，但无钱进京。在王有龄的叹息声中，胡雪岩却独具慧眼，认定其前途不凡，和他结拜为兄弟，并资助他 500 两银子进京谋职。在胡雪岩的资助下，王有龄得以捐官补实，在杭州海运局当上了粮台坐办。此后官运亨通，先后升为湖州知府、浙江巡抚。王有龄发迹后并未忘记当年胡雪岩知遇之恩，身在官场的他为胡雪岩的钱庄提供了极大的便利。在海运局任上时，他让胡雪岩协助筹办漕粮，并且将收来的税银直接存入阜康钱庄。任湖州知府时，他让胡雪岩代理湖州公库，胡雪岩利用当地丝织业发达的契机，在湖州开丝行。然后利用公库之款动员百姓栽桑养蚕，他就地收购湖丝，运往上海、杭州等地出售，获得巨大的利润。当王有龄位列浙江巡抚时，更是让胡雪岩经办浙江的粮饷军火，而且官军的饷银也一律通过阜康钱庄汇兑。在王有龄的直接关照下，胡雪岩很快一跃成为杭州首屈一指的富商。

胡雪岩一生事业的发达，起始于资助王有龄进京“投供”。王有龄是他的第一个官场靠山，也是他的第一个贵人。没有胡雪岩的鼎力相助，王有龄则是出头无期；而没有王有龄的支持，胡雪岩也不可能在商场迅速崛起。胡雪岩依靠王有龄这棵大树，自立门户，在官和商之间如鱼得水，游刃有余，走上了官商的通途，并逐渐发展广大。②

三、宗棠赏识，熟谙洋务

“商无官不安”，胡雪岩巧遇王有龄，为其一生的商业之途夯下了坚实的基础。而与胡雪岩的商贾事业紧密相关的另一位政界人物，就是左宗棠。

咸丰十一年（1861）十一月，太平军第四次攻占杭州城，给予胡雪岩巨大帮助的

① 俞栋：《胡雪岩：钱庄学徒起家的红顶商人》，《杭州金融研修学院学报》2022年第1期，第66页。
② 苏淮：《胡雪岩：诚信至利》，《国企管理》2018年第9期，第105页。

王有龄自缢身亡。而此时，胡雪岩还在受王有龄之托帮忙从上海购军火、粮饷，因太平军重重围困而被阻在杭州城外。正在胡雪岩一筹莫展之际，左宗棠接任了浙江巡抚，机智的胡雪岩便通过浙江布政使蒋益澧等人，将钱粮等献给了新任浙江巡抚左宗棠，一下就得到了左宗棠的赏识和信任。左宗棠遂委任胡雪岩为浙江粮台总管，主持杭州解围后的善后事宜及全省钱粮、军饷。有了左宗棠的支持，胡雪岩便利用阜康钱庄开展一系列的经营活动，迅速取得了成功。

他与左宗棠的关系也日益密切，他的经营范围，身份变化与左宗棠的职务升迁保持着同步。同治二年（1863）五月，左宗棠被提拔为闽浙总督兼浙江巡抚，他则奏请将胡雪岩由江西候补道改为福建候补道，处于他的直接管辖之下。同治五年（1866），左宗棠调任陕甘总督，因为西征需要大量军火及军饷，便由胡雪岩为左宗棠主持上海采运局事务，并代替左宗棠多次向洋人借款，累计金额达 1800 余万两。由此可见，左宗棠对胡雪岩的器重和信任。

有了左宗棠的支持，加之主持上海采运局事务之职的便利，胡雪岩得以从容游走于军事、政务和金融各界。有了这种官商的身份，他的经济实力得到了飞速提升。胡雪岩的商业版图不断扩大，杭州是其商业的起点，上海则成为中心，并逐步向外扩展到长三角的苏州、镇江和宁波，进而到达福州、汉口、天津和北京等地。他利用在各地的阜康钱庄分号，借助官商平台，通过吸引大量的官僚资金，在资本上形成了明显的优势。由于阜康钱庄的优势明显，是稳定的投资渠道，于是达官贵人们纷纷将钱财寄存其间。一时间，胡雪岩可以灵活使用的资本达到无以复加的地步。有了充足的资本作为后盾，胡雪岩的经营活动真是如鱼得水，他的商业触角延伸到当时各个商业领域，他在各地市镇设立商号。不仅完全操纵了江浙市场，还深度参与外贸市场。到同治十一年（1872）时，大江南北的阜康分号，达到 20 多处，资金额也超 2000 万两，田地达万亩。据估算，其资产相当于 1880 年前后清政府财政收入的一半，真正是“富可敌国”，时人称之为“活财神”。

鸦片战争后，面对西方列强的侵略，清朝内部的一批洋务派官员打着“师夷长技以制夷”的旗号，开始了学习西方科技、文化和军事的洋务运动，左宗棠是其中重要的代表人物。由于他对胡雪岩的了解与信任，便将办理洋务的重任交给了胡雪岩。

在办理洋务方面，胡雪岩是有独到眼光的，他在同治五年（1866）向左宗棠建议，欲巩固海防，非有得力的水师不可，而水师的强弱与否，又决定于是否有监造大轮船的局务。因此，办理船务是基础，也是当务之急。于是清政府同意左宗棠创办了福州船政局，并在福建马尾兴办船厂。在左宗棠的授意下，胡雪岩与外商德克碑、日意格制定《船政事宜十条》，用以规范和处理福州船政局各类事宜。实际上，胡雪岩成为福州船政局的管理者。左宗棠在给朝廷的奏折就直接说："一切工料及延洋匠、雇华工、开艺局，责成胡光墉一手经理。缘胡光墉才长心细，熟谙洋务，为船局断不可少之人，且为洋人所素信也。"这也说明胡雪岩是"近代洋务运动的先驱者之一"，是当之无愧的事实。在胡雪岩的"一手经理"下，福州船政局的工作成效明显，同治八年(1869)研制生产了第一艘木壳船舰。此后生产工作进展顺利，截至同治十三年(1874)，共建成15艘船舰。在1874年反击日本入侵台湾和中法之战期间，这些船舰投入到实战之中，成为当时中国海军的主要战舰。

随着左宗棠改任陕甘总督，胡雪岩的洋务活动也跟之到了西北。他协助引进德国机器、雇用德国技师，创建了"甘肃兰州织呢总局"，并于光绪六年(1880)八月十二日开工生产，这也成为中国民族工业在大西北起步的标志性事件。此后，胡雪岩又深度融入到西北的建设开发之中。光绪三年(1877)，西北发生大旱，左宗棠采取"以工代赈"之法开挖甘肃东部平凉县的泾河。为加强工程进度，早日缓解旱情，胡雪岩又负责去采购国外的机器，并请技师做现场指导，终于开挖了一条长200里的渠道。为了协助左宗棠开发西北矿藏，光绪五年(1879)，胡雪岩捐资购买设备，并聘用德国技师开采肃州城外的文殊山金矿；为协助左宗棠发展新疆农业，胡雪岩又引进桑蚕，并从浙江聘请养蚕技师实地指导当地农民栽桑养蚕。在胡雪岩协助和资金支持下，左宗棠在西北的治理取得了积极的成效。

面对西北出现严重的民族危机时，胡雪岩毅然肩荷大任，勇往直前。同治四年(1865)，在英俄的支持下，中亚的浩罕国将领阿古柏趁新疆发生反清起义之时率兵侵占了新疆。在分裂势力和外国侵略者的双重进犯之下，西北边疆的民族危机空前严峻。作为主战派的左宗棠奉命出征平叛，他又将筹集所需粮饷军需及各类战备物资的重任交给了给胡雪岩。在民族大义面前，胡雪岩积极作为，他用阜康钱庄做担保，从外国银行贷了巨额资金，以购买西方先进武器弹药，使左宗棠的军队得以装备了精良的武器。为应对西北气候对西征军队的影响，胡雪岩还向军队提供了其"胡庆余堂"研制的"诸葛行军散""胡氏避瘟丹"等特效药。从而保证了左宗棠西征军的战略，并最终取得平定了阿古柏叛乱，收复了新疆的胜利。

胡雪岩所付出的努力，也得到了左宗棠的认可。在他多次举荐下，胡雪岩也获得了政治上的回报，清政府先后赏赐其为江西候补道、福建候补道、盐运使、布政使、按察使等官职。在经济方面，他还得到了浙江、江苏、江西、福建四省税收代理大权。光绪四年 (1878)，胡雪岩迎来了最为风光的时刻，左宗棠会同陕西巡抚谭钟麟联衔上奏，请求朝廷破格奖赏他。慈禧太后即赏赐胡雪岩二品红顶戴、穿黄马褂。从此胡雪岩成了一名名副其实的既戴红顶子又穿黄马褂的“红顶商人”。

四、胡庆余堂，真不二价

胡庆余堂是胡雪岩在杭州开设的著名药店，与北京的同仁堂齐名。胡雪岩开设药店的起因是他在辅佐左宗棠带兵西征时军队需要一些特效药作为保障，他便组织研制了胡氏避瘟丹、八宝红丹等药物。在实际的使用中，得到了曾国藩、左宗棠的认可。在生产药品的过程中，胡雪岩也发现了这其中的商机，不仅赚钱稳定，而且也是一大善事。于是，他便在同治十三年（1874），创建了“胡庆余堂国药号”。光绪二年 (1876)，他又在杭州涌金门外购地十亩建成胶厂。这标志着，胡雪岩的商业版图从钱庄的金融业向开创实业转变。

胡庆余堂创立伊始，胡雪岩就将质量摆在首位。他不仅要求药材要地道，而且制作也要精良，服务态度还要好，加之胡雪岩在杭州当地的影响，所以胡庆余堂很快就赢得了市场。由于胡庆余堂的加入，国药行业的平衡被打破，还引发了与同行之间的竞争。其中，与叶种德堂的竞争还产生了“真不二价”的商业佳话。在杭州胡庆余堂生意红火的同时，同业的叶种德堂感受到竞争的压力。以往叶种德堂因为有起步早，规模大、资金充足，利润高，鲜有竞争对手。可是胡庆余堂的出现，直接打破了这种格局。叶种德堂的老板当然不甘心，可是与胡雪岩这种具有雄厚资本又有深厚官方背景的药店去抗衡，他确实也没有好的办法。因此，所能做的，就是最原始的竞争手段——降价，比如高丽参，胡庆余堂卖二两银子，叶种德堂就卖一两钱银子，其他药品也都如此。一时间，一些顾客真的又被拉回来了。对于这种容易引起恶性竞争的行为，胡雪岩并没有去回击，而是依然严格把控质量，并在门店外挂出了“真不二价”的招牌，以示他不跟风降价，价格服从质量的经营准则。随着时间的推移，顾客们认识到胡庆余堂药品质量的可靠性，而且价格合理，又纷纷回头，胡庆余堂的收入自然有了保证，而“真不二价”的口碑也传颂开来。

“真不二价”的关键,就在于一个“真”字,而“真”字,则体现出了诚信。古人云：

人无信而不立，业无信而不兴。唯有诚信，才是真正的王道。也正是因为始终秉承着“真不二价”的经营理念，胡雪岩将胡庆余堂越做越大，[①] 最终成为中国著名的国药老字号。

“真不二价”牌匾

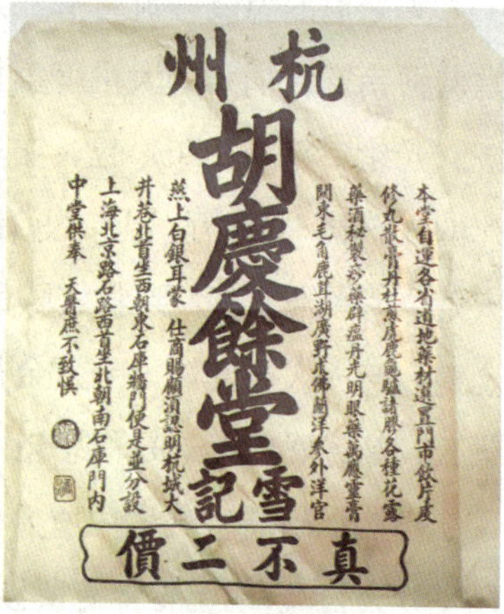

“真不二价”销售单

五、经世济民，博施济众

胡雪岩作为新安商人的一份子，其基因中一直保持着“贾而好儒”的传统，在其经商过程及其成功后的行为中，始终能够坚持“以仁为本”的思想，能够恪守商业道德，积极回报社会，多有善行义举。

由于清军与太平军对杭州展开了反复争夺，大量的平民百姓死于战火之中，以至于战后的杭州城，尸横遍野。面对如此惨烈之景象，胡雪岩作为一名长期在杭州经商的商人，他主动站了出来，并动员相关人员一起掩埋尸骨。据《庚辛泣杭录》记载：“道员胡光墉等克日收敛其无主之全具尸骸，均备棺掩埋义山。此外累累白骨遍地纵横，经胡光墉各绅士等广雇民夫，陆续收捡于西湖南北两山，择地分造大冢。”[②] 在胡雪岩的主导之下，使这些尸骨入土为安，也避免了战后大疫的发生，体现了他作为儒商重义的一面。

胡雪岩还利用胡庆余堂开展慈善活动。虽然作为商人，创立胡庆余堂是商业行为，且营利也是其最终目的，但胡雪岩却始终将“仁者爱人”的儒家思想摆在突出的位置。他因此在胡庆余堂的门上悬挂“是乃仁术”的标牌，以示他的经营准则和

① 秦湖：《真不二价》，《领导文萃》2015年第14期，第99页。
② [清]丁丙：《庚辛泣杭录》卷5，清光绪中钱塘丁氏嘉惠堂刊本。

理念。他不仅是这样要求的，在实践中也是这样做的。每当各类灾害发生，胡雪岩就会要求胡庆余堂向灾区捐赠药品，一方面实现医疗求助，另一方面也有效地防止了大灾之后的瘟疫等流行病的发生。如《齐鲁晋直赈捐征信录》中就记录了胡庆余堂向河南灾区捐赠的大量辟瘟丹的内容。而其中最典型的是他对“丁戊奇荒”的赈济。光绪二年（1876）起，在华北地区出现了长达四年之久的大灾荒，当时因灾饿死的人口达1000万以上，更有超2000万人口流离失所逃往其他地方。面对这场大灾荒，胡雪岩又参与到救灾队伍中。据《清史稿》记载：“光绪二年，淮、徐灾，（李金镛）与浙人胡光墉十余万金往赈，为义赈之始”。[①] 胡雪岩又是开创这次义赈的领头人，毫无疑问，这是他思想中经世济民观点的又一次体现。

当然，胡雪岩一生中所办的善举还有很多，涉及面非常广泛。无论是救济灾民还是社会公益，胡雪岩都有所涉及，这是胡雪岩能够成为晚清著名善士的原因所在。[②]

六、革职抄家，郁郁而终

一时逍遥花满楼，半世颠簸孤流离，南柯一梦终须醒，浮生若梦皆是空。人生有成功就有失败，胡雪岩也一样，在他五十多岁事业发展到了巅峰时刻，他也没能逃过失败的厄运。胡雪岩的失败是当时西方资本主义经济入侵的必然，也是他与政治势力过度纠缠的结果。

胡雪岩的商业版图不断扩大，除了钱庄和药业是主营优势产业外，他还在茶业、丝织业方面都有涉足。光绪八年（1882），胡雪岩投资2000万两白银，在上海开办蚕丝厂。作为中国传统行业，丝茧出口一向是江浙一带的出口的大宗贸易，利润巨大。但随着西方经济势力的入侵，外商借助特权及经济实力，却把控了丝茧的定价权。对具有正义感且有爱国情怀的胡雪岩而言，他迫切想改变这种局面，以摆脱洋人对中国丝茧业的剥削。他毅然决定高价收购，以一己之力囤积新丝数百万担，与洋商开展了一场经济上的较量。这无疑引起的洋商的强烈不满，并开始了对胡雪岩的打压，加之光绪九年（1883）意大利生丝获得大丰收，国际上的生丝价格更低了。而在同年，中法战争爆发，对金融市场造成了巨大冲击，阜康钱庄一时处于风雨飘摇之中。为保证左宗棠西征军需正常供给，胡雪岩被迫将囤积的丝茧低价出售，一下

---

① 赵尔巽等纂修：《清史稿》卷451《李金镛传》，中华书局，1977年，总第12567页。

② 孙启杭：《儒商文化视野下的“红顶商人”胡雪岩》，《延安职业技术学院学报》2019年第4期，第98页。

亏损银1000万两，胡雪岩走到了破产的边缘。正所谓墙倒众人推，胡雪岩的竞争对手借机大肆造谣说阜康钱庄没钱了，各地的官僚商家竞相提款，钱庄出现挤兑风潮。光绪十一年（1885）十一月，阜康钱庄及其散布各地的分号宣布倒闭，胡雪岩建立的商业大厦瞬间倾覆。

压倒胡雪岩的最后一根稻草，是他一直忠心服务的政治势力。因为胡雪岩与左宗棠一直保持着密切的关系，这让与左宗棠关系一向不和的李鸿章十分不满。当胡雪岩已处在大厦将倾之际，李鸿章向慈禧太后举报说他在借外债时吃回扣，因此被革职查办。可还没等朝廷派人来查，胡雪岩就在饥寒交迫中抑郁而终，结束了其风起云涌，波澜壮阔的一生。

成似狂飙败似山，半从商道半从官。胡雪岩在而立之年发达，花甲之岁败亡，花开花落三十余年，不过弹指一挥间，其兴也勃，其亡也忽。但他成功的经验和败亡的教训一样都是一笔宝贵的财富，都值得后人深思与回味。

第八节　文化商人方用彬

新安商人作为一个商人团体，从事着各类商业活动。他们除了经营食盐、徽茶、木材、典当等，还有一类以经营艺术品和文化用品为主的新安商人，也叫文化商人。明代嘉万时期的方用彬就是一个具有代表性的文化商人。

一、广结英俊，志在四方

方用彬，字元素，号黟江。明嘉靖二十一年（1542）八月二十六日，出生于南直隶徽州府歙县岩寺镇的一个盐商家庭。万历三十六年（1608）四月二十八日去世，享年66岁。

方用彬的祖父方岩相兄弟三人“同心奋发，咸有过人者”，在扬州从事盐业经营，“乃以起高赀，甲乙闾里”。再到他父亲方尚求，同样是兄弟三人，继续在扬州一带经商，“淮扬间称甲乙”，是一个名副其实的富商家族。[①] 方用彬就出生在这样的富

① 方弘静：《素园存稿》卷20《谱传述论·良弼公》，《四库全书存目丛书》集部第121册，第367页。

裕家庭。尽管方用彬从小就获得了较好的教育，但他的科举之路却一直不顺。直到万历元年（1573），方用彬才通过捐纳的方式成为一名南京国子监生。但是在后来的科举考试中，却多次名落孙山，仕途无门。随着家道开始衰落，为了生活，他开始走上亦文亦商的道路。

方用彬虽然不是传统意义上通过科举入仕的文人，但他却表现出了较高的艺术天赋和文化修养，并通过多种方式参与各类文化活动，与文人墨客开展了丰富的互动。方用彬与当时众多的士绅之间联系密切，主要得益于汪道昆对他的扶持。他曾师从汪道昆，并被汪所看重和提携。嘉靖四十五年（1566）至隆庆四年（1570），汪道昆赋闲在家，趁此机会，与几个朋友在歙县西溪南组织成立了文士诗社“丰干社”。方用彬自然被汪道昆吸纳入社，成为最初结社的七人之一。对此，汪道昆也有所记载：“往余家食，窃称诗徙中，二仲雅从余游……遂盟七君子为会丰干。七君子则孝廉陈仲鱼、文学方献成、方羽仲、方君在、方元素、谢少廉、程子虚。”①万历二十八年（1600），晚年的方用彬在整理手札时，以识语的形式回顾了自己与诸士大夫交流的经历，“余昔弱冠，志在四方，盖欲纵观山水，广结英俊。间有交游文酒会，每得翰墨，辄藏之，永以为好也。……余自少迄今，三十余载，所游南北京，历览名胜而交诸文士大夫，结社题咏及往来书翰，不啻盈几箧矣”。②这段回忆，透露了方用彬成为文化商人的几个重要信息：一是他三十余年来有着丰富的交流经历；二是交游方式是“结社题咏，往来书翰”；三是他因此得以收藏大量的文章、书画作品。

从作为一个文化商人来看，方用彬之所以“广结英俊”，首先是他对古玩字画有浓厚的兴趣，还有重要的一面与他从事的商业经营有关。他经营的艺术产品和文化用品种类十分丰富，一类是徽州特产如徽墨、歙砚，另一类是书籍、字画、字帖。此外，古香炉、古鼎、瓷器等文化品和艺术品都属于他的经营范畴。这些商品与文人士大夫的日常需求及喜好密切相关，这也成为方用彬与他们进行交流的原因与手段。正是由于这种紧密的联系，使方用彬成为一名联系广泛的文化商人。

二、以情动人，屡获珍品

陈智超所著的《美国哈佛大学哈佛燕京图书馆藏明代徽州方氏亲友手札七百通

---

① [明]汪道昆：《太函集》卷72《丰干社记》，《续修四库全书》第1347册，第592页。

② 陈智超：《美国哈佛大学哈佛燕京图书馆藏明代徽州方氏亲友手札七百通考释》卷首《方用彬识语》，安徽大学出版社，2001年，第1页。

考释》一书，于2001年由安徽大学出版社出版发行。书中主要内容是方用彬在商品交易过程中与亲戚朋友往来的信札，通过阅读这些信札，可以进一步了解方用彬的商业经营活动。

经营文化艺术品与其他行业的贸易有明显的不同，就是商品本身的小众化决定了其获得产品的途径与众不同。这方面方用彬自有其独特的方法，他往往通过对艺术家们提供友好的经济支持而获得其作品。这种方式一般有以下两形式：

第一，是事先提供一些支持的资金，或是赠送相应的礼物，从而获得书法家和画家们的好感，从而得到相应的书画作品。

比如，沈硕是明代天启、崇祯年间的画家，沈硕之女在其父亲耳濡目染下，也习得一手画技，而且擅长工绘折枝花和观音大士像。而明代观音像有很好的销售市场，并且，方用彬认为女画家画观音大士像也是一个不错的卖点。所以，他很看好沈硕之女的观音像作品。为了能够获得沈女的观音大士像作品，方用彬先给女画家送上了作画所用的墨，而且是上等质量的徽墨。女画家很感动，并让她丈夫代为回信。果然，不久女画师便将自己的作品奉上。刘爵、刘节、吴良止、管稚圭等书画家也被以同样的方式预订到了书画作品，方用彬向他们送有笺纸、翰墨等礼物。

除了送礼表达敬意，方用彬也会亲自带着礼物，上门拜访书画家们。方用彬曾拜访南京画家魏之璜，不巧魏之璜身体有恙。画家他虽然不能立即作画，但仍写信给方用彬，表示会尽快将五把扇面完成。歙县画家郑九夏也在方用彬登门后不久，将作品完成送到方用彬手中。还有休宁画家詹景凤，与方用彬的交情很好，也是方的主要书画家之一。

方用彬是一个商人，也是一个文化人。他在与文人进行商业往来时，为了达到自己获取作品的目的，会事先站在文人的角度，通过赠送书画家文化用品，以及亲自登门拜访的方式，先来传达自己的敬意。这种做法不仅不让对方感受到反感，而且更多的是被重视和尊重的感觉，书画家们自然盛情难却。

第二，是采取交换的方式，用自己的书画、篆刻等作品来换取他人的书画作品。

区别于普通的商人，方用彬本人就擅长书画和篆刻，所以他也常主动将自己的书画篆刻作品送给其他艺术家们，往往也会收到其他艺术家们作为回礼的艺术作品。如，篆刻家汪徽因为玉质坚硬，雕刻困难，转而选择石刻已经十多年。但在看到方用彬送来他自己所篆刻的玉章后，便禁不住技痒，并将自己篆刻的玉章奉到方用彬的面前。还有为方用彬完成图章刻印后的张应奎，主动请求方用彬为自己刻印，便于收藏。艺术家马电也向方用彬发出请求，希望能为自己书写四方匾额和一副对联。当然，方用彬也会直接将自己的艺术品流入到市场中，获得一定的资金。

三、灵活多样，经营有方

获得产品之后，通过怎样的经营方式，成功变现；或者继续推动经营，最终获得利润，就是接下来的问题。方用彬采取了灵活多样的经营方式，主要有以下五种：

第一，是以物易物，或者现金购买。

与上文讲到方用彬通过以物易物的方式来获取他人的艺术作品有所不同，这里指的是方用彬允许别人通过以物易物的方式来获得他的书籍、字画等产品。以物易物来获取对方的文化艺术品在文人中间比较流行，并且直接用现金购买也是方用彬主要的经营方式。方用彬不仅参加了汪道昆组织的丰干社，而且与汪道昆的兄弟，汪道贯、汪道会等人也有很多来往，尤其是生意上的交易。方用彬藏有明代进士朱日藩的两幅书法作品，后来被汪氏兄弟看中，但他们希望能够先获得两幅作品，日后再对其一一偿付。方用彬知道汪氏兄弟的心思后，便准备将这两幅作品无偿送给他们，但被他们拒绝，最终汪氏兄弟以雕盘换得两幅字画作品。汪氏兄弟还以两只碗换过方用彬的菱镜，也曾用钱买过方用彬的青花壁瓶，双方之间还交易过彭窑梅花碟、画、手卷、端砚、宋版书籍等，交易较为频繁。

方用彬也与丰干社的成员在生意上有来往，歙县西溪南人吴守淮就是其一。他曾在一年多的时间与方用彬先后有过古玩字画瓷器的三次交易，共计 77 两银子。但是吴守淮因为经济问题，三次交易均采取赊欠的方式。方用彬只得多次派人催还，弄得两人都不愉快。可见，朋友间的生意也不好做啊。

第二，是代售。

除了对自己的商品进行销售外，还通过为别人代售他的艺术品，从而赚取资金。方用彬经营文化艺术品的销售已有多年，有了一定的经验和口碑。于是有一些人希望通过方用彬的渠道卖出自己的艺术品，方用彬对此也表示认可。如，方用彬受汪弘泽的委托销售其画卷，受方大治的委托为其售卖《淳化帖》，诸如此类。

第三，是典当。

方用彬一边在外地经商，一边还在家乡与人合开店铺，经营借贷业务。他与同乡的程竹窗就在家乡开有当铺性质的店铺，经常有人因为经济上的问题，将一些艺术品抵押给该店铺，来获取抵押资金。如，主编万历《歙志》的歙县人谢陛，曾将家藏的方于鲁旧墨抵押给方用彬的当铺；汪道会为了筹集给儿子议婚的费用，将家藏的沈石田画、周东村画抵押给方用彬的当铺；方大汶也因资金问题，在方用彬的当铺抵押过墨庄山水画一幅、元代杨维桢字一幅、名僧雪窗兰画一幅，并表示来年必赎回心爱之物。

第四，是代购。

找中间人代为收购是一种节省精力、扩大货源的有效途径。方用彬就曾委托山人方尚赟代购过两幅书法作品。事后，方尚赟还来信表示，如果对此书法作品比较满意，日后可以建立长期合作，为之提供源源不断的货源。

另外，在经营文化艺术品这类特殊产品的过程中，拥有一定的鉴赏能力必不可少。虽然方用彬本人有一定的鉴赏水平，但是保险起见，请专门人士对文化艺术品进行鉴定是必不可少的。这在信札中也有多处体现：

金册一四三佘祈札：

> 承染，为拙作生光彩矣。谢谢。外扇骨甚佳，但制作颇旧，以五钱上下得之，亦为贱估。扇上画欠笔力，恐非真者。以辛卯年计之，正东村得意时也。董复，扇随使返……[①]

木册〇四七佘祈札：

> 外承谕求苏之善书者，未否何人，或卷或册，大小何似，得详示为便。[②]

水册〇一三佘祈札：

> 承委青田石，随有所得，乃常材耳。谅非执事之所欲者，故不以献。乞示

① 陈智超：《美国哈佛大学哈佛燕京图书馆藏明代徽州方氏亲友手札七百通考释》，安徽大学出版社，2001年，第709页。

② 陈智超：《美国哈佛大学哈佛燕京图书馆藏明代徽州方氏亲友手札七百通考释》，安徽大学出版社，2001年，第773页。

何等质色，容生别寻，或可以塞责耳。统伺命下。昨领佳画，言谢不尽。[1]

水册〇五八汪睿札：

久不望见颜色，令人渴思。兰花似非真迹，足下以为何如？谨奉璧，谢谢。[2]

以上可以看出，方用彬多次请鉴赏家佘祈为其鉴定扇子、青田石、书法等，还委托其到苏州寻求善书之人，以便于其书籍的购买。受到方用彬的邀请，汪睿也偶尔为其鉴定过兰花画作。方用彬与吴治多有交往，吴治本人又擅长鉴定古鼎斧尊彝古玩、书法名画作品等，二人交往的过程中，吴治为方用彬鉴定过艺术品。

方用彬不仅以文化品和艺术品的经营为主，而且本身就具有一定的艺术天赋和文化修养，可以说是一名真正的文化商人。

① 陈智超：《美国哈佛大学哈佛燕京图书馆藏明代徽州方氏亲友手札七百通考释》，安徽大学出版社，2001年，第817页。

② 陈智超：《美国哈佛大学哈佛燕京图书馆藏明代徽州方氏亲友手札七百通考释》，安徽大学出版社，2001年，第868页。

参考文献

一、史志谱牒

[宋]欧阳修、宋祁：《新唐书》，中华书局，1975年，点校本。

[清]张廷玉：《明史》，中华书局，1974年，点校本。

[清]赵尔巽：《清史稿》，中华书局，1977年，点校本。

[清]徐松：《宋会要辑稿》，上海古籍出版社，2014年，点校本。

[宋]罗愿：淳熙《新安志》，《中国方志丛书》华中地方第234号，成文出版社有限公司，1974年。

[明]陈子龙：《明经世文编》，中华书局，1962年。

[明]程敏政：弘治《休宁志》，弘治四年刻本。

[明]李乔岱：万历《休宁县志》，万历三十五年刻本。

[清]王景曾修，尤何等纂：《黟县志》，康熙二十二年刻本。

[清]姚启元、张缓：《祁门县志》，康熙二十三年刻本。

[清]董钟琪、汪廷璋：《婺源乡土志》，清光绪三十四年刻本。

[明]汪道昆：《太函集》，《四库全书存目丛书》集部第117册，齐鲁书社，1997年。

[清]廖腾煃修，汪晋征等纂：康熙《休宁县志》，《中国方志丛书》华中地方第90号，成文出版社有限公司，1974年。

[清]丁廷楗修，赵吉士纂：康熙《徽州府志》，《中国方志丛书》华中地方第237号，成文出版社有限公司，1974年。

[清]佘华瑞：《岩镇志草》，《中国地方志集成》，江苏古籍出版社，1992年。

[清]何应松修：道光《休宁县志》，《中国地方志集成》安徽府县志辑第52册，江苏古籍出版社，1998年。

[明]谢肇淛：《五杂俎》，中华书局，1959年。

[明]王世贞：《弇州山人四部稿》，上海古籍出版社，1993年，影印本。

[明]金声：《金正希先生文集辑略》，《四库禁毁书丛刊》，北京出版社，1997年。

[明]汪道昆著，胡益民、余国庆点校：《太函集》，黄山书社，2004年。
[明]顾炎武著，黄坤点校：《天下郡国利病书》，上海古籍出版社，2012年。
[明]凌蒙初：《初刻拍案惊奇》，华夏出版社，2013年。
[清]李斗：《扬州画舫录》，中华书局，1960年。
[清]赵吉士辑撰，周晓光、刘道胜点校：《寄园寄所寄》，黄山书社，2008年。
(民国)许承尧撰，李明回、彭超等点校：《歙事闲谭》，黄山书社，2001年。
徐珂：《清稗类钞》，中华书局，1986年。
[明]王道茂等：《新安泽富王氏家谱》，成化六年刻本。
[明]毕济川：《新安毕氏族谱》，正德四年刻本。
[明]程昌：《祁门善和程氏谱》，嘉靖二十年刻本。
[明]方信：歙县《竦塘黄氏宗谱》，嘉靖四十一年刻本。
[明]方信：《许氏世谱》，隆庆二年刻本。
[明]汪湘：徽州《汪氏统宗谱》，万历三年刻本。
[明]程一枝：《程典》，万历二十七年刻本。
[清]汪澍等：《休宁西门汪氏宗谱》，顺治十年刻本
[清]程善述、程尔明等修：歙县《褒嘉里程氏世谱》，康熙十一年刊本。
[清]许登瀛：《重修古歙东门许氏宗谱，乾隆十年(1745)刻本。
[清]方善祖等：乾隆《歙淳方氏会宗统谱》，乾隆十八年刊本。
[清]鲍琮：歙县《棠樾鲍氏宣忠堂支谱》，清嘉庆十年刻本。
[清]鲍存良：歙县《歙新馆鲍氏著存堂宗谱》，清光绪元年刊本。
[清]吴永凤等：歙县《仙源吴氏宗谱》，光绪五年刻本。
[清]邵玉琳、邵彦彬等：绩溪《华阳邵氏宗谱》，宣统二年叙伦堂木活字本。
余攀荣：《环山余氏宗谱》，民国六年刻本。

二、论　著

张海鹏、王廷元：《明清徽商资料选编》，黄山书社，1985年。

张海鹏、张海瀛：《中国十大商帮》，黄山书社 1993 年。

张海鹏、王廷元：《徽商研究》，安徽人民出版社，1995 年。

王世华：《富甲一方的徽商》，浙江人民出版社，1997 年。

周晓光、李琳琦：《徽商与经营文化》，上海世界图书出版公司，1998 年。

曲彦斌：《中国典当学》，河北人民出版社，2002 年。

李琳琦：《徽商与明清徽州教育》，湖北教育出版社，2003 年。

赵华富：《徽州宗族研究》，安徽大学出版社，2004 年。

王廷元、王世华：《徽商》，安徽人民出版社，2005 年。

唐力行：《徽州宗族社会》，安徽人民出版社，2005 年。

唐力行：《商人与中国近世社会》，商务印书馆，2006 年。

周晓光：《徽州传统学术文化地理研究》，安徽人民出版社，2006 年。

詹鸣铎著，王振忠，朱红整理校注：《我之小史：新发现的徽商小说》，安徽教育出版社，2008 年。

王振忠：《新安江》，江苏教育出版社，2010 年。

王振忠：《明清徽商与淮扬社会变迁》，三联书店，2014 年。

梁德阔：《儒家伦理与徽商精神》，复旦大学出版社，2014 年。

张恺：《商界巨贾》，安徽师范大学出版社，2016 年。

刘三珊：《近代祁门茶业经济研究》，安徽科学技术出版社，2017 年。

叶显恩：《徽商利润的封建化与资本主义萌芽》，《中山大学学报》1983 年第 1 期。

吴仁安、唐力行：《明清徽州茶商述论》，《安徽史学》1985 年第 3 期。

王廷元：《徽州典商述论》，《安徽史学》1986 年第 1 期。

汪雷：《论徽商之崛起》，《财贸研究》2002 年第 2 期。

张明富：《“贾而好儒”并非徽商特色——以明清江浙、山西、广东商人为中心的考察》，《中国社会经济史研究》2002 年第 4 期。

冯剑辉：《近代徽商地缘网络研究——以上海同乡组织为例》，《淮北煤炭师范学院学报》(哲学社会科学版)2010 年第 1 期。

郑小娟：《对明代徽州典商兴盛的新观察》，《福建商业高等专科学校学报》2010 年第 4 期。

董知顺：《布衣上交天子原因探析——以江春为考察中心》，《绥化学院学报》

2013 年第 6 期。

马勇虎：《近代徽商土布经营实态研究——以祥泰布号为中心的考察》，《黄山学院学报》2015 年第 1 期。

陈杰：《再论明清以来徽州市镇——以区域史的视野》，《江南大学学报》（人文社会科学版）2015 年第 6 期。

秦湖：《真不二价》，《领导文萃》2015 年第 14 期。

尹圣珍、朱世桂：《徽茶、徽州茶商与茶文化传播初探》，《安徽农业大学学报》（社会科学版）2017 年第 4 期。

苏淮：《胡雪岩：诚信至利》，《国企管理》2018 年第 9 期。

梁仁志：《近代徽州茶商的崛起与新变——兼论徽商的衰落问题》，《安徽大学学报》(哲学社会科学版)2018 年第 1 期。

范金民：《明代徽州木商经营活动述略》，《安徽大学学报》(哲学社会科学版) 2020 年第 2 期。

胡家俊：《〈近代徽州布商研究〉评介》，《近代史学刊》2020 年第 1 期。

王振忠：《明清徽商与长江流域的木材贸易》，《地方文化研究》2021 年第 1 期。

梁仁志：《中国商帮史研究中“传统—近代”说之反思——以近代徽商研究为中心》，《南京社会科学》2021 年第 4 期。

张孝义、任俊、詹飞飞：《徽商与浙商的差异及其现代价值——从文化心理学角度分析》，《宿州学院学报》2022 年第 1 期。

俞栋：《胡雪岩：钱庄学徒起家的红顶商人》，《杭州金融研修学院学报》2022 年第 1 期。

唐丽丽：《明清徽商与两浙盐业及地方社会研究》，安徽师范大学博士学位论文，2014 年。

梁德阔：《儒家伦理与徽商精神——“韦伯式问题”的经验研究》，上海大学博士学位论文，2010 年。

陈艳君：《明代皖南经济发展研究》，安徽师范大学硕士学位论文，2006 年。

陈凤秀：《清代寓扬徽州盐商社会网络研究》，安徽师范大学硕士学位论文，2013 年。

后　记

徽商研究一直是我学术研究中仰望的一个领域，总想着有一定的研究基础之后再去涉足，所以之前总是在外围如蜻蜓点水般地接触着。近年来，我一直从事徽州家谱的研究，这其中必然有对徽商资料的关注，也在不断加深着我对徽商的认识，也做过徽商与徽州家谱编修关系的研究，但与徽商研究的学术殿堂之间还存在着不小的差距。本来想着利用徽州家谱开展徽商家族的系统研究，以此弥补自己对徽商研究不足的缺憾。

但因为我成长在一个徽商研究优秀学术团队之中，也多少被打上了徽商研究者的标签，所以当《新安文化丛书》编纂时，便邀请我参与其中。由于我长期对徽商研究的向往，竟然无知无畏地接受了这一任务。现在想想还是过于鲁莽，这真的如同大象闯入瓷器店中一样。尽管自以为有了些徽学研究的基础，但真要把徽商以通俗的方式介绍出来，明显感觉自己的学术储备还是不足的。幸亏所处的团队中，既有前辈们的开创性成果，也有同仁们最新的学术贡献，因而得以从中学习与借鉴。在这期间，我又有幸参与了中国大百科全书第三版《徽商》专题部分词条的编写工作，这对我而言无疑是一次难得的更好地理解徽商的机会，从而也加深了对徽商的认识。

因为全书编写体例的需要，书名定为《新安商人》，对此我也纠结了很久。是使用徽商，还是新安商人，着实让人难以取舍。徽商已经是学术界较为公认而且成熟的概念，也有其特定的含义与指向，轻易用其他概念指代确实存在风险。在梳理徽商发展史的过程中，可以发现，在清代之前，徽州境内外对该区域兴起的商人一直是称为“新安商人”的，也就是说称徽商为新安商人与历史是符合的。加之，因为是新安文化丛书编写，本书更想突出新安江对区域内商人形成、发展及品格养成的影响，因此就用新安商人以强调新安江的作用。立足新安江，既是本书的主题，同时也是本书想有所创新之处：一是新安商人的开放精神与新安江联通长三角，直至海外，有着直接的关系，新安商人确实是从封闭的山区走出来，但其思想却充满着开拓意识；二是新安商人具有百折不挠的精神，这也是新安江上艰难的航程“三百六十滩，新安在天上”所直接锤炼出来的；三是新安商人同舟共济的精神，也与新安江上相互扶持的经历直接相关，从新安江上走出家园的新安商人，人生的第一课就是在共经患难的互助经历。可以说，新安商人许多优秀的品格直接源于新安江的馈赠。

本书虽然偏重于通俗读物，但依然借鉴了许多学者已有研究成果，在文中多以注释标出，其中也还有一些学者的论点已经成为共同接受的观点，没有标出，在此一并向他们致以谢意。特别是为配合本书插图的需要，方静、杨永生两位先生无私地为本书提供了多年珍藏的图片，使本书大大增色，也向他们表示诚挚的谢意。

为了能够更好地了解新安江沿线的商业遗址、商人事迹，我的研究生组织团队多次沿新安江进行了田野调查，获得了不少资料，为了撰写好本书，还查找了大量资料，使得本书最终得以完稿。在此，向所有参与本书资料收集的同学表示感谢。

本书在编辑过程中，得到方卓老师的精心编排，特致谢忱。

徐　彬

2023 年 5 月 13 日